Wissen, Kommunikation und Gesellschaft
Schriften zur Wissenssoziologie

Herausgegeben von
H.-G. Soeffner, Essen, Deutschland
R. Hitzler, Dortmund, Deutschland
H. Knoblauch, Berlin, Deutschland
J. Reichertz, Essen, Deutschland

Wissenssoziologie hat sich schon immer mit der Beziehung zwischen Gesellschaft(en), dem in diesen verwendeten Wissen, seiner Verteilung und der Kommunikation (über) dieses Wissen(s) befasst. Damit ist auch die kommunikative Konstruktion von wissenschaftlichem Wissen Gegenstand wissenssoziologischer Reflexion. Das Projekt der Wissenssoziologie besteht in der Abklärung des Wissens durch exemplarische Re- und Dekonstruktionen gesellschaftlicher Wirklichkeitskonstruktionen. Die daraus resultierende Programmatik fungiert als Rahmen-Idee der Reihe. In dieser sollen die verschiedenen Strömungen wissenssoziologischer Reflexion zu Wort kommen: Konzeptionelle Überlegungen stehen neben exemplarischen Fallstudien und historische Rekonstruktionen neben zeitdiagnostischen Analysen.

Hans-Georg Soeffner • Thea D. Boldt
(Hrsg.)

Fragiler Pluralismus

Unter Mitarbeit von:
Carolin Hering
Kerstin Schneider
Ute Stühr
Gion Wallmeyer

 Springer VS

Herausgeber
Prof. (em.) Dr. Hans-Georg Soeffner
Kulturwissenschaftliches Institut Essen
Deutschland

Dr. Thea D. Boldt
Universität Kassel
Deutschland

Titelbild: Paul Klee
Überbrücktes, 1931, 153
Aquarell und Bleistift auf Baumwolle auf Leinwand;
originale Rahmenleisten
60,4/60,7 x 50,5 cm
Standort unbekannt
JPEG-Kopie(n) farbig, 300dpi (ICC-Profil): ECI-RGB
Obj.Id. 7026

ISBN 978-3-658-03761-1
DOI 10.1007/978-3-658-03762-8

ISBN 978-3-658-03762-8 (eBook)

Die Deutsche Nationalbibliothek verzeichnet diese Publikation in der Deutschen Natio-
nalbibliografie; detaillierte bibliografische Daten sind im Internet über http://dnb.d-nb.de
abrufbar.

Springer VS
© Springer Fachmedien Wiesbaden 2014

Lektorat: Dr. Andreas Beierwaltes, Katharina Gonsior

Gedruckt auf säurefreiem und chlorfrei gebleichtem Papier

Springer VS ist eine Marke von Springer DE. Springer DE ist Teil der Fachverlagsgruppe
Springer Science+Business Media.
www.springer-vs.de

Inhalt

Kulturverschränkungen – zur Diffusität von Kulturbegriffen

1

Einführung in Texte und Kontexte dieses Bandes

Thea D. Boldt und Hans-Georg Soeffner

Man könnte behaupten, die Aufgabe eines geisteswissenschaftlichen Begriffes liege in der deutlichen Definition des gemeinten Sachverhaltes, um die Reflexion und Kommunikation zu ermöglichen.[1] Nähme man dieses Postulat ernst, erschiene es ziemlich paradox, dass die zentralen Begriffe der Geisteswissenschaften geradezu von ihrer „bedeutungsgeladenen Diffusität" (Soeffner 2000: 155) leben. Dafür ist der Begriff Kultur ein Paradebeispiel.[2]

Etymologisch betrachtet geht das Wort Kultur auf das lateinische Verb *colere* zurück, das „hegen, pflegen, bebauen" bedeutet und sich ursprünglich auf Urbarmachung und Pflege des natürlichen Wachstums bezog (Eagelton 2001: 7). Spätestens, seit dem 18. Jahrhundert rückten jedoch die Geschichte und die Konzeption des Kollektivs ins Zentrum des Kulturbegriffes, womit das Hauptaugenmerk auf die Entstehung von Nationen gelegt wurde. So stehen substanziell gedachte Einzelsysteme wie Nation oder Volk im Vordergrund der Konzeptionalisierung eines sprachlich, sittlich und symbolisch einheitlichen Kultursystems (vgl. Herder 1774 (1967))[3]. Die territoriale Gebundenheit geht in dieser Definition von Kultur(-en)

---

1 Im Kapitel „Studium der Soziologie und Soziologie als Beruf" in der „Einführung in die Hauptbegriffe der Soziologie" lässt sich Folgendes nachlesen:
   „Sie (die Fachbegriffe) dienen:
   • der Definition, d. h. der sprachlichen Eingrenzung, Festlegung und Bezeichnung eines gemeinten Sachverhaltes (Nominaldefinition).
   • der Reflexion, d. h. der gedanklichen Be- und Verarbeitung des definierten Sachverhaltes,
   • der Kommunikation, d. h. der sprachlichen Mitteilung und Verständigung über diesen Sachverhalt" (Gukenbiehl 2010: 14).
2 Vgl. auch Soeffner (2000a). Einen knappen Überblick über die Entstehung, Wandel und Kritik am Kulturbegriff gibt z. B. Straub (2007). Zu verschiedenen Kulturtheorien der Gegenwart s. auch Moebius und Quadflieg (2011).
3 S. auch den Aufsatz von Ronald Kurt in diesem Band.

nicht nur mit der Grenzziehung zwischen dem Eigenen und dem Anderen (hier: dem Fremden) einher, sondern auch mit den Prozessen der Homogenisierung nach Innen und der Heterogenisierung nach Außen, die ideologisch sowie kultur-soziologisch moderne kollektive Identitätsbildungsprozesse, wie z. B. die von Na-tionalstaaten, begleiten.[4] Auf der Grundlage dieser Konzeption „werden ‚Kulturen' miteinander verglichen oder nebeneinander dargestellt, als handelte es sich bei ih-nen um historische Individuen" (Soeffner 2000: 155).[5]

Die Position des Anderen als Fremden ist für diese kulturellen Formationen und ihre Konzeption des Eigenen zentral und wird idealtypisch durch die Posi-tion des Migranten besetzt und durch ethnische, herkunftsbezogene Kategorien durchdekliniert.[6] In diesem Kontext entstand auch die Fremdheitsforschung als Migrationsforschung (vgl. Boldt 2012: 51–58), und in eben diesem Kontext entwi-ckelt sich bis heute ein Großteil der Kulturdebatten – nicht nur im deutschspra-chigen Raum – zu Zuwanderungsdebatten.[7]

Dabei wird seit den 1960er-Jahren ein einheitlicher, statischer, geographisch gebundener und volksorientierter Kulturbegriff in Frage gestellt. Der sich fach-übergreifend, entlang verschiedener *cultural turns* vollziehenden Kritik verdankt der Kulturbegriff sowohl seine Dynamisierung als auch ironischerweise – wie Jürgen Straub anmerkt – die Fortsetzung seiner andauernden Karriere, die zwi-schen dem Postulat der Abschaffung des Begriffes aufgrund seiner Diffusität und der Ausdifferenzierung seiner Teilbereiche verläuft (s. Straub 2007: 7–24). Ob *lin-guistic, interpretive, performative, reflexive, postcolonial, translational, spacial* und schließlich *iconic/pictorial turn*, alle diese Wendepunkte markieren eine kritische Auseinandersetzung mit den Vorstellungen über die Strukturierungsprinzipien von gesellschaftlichen Formationen, die mit der Transformation der Begriffskate-gorie Kultur und der Kulturtheorien verbunden sind (s. hierzu Bachmann-Medick 2006). Kultur als Text, Symbolsystem, Kommunikation, Differenz, Kultur in Be-zug auf den sozio-politischen Raum und auf Institutionen oder als Diskurs, im Alltag, als Sinn- und Handlungszusammenhang – die Bedeutung des Begriffes Kultur hängt vom Paradigma der Annäherung an einen unterschiedlich definier-

---

4   Zum Thema kollektive moderne Identitätsbildung und Fremdheitskonzeptionen s. u. a.
     Bonß (1993), Esser (1988), Nassehi (1995), Bauman (1992) u. Hahn (1994).
5   Zur Praxis des Kulturvergleiches s. noch später in diesem Artikel. Vgl. auch Matthes (1992)
     und Soeffner (1995).
6   Vgl. hierzu etwa Simmel (1908), Park (1928 (1950)), Stonequist (1937 (1961)) und nicht zuletzt
     Schütz (1972).
7   Dabei wird freilich oft übersehen, dass die sozio-ökonomischen Fragen durch die Kulturali-
     sierung der Diskurse um die Zuwanderung verschleiert werden (zu dieser Kritik s. z. B. Boldt
     2010).

ten Ausschnitt der sozialen Wirklichkeit ab[8] bzw. davon, „wer was oder wen unter welcher Perspektive betrachtet" (Soeffner 2000: 156). Je nachdem, ob diese Paradigmen Kulturen aus der Vogelperspektive als ‚objektive' Gebilde oder aus der
Perspektive der sozialen Akteure als ‚subjektiv' erschließen, entsteht zwischen den
zwei Polen des Kulturdiskurses, die entweder Menschen als Kulturprodukte oder
Kultur als durch sinnhaftes menschliches Handeln konstruiert begreifen, eine
große Bandbreite von verschiedenen konzeptionellen Vorschlägen.[9]

Disziplin- und paradigmenübergreifend brachten die Kritik und der Wandel
des Kulturbegriffes neue Begriffskategorien mit sich, die Karriere machen, weil sie
den Eindruck vermitteln, sie stünden für eine neue Erkenntnis, obwohl – oder sogar weil – nicht erkennbar ist, worin diese Erkenntnis besteht. Insgesamt hat sich
die Meinung durchgesetzt, dass unter den Bedingungen der Globalisierung, der
(immer weiter anwachsenden) transnationalen Mobilität sowie der digitalen Medialisierung, Kulturen weder als territorial gebunden noch als homogen definiert
werden können. Die prozesshafte Verflechtung unterschiedlicher Faktoren erzeugt unabdingbar neue, auch glokale (Robertson 1998) Konstellationen, die unter dem (Ein)Druck der rasanten Beschleunigung, den neuen Herausforderungen
des Klimawandels, dem Flexibilitätsdispositiv im Kontext von prekären Arbeits-
verhältnissen (Sennett 1998 (2002)) und im Zuge der Erosion nicht mehr funktio-
nierender politischer Systeme sich dem einen als „Späte" oder „Zweite Moderne"
(Beck 1986, 2008), und dem anderen als „Neue Unübersichtlichkeit" darbieten
(Habermas 1985). Trotz der Einsicht in die neuen Konstellationen sollten jedoch
die räumlichen und kulturellen Verflechtungen, die sich bereits in den vergangenen Epochen entfaltet haben, nicht unterschätzt werden (s. etwa Soeffner 1995,
2000, 2007). Denn in der Dramatisierung der Unterschiede zwischen „damals"
und „heute" liege die Gefahr, die Isolation, Homogenität sowie territoriale Gebundenheit früherer Kulturen zu stark zu betonen (Hannerz 1995: 69).[10]

---

8   In Anlehnung an Max Weber: „‚*Kultur' ist ein vom Standpunkt des Menschen aus mit Sinn
    und Bedeutung bedachter endlicher Ausschnitt aus der sinnlosen Unendlichkeit des Weltgesche-
    hens.*" Weber (1904 (1988): 180).
9   In Anlehnung an Soeffner (2000) u. Knoblauch (2007). S. hierzu auch etwa Weber (1904
    (1988)), Geertz (1975, 1987, 1996), Hall (1999), Hannerz (1995), Huntington (1997), Luckmann
    (1999), Müller (2003).
10 Auch gegenwärtig gibt es räumlich gebundene Gesellschaften, die in klar definierten, seit
    Jahrzehnten kaum veränderten Grenzen leben, einem einheitlichen religiösen System ver-
    pflichtet sind, eine überwiegend indigene Bevölkerung mit geringen Migrationsströmen auf-
    weisen und auf die Bewahrung ihrer Sitten achten, wobei sie einen Modernisierungs- und
    Demokratisierungsprozess unterlaufen, z. B. Bhutan. Die Ethnologie liefert hierzu weitere
    Beispiele. In seinem neusten Buch „Vermächtnis" stellt der amerikanische Kulturanthropo-
    loge Jared Diamond Stammgesellschaften aus Papua-Neuguinea dar, die Jahrtausende lang
    bis in die 1960er-Jahre hinein in geschlossenen, räumlich gebundenen Systemen lebten, eine

Die Gleichzeitigkeit des Auftretens von unterschiedlichen, sich teilweise widersprechenden Tendenzen im Bereich der Theorie sowie der Empirie scheint für die Entwicklung sowohl von Kulturtheorien als auch von Gesellschaften symptomatisch zu sein. In Hinblick auf die Pluralisierung der gesellschaftlichen Wirklichkeit haben wir es gegenwärtig mit transnationalen Systemen zu tun, die vor der Herausforderung des ‚sowohl als auch' von Diversität und Einheit stehen: vor dem Paradox also, die Heterogenität gleichzeitig bewahren und überwinden zu sollen. Nicht nur die Europäische Union unternimmt unter dem Motto „United in Diversity" den Versuch, die Diversität zu repräsentieren und gleichzeitig eine Einheit zu schaffen. Auch pluralistische Nationalstaaten stehen vor dieser Herausforderung. Vor ähnlichen Problemen,

> „ein Weltreich gründen und erhalten zu wollen und dabei dennoch die kulturelle Vielfalt der darin zusammengefassten unterschiedlichen Völker, Religionsgemeinschaften und Traditionen zu erhalten, standen schon frühere Imperien. Beispielhaft erinnert sei sowohl an das Römische Reich als auch an das Reich Kubilai Khans, des mongolischen Herrschers auf dem chinesischen Kaiserthron (1215–1294, ab 1260 chinesischer Kaiser)" (Soeffner 2007: 106).

Die gegenwärtig zu beobachtenden Prozesse der fortschreitenden Pluralisierung sind zwar von den früheren durch ihren Entstehungskontext grundsätzlich zu unterscheiden; das ‚sowohl als auch' von Diversität und Einheit gibt es jedoch nach wie vor. Die neuen Konstellationen und Rahmenbedingungen bringen neue Figurationen (Elias 2003) hervor, die zu einer neuen Konzeption für alt bekannte Probleme führen. Dies verlangt von uns, alte Fragestellungen des Kulturverstehens und Kulturvergleiches, der Kulturbewahrung und Kulturverschränkung, der Alterität und Alienität neu zu akzentuieren und uns gleichzeitig daran zu erinnern, dass im Gefolge der Ideologien des 19. und 20. Jahrhunderts die universalhermeneutische Fragestellung vernachlässigt, wenn nicht sogar vergessen wurde.

---

hohe Immunität gegenüber den systemischen Veränderungen aufwiesen und nur begrenzte Kenntnisse über die Außenwelt hatten. Wenn die Angehörigen eines Stammes auf die Angehörigen eines anderen Stammes trafen, begegneten sich im wahrsten Sinne des Wortes „Fremde". Da der essentialistische Kulturbegriff aus der Untersuchung solcher Gesellschaftsformationen resultierte, geht er von Kulturen als von einander getrennten Einheiten aus. S. hierzu etwa Müller 2003, sowie dessen Aufsatz in diesem Band.

Interkultur – Möglichkeiten und Grenzen
eines geisteswissenschaftlichen Begriffes

Gegenwärtig finden sich eine ganze Reihe von neuen Begriffen, die auf die fortschreitende Pluralisierung von Gesellschaften reagieren und dem Postulat der
Anerkennung wechselseitiger Verschränkung von Kulturen nachzugehen versuchen.[11] Da sich Begriffe wie etwa Multikulturalität, Interkulturalität, Transkulturalität, Hybridität, Diversität u. ä. oft einer theoretisch komplexen, aber auch der
Konkretion beraubten Sprache bedienen, sind sie in Gefahr, den Problemen der
uferlosen Vielfalt divergierender kultureller Erscheinungen durch leere Abstraktion zu begegnen (vgl. Soeffner 1995: 12). Auch die Karriere des Ausdrucks Interkultur, deren theoretische und forschungspraktische Diskussion auf der Tagung
„Interkultur in Theorie und Praxis" am Kulturwissenschaftlichen Institut Essen
(KWI) im April 2012 diesem Band als Ausgangspunkt diente, verdankt sich einer
Mischung aus scheinbar plausibler Metaphorik und diffuser Abstraktion.

Seitdem das Konzept der Multikulturalität wegen seiner mangelnden Fähigkeit, Probleme von postnationalen Einwanderungsgesellschaften adäquat darzustellen, in die Kritik geriet, tritt im öffentlich-politischen Diskurs der Ausdruck
‚Interkultur' in verschiedenen Variationen (wie etwa Interkulturalität, interkultu-
relles dies oder jenes) an dessen Stelle.[12] In der Kritik am Multikulturalismus, als
Begriff und als daran anknüpfender Politik wird oft übersehen, dass es sich hierbei konzeptionell ursprünglich nicht darum handelte, nebeneinander existierende
Kulturmuster zu stärken oder gar zu fördern, sondern vor allem darum, ein de-
zentriertes Kulturmodell für eine Gesellschaft ohne leitkulturellen Anspruch zu
schaffen.[13] An die Stelle des heute totgesagten ‚Multikulturalismuskonzeptes' ist
nun die Interkultur-Metapher getreten. Ihr Erklärungsgewinn gegenüber der un-
veränderten Problemlage ist nicht erkennbar. So möchte z. B. der fünfte Bundesfachkongress „Interkultur" 2012, um nur eine unter vielen Initiativen zu nennen,
zwar einen Paradigmenwechsel einleiten und wirft in der Diskussion zwischen
Wissenschaftlern, Künstlern, Politikern, Pädagogen, Medienmachern, Kulturver-

---

11 Zum Begriff der Kulturverschränkung s. den Aufsatz von Hans-Georg Soeffner in diesem
     Band.
12 In Erinnerung bleiben hier nach wie vor die Aussagen über das Ende des Multikulturalis-
     mus von Merkel, Sarkozy und Cameron, die zur selben Zeit aus verschiedenen europäischen
     Machtzentren artikuliert wurden, um die nationalen Einflüsse im europäischen Raum zu
     stärken. S. hierzu genauer die Ergebnisse von Diskursanalysen in der deutschen Studie des
     EU-Projektes „Identites and Modernities in Europe", die die politischen Berichte und Be-
     schlüsse in Bezug auf die Entwicklung des Multikulturalismusdiskurses in Deutschland und
     Europa in den Jahren 2000–2010 untersuchte (s. Boldt 2010). Zur Diskussion des Multikul-
     turalismuskonzeptes s. auch Stemmler (2011).
13 Vgl. z. B. Leggewie (1990). S. auch Leggewie und Stemmler (2011).

anstaltern u. a. die Frage auf, „wie das Zusammenleben von Menschen verschiedener Herkunft in einer globalisierten Welt gestaltet werden" könne:

> „Wie findet eine längst reale Migrationsgesellschaft vom abgrenzenden ‚Wir' und ‚Ihr' zu einem neuen ‚WIR' zusammen? Wie ist eine an Defiziten orientierte Integrationspolitik so zu verändern, dass die Vielfalt der Kulturen als Chance und Zugewinn begriffen wird?"[14]

Offen bleibt hier allerdings, wie diese Fragen sich von jenen des früheren Multikulturalismus-Konzeptes unterscheiden.

Ein *vorläufiger* Blick auf den deutschsprachigen Forschungsstand zum Thema Interkultur legt ebenso nahe, dass sich diese Forschung wie schon zuvor auf die Probleme der Zuwanderungsgesellschaft fokussiert und verstärkt um die politischen Aspekte von pluralistischen Gesellschaften bemüht.[15] Hier wird noch einmal die Abhängigkeit der sozialwissenschaftlichen Disziplinen von der jeweiligen politischen Situation sichtbar. Was der Begriff ‚Interkultur' in diesem Zusammenhang leistet, ist die Stabilisierung der Abkehr von der Differenzdebatte als Defizitdiskurs[16] und die Stärkung der Anerkennung der Potenziale von Migranten für den Aufbau einer integrierenden, pluralistischen Gesellschaft im Dialog.

Trotz seiner politischen Wirkungskraft steht der Begriff ‚Interkultur' also weiterhin vor der Problematik der scheinbaren Unüberwindbarkeit kultureller Differenz (vgl. Dreher und Stegmaier 2007). Durch den Fokus auf das „Zwischen den Kulturen" (vgl. Matthes 1992) werden jedoch weder die methodologischen Kontroversen des Kulturvergleiches noch das theoretische Dilemma um die porösen Ränder der kaum klar voneinander abgrenzbaren, vermeintlichen kulturellen Einheiten gelöst, die bereits beispielhaft von Tenbruck, Shimada und Matthes deutlich gemacht wurden. Auch wenn der Schwerpunkt in einigen Arbeiten nicht auf die räumliche, sondern eher auf die soziale Distanz und die damit zusammenhängende Ungleichheit gelegt wird, scheint der Begriff ‚Interkultur' durch die prinzipielle Betonung der Differenz paradoxerweise die Anomalien der Kulturdebatte wiederzubeleben, denen er entgegen wirken sollte, woraus sich weitere Herausforderungen für die interkulturelle Forschungspraxis ergeben.[17] Auch wenn einige Autoren im Zuge der Debatten der 1980er- und 1990er-Jahre durch die Gegen-

---

14 http://www.bundesfachkongress-interkultur-2012.de/.

15 Vgl. etwa Kunz und Puhl (2011), Terkessidis (2010) u. Leggewie und Zifonun (2010).

16 Zur Entwicklung des Migrationsdiskurses vom Differenzdiskurs, Defizitdiskurs, Hybriditätsdiskurs zum Anerkennungsdiskurs s. u. a. Boldt (2010); im Bildungskontext vgl. auch Mecheril (2004).

17 S. den Sammelband von Bettmann und Roslon (2013), in dem erlebnisnahe Berichte über Probleme und Herausforderungen erprobter Verfahrenswege aus der interkulturellen For-

überstellung von Interkultur als Prozess vs. Kultur als Substanz den essentialisti-schen Charakter des Kulturbegriffes an sich in Frage stellen und vom „sinnhaften Aufbau der sozialen Welt" (Schütz 1932 (1993)) oder von der „gesellschaftlichen Konstruktion der Wirklichkeit" (Berger und Luckmann 1969 (2004)) ausgehen, steht in vielen anderen Arbeiten weiterhin die Annahme im Vordergrund, dass Menschen verschiedenen, weitgehend homogenen Kulturkreisen, die wiederum in Bezug auf die vermeintlichen territorial gebundenen Herkunfts- und Ankunfts-kulturen konzipiert werden, zugehören. Trotz der weitgehenden Dynamisierung der Diskussion durch die Kritik am Leitkulturmodell, der Infragestellung des In-tegrationsbegriffes und der Kontroversen über ‚neue Semantiken', wie etwa „Men-schen mit Migrationshintergrund", „Menschen mit Migrationsgeschichte" u. ä. wird weiterhin, etwa im Bereich der interkulturellen Kommunikation, eher vom Dialog zwischen den „Fremden" und den „Einheimischen" gesprochen,[18] statt ver-stärkt auf Aspekte von „fremden Eigenheiten und eigenen Fremdheiten" einzuge-hen (vgl. das Projekt von Ronald Kurt, Jo Reichertz und Norbert Schröer).

Die gegenwärtige Forschung zur interkulturellen Kommunikation bildet ins-gesamt ein ebenso breites wie ambivalentes Feld, das im interdisziplinären Aus-tausch bearbeitet wird.[19] Hierzu zählen beispielsweise die interkulturelle Sprach- und Literaturwissenschaft, Pädagogik, Betriebs- und Unternehmensführung, Marketing, Philosophie, Sozialwissenschaft oder die neuere Kulturgeschichts-schreibung.[20] Die Forschung zur interkulturellen Kommunikation oszilliert da-bei zwischen kontrastiven und prozessorientierten Ansätzen (Schröer 2009: 7). Während Erstere die sprachlichen Phänomene im Rahmen intrakultureller Kom-

schungspraxis und zwar überwiegend aus einer qualitativ kommunikationssoziologischen Perspektive zur Diskussion gestellt wurden.

18 Dieser bipolare Charakter ist sicherlich auch auf die akademischen Ursprünge des Fach-bereichs in der Erforschung des Kontakts zwischen Nationen und ihren Repräsentanten zurückzuführen: Die wissenschaftliche Betätigung im Bereich der interkulturellen Kom-munikation setzte in den 1960er-Jahren mit der Untersuchung internationaler Beziehun-gen durch amerikanische Kulturanthropologen im Auftrag des US-Außenministeriums ein. (Rogers et al. 2002: 9 f.) Anschließend wurde das neu etablierte Paradigma von der Migra-tionsforschung aufgegriffen, bevor es auch in Ethnographie und Sozialpsychologie Verwen-dung fand (vgl. Casper-Hehne 1999: 85–91 u. Lüsebrink 2004: 7). Die wachsende Bedeutung dieser Thematik spiegelt sich auch in der Bildungslandschaft wider: Allein in Deutschland bieten bereits 22 Hochschulen Studiengänge an der interkulturellen Kommunikation mit un-terschiedlichen Schwerpunkten an (siehe: http://www.studienwahl.de/ hrsg. v. d. Bundes-agentur für Arbeit).

19 Die Überarbeitung des Forschungsstandes zur interkulturellen Kommunikation in diesem Aufsatz entstammt der Zusammenfassung von Gion Wallmeyer, einem Hospitanten im Pro-jekt „Kultur der Achtsamkeit. Zum Phänomen der Kulturverschränkung am Beispiel des Buddhismus im Westen" am Kulturwissenschaftlichen Institut Essen.

20 Für einen Überblick vgl. insbes. Lüsebrink (2004) u. Straub et al. (2007).

munikation bestimmen, untersuchen Letztere den interkulturellen Kommunikationsprozess (von Helmolt 1997 nach Schröer 2009: 7 f.). Im Englischen firmieren diese Ansätze mitunter auch unter den Bezeichnungen *„cross-cultural communication"* und *„intercultural communication"* (Kotthoff und Spencer-Otay 2007: 1). Beiden gemeinsam ist die Verwendungsweise des Adjektivs „interkulturell". Das Präfix „inter" wird konsequent als „zwischen" verstanden,[21] während Kultur meist als *„[...] system of sense-giving/orientation characteristic to a nation, society, organization or group [...]"* (Thomas et al. 2010: 85) aufgefasst wird. Die Zuschreibung der Eigenschaft „interkulturell" charakterisiert demnach eine Beziehung zwischen zwei oder mehreren Akteuren, die Vertreter unterschiedlicher Kulturmuster sind. „Interkulturell" wird damit von der Eigenschaft „intrakulturell" abgegrenzt, die Beziehungen zwischen Akteuren beschreibt, die das gleiche Kulturmuster vertreten. Im Gegensatz zu dem Homogenitätspostulat der älteren Forschung[22] begreifen zeitgenössische Ansätze in der interkulturellen Kommunikation die Differenz zwischen „interkulturell" und „intrakulturell" nicht als qualitativen, sondern als graduellen Unterschied:

> „This view [...] suggests that particular cultures should be thought of having fuzzy boundaries and that they can be identified in terms of indefinitely many various characteristics of social groups [...]" (Žegarac 2007: 32).

Das Problem einer bipolaren Differenz zwischen „dem Eigenen" auf der einen und „dem Fremden" auf der anderen Seite bleibt jedoch auch nach dieser begrifflichen Modifikation erhalten (vgl. Koch 2009).

Die Befreiung des Kulturvergleiches von essentialistischen und territorialen Elementen stellt somit, trotz der Schaffung neuer Begriffe wie etwa dem der Interkultur, Forschung und Theoriebildung weiterhin vor beachtliche Herausforderungen.

Ein weiteres Problem der Interkulturforschung, das weder durch die Multikultur- noch durch die Transkulturalitätsforschung hinreichend gelöst wurde, stellt der allgegenwärtige Bezug der Theoreme auf die Migrationsforschung dar. So werden Migrationsphänomene generell als Erscheinungsformen der global grenzüberschreitenden Pluralisierung diskutiert. Durch die Miteinbeziehung des für die Migrationsforschung typischen Repertoires an konzeptionellen Erklärungsweisen verfestigt sich, trotz der weitgehenden Überwindung von statischen Identitätskonzepten sowie des Groupismus (Brubaker 1956 (2004)), weiterhin der Eindruck, dass die kulturellen Zugehörigkeiten vor allem entlang der ethnischen und

---

21 Thomas et al. (2010: 41), Schröer (2009: 7) u. Straub et al. (2007: 1).
22 Casper-Hehne (1999: 81 ff.) u. Rogers et al. (2002: 11 f.).

religiösen (Sinn)Zusammenhänge entwickelt werden, die wiederum im Kontext der Herkunfts- und Ankunftskultur (oder eben „dazwischen") diskutiert werden. Diese Fokussierung führt zur Einschränkung der Diskussion um die Diversität von Formen der Pluralisierung und der mit ihnen verbundenen Reaktionen: Fundamentalismen unterschiedlicher Couleur.

Dieser Einschränkung versucht der Begriff ‚Transkulturalität' zu begegnen. Auch er baut jedoch auf transnationalen Migrationsstudien auf (s. Kimmich und Schahadat 2012). So werden zu den Schlüsselbegriffen der Theoriebildung zur Transkulturalität Paul Gilroys Konzept vom *Black Atlantic,* Nina Glick-Schillers, Linda Baschs und Cristina Szanton-Blancs Definition des „Transmigranten" und Gayatri Spivaks Idee von der Grenzüberschreitung, dem *Crossing Borders,* gezählt (Kimmich und Schahadat 2012: 10). Damit wird zwar einerseits die vom Konzept des Nationalstaates losgelöste Vorstellung vom Raum „zu einer Metapher für kulturelle Dynamik: durch Grenzüberschreitungen und Grenzverlagerungen, durch Verhandlungen, durch Migration und Überlappung" (Bachmann-Medick 2006: 297), sie bleibt aber andererseits befangen in der Konzeption des Migranten als eines Fremden, „der heute kommt und morgen bleibt" (Simmel 1908: 509), d. h. der territorial sesshaft wird.

Auch wenn das Konzept vom Transmigranten, das eine gleichzeitige Verwurzelung in zwei oder mehreren Kulturen impliziert, im Zentrum der Transkulturalitätsforschung steht (Glick-Schiller et al. 1997), bleibt die Dynamik eines permanent mobilen Menschen, der heute kommt und morgen weiter zieht (und nicht nur zwischen „zwei Kulturen" pendelt), nicht ausreichend untersucht. Ebenso wenig schließen die im Kontext der Globalisierungsforschung entstandenen Konzepte der Hybridisierung (Bhabha 1994), Kreolisierung (Hannerz 1996) oder *Scapes* (Appadurai 2005) diese Lücken. Insgesamt besteht in den Studien zur Postkolonialität ein Mangel an empirischen Untersuchungen und theoretischer Reflexion darüber, was multiple Zugehörigkeit bedeutet. Was heißt es zum Bespiel, ein bayerischer Zen-Buddhist zu sein, der sowohl in den USA als auch in Korea Meditationsseminare leitet und weiterhin seinen Bauernhof bewirtschaftet. Oder am Beispiel von Matthieu Ricard – einem französischen Buddhisten, der einen Doktortitel in Molekularbiologie inne hat, sich in Nepal und Indien als tibetisch-buddhistischer Mönch in Meditation unterrichten lässt und sowohl in den USA, verschiedenen Staaten Europas als auch in Nepal und Indien Meditationsseminare leitet, und gleichzeitig als anerkannter Übersetzer, Photograph und Buchautor arbeitet.[23] Die Prozesse der kulturellen Sinngebung und -verhandlung durch die permanente Mobilität und die damit zusammenhängende Aushandlung und

---

23 Siehe auch die Diskussion des Forschungsdesideratums zum Thema Zugehörigkeitskonstruktionen im Feld von Buddhismusstudien bei Thea D. Boldt in diesem Band.

Kumulation von Erlebnissen und Erfahrungen in verschiedenen kulturellen Räumen und Milieus, auch durch die aktive oder passive Teilnahme an globalen Kommunikationsprozessen und digitalem Informationsaustausch im World Wide Web (social media und digitalen Netzwerken, Blogs, Webseiten, Facebook etc.), werden kaum untersucht. Die sowohl empirische als auch theoriegeleitete Entfaltung eines adäquaten Begriffsrahmens für die Geisteswissenschaften führt also zwangsläufig dazu, die Pluralismusdebatte auch jenseits der Migrationsforschung zu forcieren.

Die Geisteswissenschaften, vor allem die handlungsorientierten Erfahrungswissenschaften mit ihren interaktionistischen, konstruktivistischen, phänomenologischen, wissenssoziologischen und hermeneutischen Ansätzen, verfügen über eine breite Palette an Möglichkeiten, die Phänomene der Kulturverschränkung zu erfassen. Schon die Vertreter der Chicago School, die äußerst skeptisch gegenüber Begriffen wie Kultur und/oder Identität waren, gingen von Interaktionsszenarien mit offenem Ende aus (Blumer 1969 (1998)), die in konkreten situationsspezifischen Rahmen (Goffman 1980) und nicht in geschlossenen Einheiten gestaltet werden, beispielhaft die Meadsche Identitätskonzeption (Mead 1968). Für die Forschung zur Verschränkung von Kulturen sind nicht zuletzt die Konzepte von Anselm Strauss von Bedeutung, der Prozesse *(trajectories)* statt Substanzen und Arenen statt geschlossener sozialer Formationen untersucht hat (Strauss 1993).

Damit schließen die Überlegungen zum Prozesscharakter und zur Dynamik der Verschränkungen von Kulturen an Max Webers Kultursoziologie an: Da menschliches Handeln sich an unterschiedlichen Relevanzen und Bedeutungsdimensionen orientiert, kann ihm – neben ökonomischer, alltagspraktischer, politischer, religiöser etc. – immer auch Kultur*bedeutung* zukommen. Aus dieser Sicht lassen sich weder ein essentialistischer Kulturbegriff noch abstrakte Kulturdefinitionen ableiten. Stattdessen muss für Max Weber jede Art der Soziologie immer *auch* Kultursoziologie sein. Dadurch wird die ‚Falle des Kulturvergleiches‘ vermieden. Hinzu kommt, dass – unabhängig davon, ob man sich der Metapher des *global village* (McLuhan 1962 (2011)) anschließt oder nicht – die weltweit zu beobachtende Digitalisierung und Medialisierung von Informations- und Kommunikationsprozesse die kulturelle Verschränkungsdichte weiter intensiviert.

Es wäre jedoch irreführend, Prozesse der Kulturverschränkung lediglich im Kontext von Mobilität und Medialisierung anzugehen und dementsprechend zu definieren. Um Klaus E. Müller zu paraphrasieren,

„im Grunde handelt es sich bei dem Dilemma um […] ein ganz gewöhnliches, eben ‚landläufiges, allgemeinmenschliches‘ Problem, wie *es innerhalb einer jenen Gesellschaft* unter den Angehörigen der Geschlechter-, Generationen- und Sozialgruppen besteht. Eltern erscheinen oft die Gewohnheiten und Vorstellungen ihrer eigenen Kinder, mit denen sie doch aufs engste zusammenleben, merkwürdig und ‚fremdartig'. […] Im Gespräch mit Versicherungsvertretern, Bankleuten oder Computerspezialisten kann man ebenfalls, selbst wenn es sich um gute Bekannte handelt, den Eindruck gewinnen, als stünde man Angehörigen einer anderen Kultur gegenüber und bedürfe dringend eines Dolmetschers" (Müller 2010: 17).

Nicht nur zwischen den auf demselben Territorium lebenden Männern und Frauen, Christen und Muslimen, sondern auch zwischen Eltern und Kindern oder Hip-Hoppern und Schlagersängern[24] entstehen Figurationen, die zu Überschneidungen, Zwischenbereichen und eben Verschränkungen führen, die zwar einzig-, anders- sowie fremdartig erscheinen können, aber auf einer praktischen Ebene ausgehandelt und überwunden werden.

Da diese Verschränkungen interaktiv gestaltet werden, können sie zu jeder Zeit verändert oder unterbrochen werden und sind somit durch ein hohes Maß an Fragilität gekennzeichnet. Wenn zum Beispiel das West-Eastern-Divan-Orchester[25] nach Israel reist, gelten beim Grenzübertritt jeweils spezifische Zugangsregeln – je nachdem, welcher Nationalität die Orchestermitglieder angehören. Insbesondere die palästinensischen Musiker sehen sich mit Zuschreibungen und Regeln konfrontiert, die eher der Logik ungelöster Konflikte als der des internationalen Rechts folgen.

In unserem Sammelband begeben wir uns auf die Suche nach Begrifflichkeiten und Kooperationsmustern, die empirisch auf die jeweiligen interkulturellen Arenen bezogen werden können. Wir gehen dabei der Frage nach, wie die in Gesellschaften bereits existierenden Regeln und Muster der Kooperation aussehen und für welche gesellschaftlichen Konstellationen sie Geltung beanspruchen. Dabei steht das Interesse an gelebten und bewährten Formen der Koorientierung und Kooperation in pluralistischen Gesellschaften im Vordergrund. Denn pluralistisch verfasste Gesellschaften, soviel ist seit langem erkennbar, erkaufen sich den Gewinn an Veränderungspotentialen, Vielfalt und Toleranz mit der Gefahr eines ständig drohenden Fundamentalismus einzelner sich angegriffen Fühlender

---

24 Hierzu wurden in der Sendung „Cover my song" bei VOX 2012 äußerst unterhaltsame Beispiele geliefert: Junge Hip-Hopper treffen auf deutlich ältere Schlagersänger und interpretieren gegenseitig ihre Lieder und lernen sich „quasi-privat" (es handelt sich nach wie vor um ein Fernsehformat) kennen.

25 Das Ensemble des Divan Orchester wurde 1999 aus der Initiative des Kunstfestes Weimar vom argentinisch-israelisch-spanisch-palästinensischen Pianisten und Dirigenten, Daniel Barenboim, und dem amerikanischen Schriftsteller palästinensischer Herkunft, Edward Said, gegründet, um Musikern aus Israel, Palästina, und diversen Arabischen Staaten des Mittleren Ostens einen interkulturellen Dialog zu ermöglichen und Kollaborationen zu fördern. S. http://www.west-eastern-divan.org/.

und/oder absolute Wahrheiten proklamierender Gruppen. In dieser Konstellation entsteht im besten Falle ein fragiles, ständig neu zu schaffendes Gleichgewicht der kooperierenden oder miteinander konkurrierenden Gruppen. Kurz, kulturelle Vielfalt, Beweglichkeit und Imaginationskraft auf der einen, Labilität und Fragilität des gesellschaftlichen Zusammenhalts auf der anderen Seite kennzeichnen pluralistische Gesellschaften ebenso wie eine im Kern pluralistische Verfassungs- und Rechtsidee: Pluralismus ist gelebte Balance.

Einerseits also lassen sich pluralistische, multikulturelle Gesellschaften nicht mit Methoden des klassischen Kulturvergleiches analysieren. Andererseits erfahren wir in solchen Gesellschaften weiterhin, dass auch in ihnen ‚Fremde' und ‚Einheimische' einander gegenübergestellt und durch stereotype Zuschreibungen angeblich erkennbarer, kultureller, ethnischer oder religiöser Eigenschaften voneinander abgegrenzt werden. Welche Austauschprozesse in pluralistischen Gesellschaften stattfinden, lässt sich nur dadurch herausarbeiten, dass die Praxis kultureller Verschränkungen, Überschneidungen und Wechselwirkungen historisch, soziologisch, politik-, kommunikations- und sprachwissenschaftlich analysiert und theoretisch neu konzeptualisiert wird. Ebendies war das Ziel der Tagung „Interkultur in Theorie und Praxis" am 24. und 25. April 2012 im Kulturwissenschaftlichen Institut Essen (KWI). Der Sammelband präsentiert die dort vorgestellten Studien.

Literatur

Appadurai, Arjun. 2005. *Modernity at Large. Cultural Dimensions of Globalization.* Minneapolis: University of Minnesota Press.

Bachmann-Medick, Doris. 2006. *Cultural turns. Neuorientierungen in den Kulturwissenschaften.* Reinbeck: Rowohlt.

Bauman, Zygmunt. 1992. Moderne und Ambivalenz. In *Das Eigene und das Fremde. Neuer Rassismus in der Alten Welt,* Uli Bielefeld (Hrsg.), 23–49. Hamburg: Junius.

Beck, Ulrich. 1986. *Risikogesellschaft. Auf dem Weg in eine andere Moderne.* Frankfurt a. M.: Suhrkamp.

Beck, Ulrich. 2008. *Weltrisikogesellschaft: Auf der Suche nach der verlorenen Sicherheit.* Frankfurt a. M.: Suhrkamp.

Berger, Peter L. & Thomas Luckmann. 1969 (2004). *Die gesellschaftliche Konstruktion der Wirklichkeit. Eine Theorie der Wissenssoziologie.* Frankfurt a. M.: Fischer Verlag.

Bettmann, Richard & Michael Roslon (Hrsg.). 2013. *Going the Distance. Impulse für die interkulturelle qualitative Sozialforschung.* Wiesbaden: Springer VS.

Bhabha, Homi K. 1994. *The Location of Culture.* London & New York: Routledge.

Blumer, Herbert. 1969 (1998). *Symbolic Interactionism. Perspective and Method.* Berkeley, Los Angeles & London: University of California Press.

Boldt, Thea D. 2012. *Die stille Integration.* Frankfurt a. M. & New York: Campus.

Bonß, Wolfgang. 1993. Der Fremde. Ein verdrängtes Problem der Moderne. In *Individuum, Lebenswelt, Gesellschaft. Texte zu Sozialpsychologie und Soziologie,* Joachim Hohl & Günter Reisback (Hrsg.), 43–53. München & Wien: Profil.

Brubaker, Rogers. 1956 (2004). *Ethnicity without groups.* Cambridge & London: Harvard University Press.

Casper-Hehne, Hiltraud. 1999. Interkulturelle Kommunikation. Neue Perspektiven und alte Einsichten. *Zeitschrift für Angewandte Linguistik* 31: 77–107.

Diamond, Jared. 2012. *Vermächtnis.* Frankfurt a. M.: S. Fischer Verlag.

Dreher, Jochen & Peter Stegmaier (Hrsg.). 2007. *Zur Unüberwindbarkeit kultureller Differenz. Grundlagentheoretische Reflexionen.* Bielefeld: transcript.

Eagelton, Terry. 2001. *Was ist Kultur? Eine Einführung.* München: C. H. Beck.

Elias, Norbert. 2003. Figuration. In *Grundbegriffe der Soziologie,* Bernhard Schäfers (Hrsg.), 88–91. Stuttgart: Leske + Budrich (Utb).

Esser, Hartmut. 1988. Ethnische Differenzierung und moderne Gesellschaft. *Zeitschrift für Soziologie* 17: 235–248.

Geertz, Clifford. 1975. *The Interpretation of Cultures. Selected Essays.* London: Basic.

Geertz, Clifford. 1987. *Dichte Beschreibung. Beiträge zum Verstehen kultureller Systeme.* Frankfurt a. M.: Suhrkamp.

Geertz, Clifford. 1996. *Die Welt in Stücken. Kultur und Politik am Ende des 20. Jahrhunderts.* Wien: Passagen.

Glick-Schiller, Nina, Linda Basch & Cristina Blanc-Szanton. 1997. Transnationalismus. Ein neuer analytischer Rahmen zum Verständnis von Migration. In *Transnationale Staatsbürgerschaft,* Heinz Kleger (Hrsg.), 81–107. Frankfurt a. M. & New York: Campus.

Goffman, Erving. 1980. *Rahmen-Analyse: Ein Versuch über die Organisation von Alltagserfahrungen.* Frankfurt a. M.: Suhrkamp.

Gukenbiehl, Hermann L. 2010. Soziologie als Wissenschaft. Warum Begriffe lernen? In *Einführung in Hauptbegriffe der Soziologie,* Hermann Korte & Bernhard Schäfers (Hrsg), 11–22. Wiesbaden: Springer VS.

Habermas, Jürgen. 1985. *Die neue Unübersichtlichkeit.* Frankfurt a. M.: Suhrkamp.

Hahn, Alois. 1994. Die soziale Konstruktion des Fremden. In *Die Objektivität der Ordnungen und ihre kommunikative Konstruktion,* Walter Sprondel (Hrsg.), 140–163. Frankfurt a. M.: Suhrkamp.

Hall, Stuart. 1999. Cultural Studies. Zwei Paradigmen. In *Cultural Studies. Grundlagentexte zur Einführung,* Roger Bromley, Udo Göttlich & Carsten Winter (Hrsg.), 113–138. Lüneburg: zu Klampen.

Hannerz, Ulf. 1995. Kultur in einer vernetzten Welt. Zur Revision eines ethnologischen Begriffs. In *Kulturen – Identitäten – Diskurse. Perspektiven europäischer Ethnologie,* Wolfgang Kaschuba (Hrsg.), 64–84. Berlin: Akademie Verlag.

Helmolt, Katharina von. 1997. *Kommunikation in internationalen Arbeitsgruppen.* München: Iudicium.

Herder, Johann Gottfried. 1774 (1967). *Auch eine Philosophie der Geschichte zur Bildung der Menschheit*. Frankfurt a. M.: Suhrkamp.

Huntington, Samuel. 1997. *The Clash of Civilizations and the Remaking of the World Order*. New York: Simon & Schuster.

Kimmich, Dorothee & Schamma Schahadat (Hrsg.). 2012. *Kulturen in Bewegung. Beiträge zur Theorie und Praxis der Transkulturalität*. Bielefeld: transcript.

Knoblauch, Hubert. 2007. Kultur, die soziale Konstruktion, das Fremde und das Andere. In *Zur Unüberwindbarkeit kultureller Differenz. Grundlagentheoretische Reflexionen*, Jochen Dreher & Peter Stegmaier (Hrsg.), 21–41. Bielefeld: transcript.

Kotthoff, Helga & Helen Spencer-Otay (Hrsg.). 2007. *Handbook of Intercultural Communication*. Berlin & New York: de Gruyter.

Kunz, Thomas & Ria Puhl (Hrsg.). 2011. *Arbeitsfeld Interkulturalität: Grundlagen, Methoden und Praxisansätze der Sozialen Arbeit in der Zuwanderungsgesellschaft*. Studienmodule Soziale Arbeit. Weinheim: Juventa.

Leggewie, Claus. 1990. *Multi Kulti – Spielregeln für die Vielvölkerrepublik*. Berlin: Rotbuch.

Leggewie, Claus & Susanne Stemmler. 2011. Begriffsgeschichte Multikulturalismus. Claus Leggewie im Gespräch mit Susanne Stemmler. In *Multikultur 2.0. Willkommen im Einwanderungsland Deutschland*, Susanne Stemmler (Hrsg), 37–51. Göttingen: Wallstein Verlag.

Leggewie, Claus & Dariuš Zifonun. 2010. Was heißt Interkulturalität? *Zeitschrift für interkulturelle Germanistik* (1): 11–32.

Lüsebrink, Hans-Jürgen (Hrsg.). 2004. *Konzepte der interkulturellen Kommunikation. Theorieansätze und Praxisbezüge in interdisziplinärer Perspektive*. St. Ingbert: Röhrig.

Matthes, Joachim. 1992. *Zwischen den Kulturen? Die Sozialwissenschaften vor dem Problem des Kulturvergleichs*. Göttingen: Verlag Otto Schwartz & Co.

McLuhan, Marshall. 1962 (2011). *Die Gutenberg-Galaxis: Die Entstehung des typographischen Menschen*. Berkeley: Gingko Press.

Mead, Georg H. 1968. *Geist, Identität und Gesellschaft*. Frankfurt a. M.: Suhrkamp.

Mecheril, Paul. 2004. *Einführung in die Migrationspädagogik*. Weinheim: Beltz.

Moebius, Stephan & Dirk Quadflieg (Hrsg.). 2011. *Kultur. Theorien der Gegenwart*. Wiesbaden: Springer VS.

Müller, Klaus E. 2003. Das Unbehagen mit der Kultur. In *Phänomen Kultur. Perspektiven und Aufgaben der Kulturwissenschaften*, Klaus E. Müller, 13–48. Bielefeld: transcript.

Müller, Klaus E. 2003. *Phänomen Kultur. Perspektiven und Aufgaben der Kulturwissenschaften*. Bielefeld: transcript.

Müller, Klaus E. 2010. *Die Siedlungsgemeinschaft*. Göttingen: V&R Unipress.

Nassehi, Armin. 1995. Der Fremde als Vertrauter. Soziologische Betrachtungen zu Identitäten und Differenzen. *Kölner Zeitschrift für Soziologie und Sozialpsychologie* 3: 443–463.

Park, Robert Ezra. 1928. The Marginal Man. In *Race and Culture*, Robert Ezra Park (1950), 345–392. London: The Free Press.

Robertson, Roland. 1998. Glokalisierung: Homogenität und Heterogenität in Raum und Zeit. In *Perspektiven der Weltgesellschaft,* Ulrich Beck (Hrsg.), 192–220. Frankfurt a. M.: Suhrkamp.

Rogers, Everett, William Hart & Miike Yoshitaka. 2002. Edward T. Hall and The History of Intercultural Communication. The United States and Japan. *Keio Communication Review* 24: 3–26.

Schröer, Norbert. 2009. *Interkulturelle Kommunikation Einführung.* Essen: Oldib.

Schütz, Alfred. 1932 (1993). *Der sinnhafte Aufbau der sozialen Welt. Eine Einleitung in die verstehende Soziologie.* Frankfurt a. M.: Suhrkamp.

Schütz, Alfred. 1972. Der Fremde. In *Gesammelte Aufsätze. Studien zur soziologischen Theorie,* Alfred Schütz, Bd. 2, 53–69. Den Haag: Martinus Nijhoff.

Sennett, Richard. 1998 (2002). *Der flexible Mensch. Die Kultur des neuen Kapitalismus.* Berlin: btb.

Simmel, Georg. 1908. Exkurs über den Fremden. In *Soziologie. Untersuchungen über die Formen der Vergesellschaftung,* Georg Simmel, 509–512. Berlin: Duncker & Humblot.

Soeffner, Hans-Georg. 1995. Kultursoziologie zwischen Kulturwelten und Weltkultur. *Soziologische Revue* 18: 10–19.

Soeffner, Hans-Georg. 2000. *Gesellschaft ohne Baldachin. Über die Labilität von Ordnungskonstruktionen.* Weilerswist: Velbrück Wissenschaft.

Soeffner, Hans-Georg. 2000a. Kulturmythos und kulturelle Realität(en). In *Gesellschaft ohne Baldachin. Über die Labilität von Ordnungskonstruktionen,* Hans-Georg Soeffner, 153–179. Weilerswist: Velbrück Wissenschaft.

Soeffner, Hans-Georg. 2007. Methodologischer Kosmopolitismus – Die Erhaltung kultureller Vielfalt trotz wirtschaftlicher und kultureller Globalisierung. In *Zur Unüberwindbarkeit kultureller Differenz. Grundlagentheoretische Reflexionen,* Jochen Dreher & Peter Stegmaier (Hrsg.), 97–112. Bielefeld: transcript.

Stemmler, Susanne (Hrsg.). (2011). *Multikultur 2.0. Willkommen im Einwanderungsland Deutschland.* Göttingen: Wallstein Verlag.

Stonequist, Everett V. 1937 (1961). *The marginal man. A study in personality and culture conflict.* New York: Russell & Russell.

Straub, Jürgen. 2007. Kultur. In *Handbuch interkulturelle Kommunikation und Kompetenz. Grundbegriffe – Theorien – Anwendungsfelder,* Jürgen Straub, Arne Weidemann & Doris Weidemann (Hrsg.), 7–24. Stuttgart: Metzler.

Straub, Jürgen, Arne Weidemann & Doris Weidemann (Hrsg.). 2007. *Handbuch interkulturelle Kommunikation und Kompetenz. Grundbegriffe – Theorien – Anwendungsfelder.* Stuttgart: Metzler.

Strauss, Anselm L. 1993. *Continual Permutations of Action.* New York: Aldine.

Terkessidis, Mark. 2010. *Interkultur.* Berlin: Suhrkamp.

Thomas, Alexander, Eva-Ulrike Kinast & Sylvia Schroll-Machl (Hrsg.). 2010. *Handbook of Intercultural Communication and Cooperation. Basics and Areas of Application.* Göttingen: Vandenhoeck & Ruprecht.

Weber, Max. 1904 (1988). Die „Objektivität" sozialwissenschaftlicher und sozialpolitischer Erkenntnis. In *Gesammelte Aufsätze zur Wissenschaftslehre,* Max Weber, 146–214. Tübingen: Mohr.

Weber, Max. 1922 (1988). *Gesammelte Aufsätze zur Wissenschaftslehre*. Tübingen: Mohr.
Žegarac, Vladimir. 2007. A cognitive pragmatic perspective on communication and
    culture. In *Handbook of Intercultural Communication*, Helga Kotthoff & Helen
    Spencer-Otay (Hrsg.), 31–53. Berlin & New York: de Gruyter.

Internetquellen

Boldt, Thea D. 2010. http://www.kulturwissenschaften.de/en/home/profil-tboldt.html.
    Zugegriffen: 21. August 2013.
Bundesagentur für Arbeit. Studienwahl. http://www.studienwahl.de/. Zugegriffen:
    15. Mai 2012.
Bundesfachkongress Interkultur 2012. http://www.bundesfachkongress-interkultur-
    2012.de/. Zugegriffen: 17. Januar 2013.
Koch, Gertraud. 2009. Intercultural Communication and Competence Research
    through the Lens of an Anthropology of Knowledge. *Forum. Qualitative So-
    cial Research* 10 (1) http://www.qualitative-research.net/index.php/fqs/article/
    view/1231/2677. Zugegriffen: 03. Februar 2012.
Kurt, Ronald; Jo Reichertz & Norbert Schröer. Projekt „Fremde Eigenheiten und eige-
    ne Fremdheiten. Interkulturelle Verständigung und transkulturelle Identitäts-
    arbeit in globalisierten Arbeitskontexten". http://www.kulturwissenschaften.de/
    home/projekt-69.html. Zugegriffen: 06. Februar 2013.
West Easter Orchestra. http://www.west-eastern-divan.org/. Zugegriffen: 21. Februar
    2013.

Moorwege zwischen Hüben und Drüben   2

Klaus E. Müller

2.1   Beziehungen zwischen Dorfgesellschaften

Nach dem Ende der Eiszeit blieben in weiten Teilen Nordeuropas zahlreiche moorige Gründe zurück. Während sie die jungpaläolithischen und mesolithischen Jäger und Sammler noch umgehen konnten, stellten sie für die ortsfest lebenden Bauern des Neolithikums unüberwindliche, *trennende* Landstriche dar. Das führte dazu, daß die anfangs ohnehin weiträumig verstreuten Dorfkulturen eine eigenständige Entwicklung zu nehmen vermochten. Dennoch blieben sie aber doch, sei es aus Heirats- oder Handelsgründen, auf gewisse Kontakte untereinander angewiesen. Also begann man seit der Mitte des 5. Jahrtausends v. Chr. die Moore mit Wegen aus quer verlegten massiven Bohlen zu überziehen. Allein für das heutige Niedersachsen wurden bislang gut 350 derartiger Anlagen nachgewiesen.[1]

In anderen, nicht unmittelbar von der Eiszeit betroffenen Teilen der Welt herrschten gleichwohl analoge Bedingungen: Auch hier lagen die ersten bäuerlichen Siedlungen noch häufig weit voneinander entfernt, getrennt durch schwer überwindliche Trockensavannen, Wüstenstriche, Bergregionen oder undurchdringliche Regenwälder. Da aber die Anforderungen der frühagrarischen Landwirtschaft sich überall in den Grundzügen glichen, bildeten sich überall auch in den Grundzügen übereinstimmende Kulturen aus, die sich in der Folge über Jahrtausende hin und in den abgelegeneren Regionen teils bis in die jüngste Vergangenheit, auch in Europa noch, annähernd unverändert erhielten. Und ebendies bietet die Möglichkeit, die Gesellschaften, die sie repräsentieren, als *Standard- oder Modellgruppen* zu betrachten, die Rückschlüsse auch zum Verständnis von Einstellung und Verhalten formal vergleichbarer Vergemeinschaftungstypen,

---

1   Metzler (2002: 24 ff.), mit Abbildungen.

das heißt von Teileinheiten differenzierterer und komplexerer *urbaner* Groß-
gesellschaften erlauben.
    Derartige Gruppen eignen sich als Orientierungs- und Vergleichsgrößen vor
allem, weil sie

- einen begrenzten Umfang von durchschnittlich 80–120 Mitgliedern besaßen,
  so daß sich das Verhalten aller unschwer koordinieren und durch die Öffentlichkeit wie die obrigkeitlichen Instanzen kontrollieren ließ;
- bereits seit Generationen in ihrem Siedlungsbereich lebten, so daß hinreichend
  Zeit bestanden hatte, sich an die gegebenen Verhältnisse anzupassen und entsprechende Erklärungskonzepte (bzw. „Naturtheorien“) dafür zu entwickeln;
- ökonomisch weitgehend autark und politisch autonom, also nicht Teil einer
  größeren, übergeordneten Einheit waren,
- das heißt beste Voraussetzungen zur Ausbildung eines festverfugten, stabilen
  Einheits- und *Identitätsbewußtseins* besaßen.

Verstärkt wurde die Kohärenz durch eine Reihe stabilisierender Konventionen, wie
insbesondere der wechselseitigen Affirmation, der Standardisierung und Normie-
rung der Verhaltens- und Umgangsformen, der Ritualisierung kritischer, das heißt
im wesentlichen aller Zustandswechselprozesse sowie der plausiblen Begründung
zumindest der zentralen Institutionen und Vorstellungen und der Sakralisierung,
teils auch Arkanisierung, der bedeutungsträchtigsten, „hochheiligen“ Rituale,
Überlieferungen und Reliquien. Im Kern jedoch banden zwei ebenso alte wie universale Obligationen prämoderne ländliche Dorfgesellschaften: das Reziprozi-
täts- und das Redistributionsgebot. Ersteres verpflichtete (annähernd) *Gleichge-
stellte* zum – meist kurzfristigen – äquivalenten Austausch von Gebrauchsgütern,
Nahrungsmitteln, Arbeits- und Hilfeleistungen, Informationen und Zuwendung,
letzteres regelte die längerfristigen, gewissermaßen „zyklischen“ Wechselver-
pflichtungen unter *Ungleichgestellten,* also etwa Eltern und Kindern, weniger Be-
güterten oder unverschuldet Verarmten und Bessergestellten, unter Ahnen und
Lebenden, Göttern und Menschen. Die ständige, gleichförmige und durch Erziehung und Sozialisation auf Kurs gehaltene (Blau 1995: 53) Wiederholung und Be-
stätigung zumindest der wichtigsten Konventionen, Rituale und Vorstellungen
schraubte sie gleichsam erschütterungsfest in den Verhaltens- und Glaubenskodex
ein, festigte ihre Stabilität und Kontinuität über Generationen hinweg (vgl. Müller 2010: 413–420).
    Hinzukam, daß *jede* Gruppe den Anspruch erhob, unmittelbar vom ersten
Menschen abzustammen, dessen Nachfahren nach dem Sündenfall als einzigen
die Gunst widerfahren war, im Auftrag Gottes von den Kulturstifterheroen in der
Zivilisation unterwiesen zu werden. Im Zentrum der Erde siedelnd, wo allein Gott

die Schöpfung zur Vollendung gebracht hatte, und im Besitz der zuhöchst entwickelten Kultur, lebte man sozusagen in der „besten aller Welten" und durfte sich so mit Fug als „Krone der Schöpfung", als das „auserwählte Volk Gottes" wähnen (Müller 2012: 22).

Die solchergestalt ethno- oder *nostrozentrische* Weltanschauung traditioneller ländlicher Gesellschaften gründete sich demgemäß auf das Basiskonzept eines streng *dualistischen* Zwei-Sphären-Systems: Die heimische Endowelt war rings, hohlkugelförmig, von einer fremdweltlichen Exosphäre umschlossen, die mit fortschreitender Ausdehnung als ihr negatives Kontrastbild begriffen wurde. Was im Innern symmetrische Strukturen und ebenmäßige Formen besaß, konnte nach draußen zu nur unvollkommen, verbogen, gebrochen und „wild" erscheinen, und zwar direkt proportional zum Maß der Entfernung – bis hin zur totalen Inversion am Ende der terrestrischen Welt (Müller 2010: 321). Das begann bereits bei den nächstgelegenen Dörfern, deren Bewohner noch dem eigenen Ethnos angehörten. Ihre Manieren begegneten ernsten Bedenken; man hielt sie grundsätzlich für weniger entwickelt und zivilisiert, für unwissend, verlogen, grob und ungepflegt. Oft wurden sie einer laxen Sexualmoral, ja selbst des Inzests und der Sodomie verdächtigt (vgl. Müller 2012: 23). Südspanische Bauern hörte der englische Ethnologe Julian Pitt-Rivers benachbarte Dörfler rundweg der Gemeinheit, Falschheit, Prahlerei, Gewalttätigkeit und Trunksucht bezichtigen (Pitt-Rivers 1955: 8 f.). Landleute in der Normandie trauen allen übrigen Franzosen grundsätzlich jede nur denkbare Schlechtigkeit zu (Victor 1980: 111) – usw. usw.

Derartig „Abartigen" gegenüber war generell Mißtrauen geboten (vgl. z. B. Lukesch 1969: 25; Bailey 1971: 17). Pflichtverletzungen, Vergehen und erst recht Gewaltdelikte, innerhalb der eigenen Gesellschaft aufs strengste verpönt, fanden Fremden gegenüber keinerlei Mißbilligung, eher Lob und Anerkennung (Simpson 1955: 249). Ihrer unterstellten Bösartigkeit und Willkür wegen sah man in ihnen im Grunde potentielle Feinde (Winter 1963: 294). Besser also, man blieb auf Distanz.

Unmittelbare Kontakte galten generell als gefährlich; zumindest lösten sie bei den eigenen Leuten „Verunreinigung", wenn nicht Erkrankungen aus (Müller 2012: 24). Geduldete Zuzügler, wie Asylsuchende zum Beispiel, blieben auf den Randbereich der Siedlung verwiesen. Die schwedische Ethnologin Ulla-Britt Engelbrektsson und der bekannte Kultursoziologe Norbert Elias (1897–1991) belegten durch eingehende Feldforschung, erstere in einem zentralanatolischen Dorf (Engelbrektsson 1978), letzterer in einer englischen Arbeitersiedlung, daß es gut drei Generationen dauern kann, bis es den Hinzugezogenen gelingt, sei es als Handwerker, Kaufleute oder durch Heirat, Fuß unter den Altsassen im Zentrum der Ortschaft zu fassen (Müller 1987: 89). In dem von Elias untersuchten Fall begriffen Letztere die Neulinge beharrlich „als Außenseiter [...] und stigmatisierten sie generell als Menschen von geringerem Wert [...] als rohe, ungehobelte Leute", die eine fragwürdige Moral besäßen und zur Trunksucht neigten (Elias und Scotson 1990: 7, 9, 175). Ein Gesprächspartner erklärte: „Sie sind so verschieden von uns wie Tag und Nacht." (Elias und Scotson 1990: 153). Eine Art „Zwischenlösung" konnte früher die Zusammenfassung oder „Ghettoisierung" Fremder in bestimmten Vierteln, etwa von Händlern und Juden oder auch Abdeckern und Färbern, die „verunreinigende" Tätigkeiten ausübten, bilden (Müller 1996: 64 f.).

Gleichwohl ließen sich Kontakte unter benachbarten ländlichen Gruppen, ob nun aus Handels- oder Heiratsgründen, schwerlich vermeiden. Das Problem war nur, daß sie gleichsam moorigen Grund, das heißt eine *Übergangszone* überwinden mußten, in der universaler Anschauung nach prinzipiell instabile, fluktuierende, ambivalente Verhältnisse herrschen, da in ihr weder die eigen- noch die fremdweltliche Ordnung Geltung besitzen. Es bedurfte daher, um im Bild zu bleiben, einer „Bohlentrasse", die den Übergang trittfest machte und engführte – das heißt: Grenzüberschreitungsprozesse, lokale, aber ebenso auch temporale und biographische, die ja alle immer auch einem Zustandswechsel entsprachen, wurden strikt *ritualisiert*, und zwar stets nach dem Schema der *Rites de Passage*. Sie gliederten sich auf in die vier Schritte

- der *Vorbereitung*: man reinigte sich, unterzog sich bestimmten Tabus, fastete zum Beispiel, und stattete sich mit apotropäischen Schutzmitteln, etwa Talismanen aus;
- der *Disjunktion*, indem man auf förmliche Weise Abschied nahm und die Tracht wechselte;
- der *Transformationsphase*, gekennzeichnet durch ein bestimmtes ambivalentes, der Situation angemessenes, *regeloffenes* Verhalten, und schließlich
- der *Restituierung*, indem man sich umorientierte, das heißt den Verhältnissen der neuen Umgebung anpaßte, beziehungsweise formal *integrierte*.

Zugrunde lag dem das phyto-, zoo- und anthropomorphe Anschauungsmodell der Wiedergeburt. Die *Rites de Passage* entsprachen dem Absterben, der Transformation in der Unterwelt, der Geburt und Resozialisation. Typische Beispiele bildeten die Niederkunfts- und Geburts-, die Initiations-, Heirats-, Beisetzungs-, Trauer- und Neujahrsriten. Auch wiederholte Gruppenkontakte erfolgten nach diesem Modell. Zu den gängigsten Beispielen zählten:

1) Die *Verehelichung*. Dorfgesellschaften gründeten sich in der Regel auf die patrilineare Abstammungsfolge. Daher befand sich das Land im Besitz der lokalen Patrisippen. Die aber waren zu klein, um jederzeit über eine ausreichende Anzahl von Jugendlichen im heiratsfähigen Alter zu verfügen. Das führte of-

fensichtlich schon früh zur *Exogamie:* Bestimmte Gruppen ein und desselben Ethnos tauschten ihre Ehekandidatinnen untereinander aus. Da es sich bei diesen gleichwohl um „Fremde" handelte, erfolgte die Heirat nach dem Schema der *Rites de Passage,* das heißt entsprach einem Adoptionsritual, das die Braut zur Quasiverwandten der autochthonen Gruppe, ihre Söhne zu deren *legitimen Erben* machte. Auf diese Weise wuchsen Abstammungs- und Schwiegerverwandte mit der Zeit über beider Kinder zu einer wiederum quasiverwandtschaftlichen Korporationsgemeinschaft zusammen, die sie immer auch zu bestimmten, säkularen wie sakralen Wechselleistungen verpflichtete. Das führte in verschiedenen Teilen der Welt zu sogenannten „Dualorganisationssystemen": Beide Gruppen rückten räumlich zu *einer* Gemeinschaft zusammen, behielten dabei aber als „Hälften" (englisch *moieties*) des komplementären Ganzen ihre kulturelle Eigenständigkeit bei – jede besaß ihre Agora, ein Männerhaus, ihre je eigenen Überlieferungen, Brauchtümer und Lokalheiligtümer. Ihre gleichwohl ungleichgewichtige Stellung zueinander brachten kategoriale Denominierungen wie „Rechts – Links", „Älter – Jünger", „Oben – Unten", „Männlich – Weiblich" usw. zum Ausdruck.[2]

2) In anderen Fällen führten teils Heirats-, mehr aber noch jahrhundertelange Handelsbeziehungen zu *symbiontischen Verbundsystemen,* bei denen die beteiligten Gruppen räumlich getrennt, aufgrund der eingegangenen wechselseitigen Leistungsverpflichtungen aber aufeinander angewiesen blieben. Prädestiniert dazu waren im letzteren Fall wirtschaftlich hochspezialisierte Gesellschaften, deren Waren- und Güteraustausch insofern eine unverzichtbare Grundlage ihrer Existenz darstellte. Wie analog bei Tieren, die sogenannte „mutualistische" Beziehungen unterhalten, lieferten häufig prädatorische agrarischen Gruppen, wie die Macú den Cubeo in Kolumbien, die Bambuti-Pygmäen in der zentralafrikanischen Hyläa den Bira, Lese, Mangbetu, Amba und anderen (Eggert 2011: 170) oder die Hadza im mittleren Ostafrika ihren vom Bodenbau oder als Hirtennomaden lebenden Nachbarn wichtige Rohstoffe, Wild und Honig und empfingen dafür Werkzeuge und andere Gebrauchsgüter, Bodenbauprodukte, Milch, Käse usw. mehr. Ein analoges Austauschsystem bestand auch in den südindischen Nilgiri-Hills zwischen den zur Hauptsache von der Sammelwirtschaft lebenden Kurumba, den bäuerlichen Badaga, den büffelhaltenden Toda und den Kota, einer fahrenden Handwerker- und Musikantengruppe. In allen Fällen vollzogen sich die *unmittelbaren* Kontakte stets mehr oder weniger ritualisiert (Müller 2010: 453 f.). So war in Melanesien dem rein merkantilen Warenverkehr zwischen einer bestimmten Gruppe von Inseln ein immer gleichförmig zirkulierender, *ritualisierter* Transfer kommerziell

---

2 Müller (2010: 186); Müller (2003: 21–41); Müller (2003a: 262 f.).

an sich belangloser Güter (z. B. Armbänder und Halsketten aus Muscheln) un-
terlegt, der dem eigentlichen Handel die zwingende, weil magisch gesicherte
Verbindlichkeit verlieh (Müller 2010: 325). Und beachtenswert bei alledem war,
daß jede Gruppe dieser föderativen Systeme strikt auf den Erhalt ihrer je eigenen Lebensweise und Kultur bedacht blieb.

Und das nicht von ungefähr. Ethnographen, die ihre Gesprächspartner nach dem
Grund für diese geradezu obsessive Traditionstreue fragten, erhielten allerorten
den lakonischen Bescheid: „Das haben unsere Ahnen schon so gemacht", oder
auch: „Das war bei uns immer so".[3] Der Traditionalismus fußte mithin zum einen
auf purer Gewohnheit, deren Kontinuität sich empfahl, weil sich das Herkom-
men scheinbar bestens bewährt hatte, zum andern auf der Autorität der Ahnen.
Man war der Überzeugung, daß allein die kompromißlose Pflege des Überkom-
menen das Fortleben verbürge – „for in that alone", versicherten Nyakyusa in Tan-
sania der südafrikanischen Ethnologin Monica Wilson, „does salvation lie" (Wilson 1957: 232). Verstieß jemand dawider, hatte er die strafende Hand der Ahnen zu
gewärtigen, die ihn mit Krankheit, Ernteeinbußen und anderen Mißgeschicken,
ja unter Umständen dem Tod heimsuchten. Bei den Nuba in der Republik Sudan
ist das Melken seit alters Männersache. Von Frauen gemolkene Milch zu trinken,
führte, wie man glaubte, zum Verlust der Zähne – sie zerbrachen und fielen heraus (Nadel 1947: 60 f.). Die Komi (Syrjänen) in Westsibirien pflegten sich – wie
andere Völker auch – vor Aussat und Ernte zu reinigen und beide Tätigkeiten
streng rituell zu vollziehen. Heute, beklagten sie sich einem russischen Ethnologen gegenüber, gedeihe das Getreide nicht mehr, weil kaum jemand sich noch an
die alten Gepflogenheiten halte (Nalimov 1908: 9 f.).
    Traditionelle Gesellschaften zeigten sich daher beharrlich *innovationsresistent.*
„Keine Gemeinschaft war", so das Fazit des deutschen Ethnologen Richard Thurnwald (1869–1954), solange sie nichts dazu nötigte, „an einem Wandel interessiert",
da er „nur mit Schwierigkeiten verbunden" sein konnte (Thurnwald 1966: 377).
Das sicherte laut Arnold Gehlen (1904–1976) die „Außenwelt-Stabilisierung".[4] Es
entlastete, wie Martin Heidegger (1889–1976) befand, indem es jedermann „die
eigene Führung, das Fragen und Wählen abnahm" (Heidegger 1993: 21). So hatte
sich über Generationen hin die Überzeugung gebildet, daß sich seit Bestehen der
Gruppe eigentlich nichts verändert habe.[5] Selbst jahrzehntelange koloniale Erfah-

---

3   Vgl. z. B. Malinowski (1929: 154); Eliade (1968: 6 f.); Kröger (1978: 201); Zwernemann (1984:
    236); Hogbin (1970: 28).
4   Gehlen (1964: 54–59). Vgl. Schram (1954: 80); Leroi-Gourhan (1980: 286); Cancik (2001:
    247).
5   Vgl. Reichard (1944: 28). Service (1966: 67 f.); Redfield (1968: 125).

rung vermochte diese Einstellung nicht zu erschüttern (vgl. Müller 1998: 275 f.). Es *konnte,* wie zum Beispiel die Barasama in Kolumbien bekannten, „nichts existieren, was nicht bereits bekannt gewesen wäre, da alles Seiende zu Beginn der Zeiten entstand. Neuheiten können nur Trug sein".[6] Wahrlich, es geschah „nichts Neues unter der Sonne" (*Prediger Salomo* 1,9).

Allerdings war damit in erster Linie die erfolgreiche Abwehr *exogener* Impulse gemeint. Drastische Veränderungen in den Umweltbedingungen, wie zu Ende der Eiszeit, anhaltende Dürreperioden, Überschwemmungen und dergleichen mehr, nötigten entweder zu Neuanpassungen oder Abwanderung, was in beiden Fällen Innovationen erzwang. Doch handelte es sich dabei um selbstkontrollierte, *endogene* Alterationen. Zu Normalzeiten ließ auch diese der gängige Konformismus nur ausnahmsweise zu. Wer etwas ändern wollte, und sei es am eigenen Heim, bedurfte dazu der Zustimmung aller übrigen Gruppenmitglieder. Ein Ainu im Norden Japans hob die Konsensbereitschaft, indem er alle zuvor reichlich mit starken Getränken regalierte (vgl. Batchelor 1892: 63), während Neuerungswillige der Garo in Assam sich für die Billigung ihres Anliegens – etwa ein Fenster in die Hauswand zu schlagen, was an sich unüblich war – mit einem großen Fest erkenntlich zeigten (vgl. Playfair 1909: 37).

Der strikte Traditionalismus, verstärkt durch den nostrozentrischen Alleinstellungsanspruch, komprimierte und festigte das Identitätsbewußtsein prä- und paraurbaner ländlicher Gemeinschaften in paradigmatischer Weise. Gleichzeitig schärfte er die Sensibilität gegenüber Andersartigkeiten in der ethnischen Umwelt und sanktionierte deren abschätzige Beurteilung. Gleichwohl waren Kontakte, wie schon gesagt, unerläßlich. Sie erfolgten, wie der Titel einer Frankfurter theologischen Festschrift lautet, sozusagen nach dem Prinzip: „Begegnen statt importieren" (Hilberath und Mendonca 2011). Dabei lassen sich in der Regel fünf Verlaufstypen unterscheiden:

1) Geringfügige Alterationen, wie sie etwa die Folge seit Generationen bestehender Kontakte und Handelsbeziehungen sind, werden *via* Gewöhnung zuletzt kaum mehr als solche wahrgenommen.[7]

2) Den wenigsten Widerständen begegnet die Übernahme von Gebrauchsgütern, Werkzeugen und Techniken, die den eigenen ähnlich sind, sich aber als tauglicher und effizienter erweisen, wie zum Beispiel Äxte mit Metallblatt gegenüber

---

6 Hugh-Jones (1989: 65). Vgl. Laufer (1961: 396); Thornton (1980: 179, 181).

7 Psychologische Versuche ergaben, daß Menschen auf neue Reize anfangs stark, mit jeder Wiederholung zunehmend schwächer und schließlich gar nicht mehr reagieren – sie haben sich an das *Novum* gewöhnt, es ist ihnen vertraut geworden (Seyfarth und Chenney 1993: 90 f.).

Steinbeilen, der Doppelreflex- gegenüber dem einfachen Bogen oder Plastik-
ware gegenüber Tongeschirr.

3) Zur Annahme von Fremdgütern trägt ganz wesentlich bei, wenn sie durch die
   eigenen Oberhäupter oder auch andere akzeptierte *Mediatoren,* wie Händler
   und in neuerer Zeit Entwicklungshelfer und Ärzte (sog. *gatekeeper*), eingeführt, beziehungsweise *vermittelt* werden, deren Autorität die Unbedenklich-
   keit der neuen Geräte, Nahrungsmittel und Medikamente verbürgt (vgl. Whyte
   2002: 39–43; Littlefield Kasfir 2002: 56.). Dasselbe gilt auch für Fälle, in denen
   ein Oberhaupt oder ein führender geistlicher Würdenträger in einer Traum-
   offenbarung der Ahnen oder einer Gottheit die Weisung empfangen, sich für
   eine bestimmte Neuerung oder die Übernahme eines fremden Gebrauchsguts
   einzusetzen.

4) Fand bisher absolut Unbekanntes Eingang in die eigene Kultur, weil es unbe-
   streitbare Vorteile bot, löste man den Widerspruch dadurch auf, daß man es in
   den Mythos integrierte, das heißt zum altangestammten Eigengut deklarierte.
   Das Pferd, das die Indianer der *Great Plains* erst um die Wende vom 17. zum
   18. Jahrhundert kennenlernten, wurde nach einer Mythe der Assiniboin bereits
   zusammen mit ihrem Stammvater, dem ersten Menschen, erschaffen, befand
   sich also *seit Anbeginn* in ihrem Besitz (Lowie 1917: 164 f.). Laut Überlieferung
   der Kágaba in Kolumbien waren als erste aller Menschen *ihre* Altvorderen von
   einem ihrer Kulturstifterheroen in der Kunst der Metallverarbeitung unterwiesen worden. Den dauerte indes die Mühsal, die er ihnen damit aufgehalst hatte.
   Daher übergab er die Technik den Engländern und Franzosen, genealogisch
   jüngeren Seitenverwandten der Kágaba, die insofern „heute in der Tat im Ausland die Messer machen" (Preuß 1936: 120. Vgl. Lukesch 1969: 18).

5) So gut wie niemals, es sei denn auf gewaltsame Weise, affizieren exogene Impulse *zentralwertige,* vermeintlich bereits seit der Ur- oder Gründerzeit bestehende und somit normierende und legitimierende Funktionen erfüllende
   Vorstellungen, also Mythen, sowie religiöse Brauchtümer, Riten und Kulte samt
   den damit verbundenen Trachten, Gerätschaften, Speisen, liturgischen For-
   meln, Sakralsprachen und „hieratischen" Verhaltensformen (vgl. Müller 2009:
   27–31). So hielten, um nur *ein* Beispiel zu nennen, die Abchasen im westlichen Kaukasus, wiewohl sie seit Jahrhunderten Christen und seit fast 50 Jahren
   Teil der Sowjetunion waren, beharrlich, wie ihre beste Kennerin, die abchasi-
   sche Ethnologin Šalva Inal-Ipa bestätigt, noch mindestens bis um die Mitte des
   20. Jahrhunderts an bestimmten heidnischen Gemeinschaftskulten und Opfer-
   ritualen fest.[8] Derartige Kernelemente einer Kultur standen nicht zur Dispo-

---

8 Inal-Ipa (1965: 562). Analoges gilt auch für die Keten am mittleren und unteren Jenissej, für
   die, obzwar seit langem christianisiert, die Grundlage ihrer praktizierten Religion bis An-

sition; sie waren nicht Gegenstand des Warentransfers. Der Verlust nur eines
von ihnen hätte das Ganze in seinen Grundfesten erschüttert, die Existenz der
Gruppe aufs Spiel gesetzt.

2.2   Beziehungen zwischen Städten und Staaten

Zusammengefaßt läßt sich also sagen, daß von „jenseits des Moores" am ehesten
dingliche Kulturgüter Aufnahme fanden, und bevorzugt dann, wenn sie sich als
Varianten eigener Gerätschaften und Verfahren verstehen, ja als ursprüngliches
Eigengut in den Mythos integrieren ließen und von den eigenen obrigkeitlichen
Autoritäten vermittelt waren oder doch gutgeheißen wurden. Ansätze einer „Interkultur" konnten sich demzufolge, falls überhaupt, allein im ergologisch-öko-
nomischen Bereich und bei den Mediatoren der Kontakte zwischen „Hüben und
Drüben", das heißt den Handeltreibenden und politischen Repräsentanten der
beteiligten Gruppen herausbilden. Nebenbei gesagt, mag in den genannten fünf
Punkten der Fehlschluß begründet liegen, den „Fortschritt" zuallererst nach Kriterien der *dingweltlichen* Nutzungs- und Verfahrenseffizienz zu bemessen, Menschen dagegen, die zu Allerseelen Lichter auf die Gräber stellen oder jeden Sonn-
tag zur Kirche gehen, als „rückständig" zu betrachten.

Eine ebenso einschneidende wie folgenschwere Wende in der Geschichte der
Menschheit setzte ab Ende des 5. Jahrtausends mit der Entstehung der Archaischen Hochkulturen im östlichen Mittelmeerraum, in China und Südasien ein.
Ihre nachhaltigsten Konsequenzen seien der gebotenen Kürze halber auch hier
nur in den Hauptzügen zusammengefaßt:

- Es entwickelte sich ein wachsender und zunehmend differenzierterer Bedarf
  an handwerklichen Gerätschaften, Gebrauchs-, Nahrungs- und Luxusgütern
  sowie Dienstleistungen aller Art, was eine entsprechend fortschreitende Spezialisierung im Erwerbs- und Gewerbewesen zur Folge hatte. Tagelöhner, Fischer und Handwerker, wie zum Beispiel Töpfer, Weber, Seiler, Wagner,
  Schmiede, Juweliere usw. mehr, Händler, Kaufleute, Schreiber und andere Ge-
  werbetreibende nahmen in konzentrischer Folge entsprechend ihrer gesellschaftlichen Rangstellung eigene Straßenzüge oder Viertel rings um den Kern
  der Städte mit den Sitzen der hohen politischen und geistlichen Würdenträger und dem Palast des Herrschers im Zentrum ein. Geschlossen siedelnd, bil-

---

fang des 20. Jahrhunderts die altangestammten, auf den Erfolg von Jagd und Fischfang – seit
alters ihrer Hauptunterhaltsquelle – bezogenen Glaubensvorstellungen und Rituale bildeten
(Alekseenko 1967: 169).

deten sich die einzelnen Berufsgruppen offensichtlich rasch zu – in der Regel auch endogamen – Subsozietäten, zu Zünften, Gilden, ja regelrechten „Kasten" mit jeweils eigenen Trachten, Konventionen, Brauchtümern, Ritualen und Traditionen und insofern auch einem stabilen Identitätsbewußtsein aus. So entstand auf engem Raum eine dichtgeschachtelte *multikulturelle*, hierarchisch gestufte „Mosaikgesellschaft", gleichsam überdacht von der elitären höfischen „Leitkultur".

- Die Herrschenden preßten der Bevölkerung, vor allem Bauern und Gewerbetreibenden, jeweils so viel an Kontributionen und Arbeitsleistung ab, als gerade noch möglich war, ohne sie vollends in den Ruin zu treiben. Die abgeschöpften Ertragsanteile wurden jedoch nur selten für produktions- und strukturverbessernde Investitionen, sondern nahezu ausschließlich für den eigenen Sicherheits-, Repräsentations- und Luxusbedarf aufgewandt. Dieser Raubbau an den landeseigenen Ressourcen führte die in der primären und sekundären Produktion Tätigen wenn nicht in die Verelendung, so doch in die Dauerverschuldung, so daß es ihnen so gut wie immer am dringend benötigten Betriebskapital fehlte und sie ihrerseits gezwungen waren, Raubbau am eigenen Boden und Vieh zu betreiben. Und dieser *Kontributionskapitalismus*[9], der mit den Grundregeln des Zusammenlebens in vorhochkulturlichen Gesellschaften, dem Reziprozitäts- und mehr noch dem Redistributionsgebot, brach, hatte seinerseits zur Folge, daß den Machthabenden, um die schwindenden Einkünfte auszugleichen, keine andere Wahl blieb, als Einfälle in benachbarte Bereiche zu unternehmen, um sich durch Raub, Unterdrückung und Ausbeutung gewaltsam zu holen, was die heimische Wirtschaft nicht mehr hergab – die Geburtsstunde des Imperialismus hatte geschlagen, der alsbald, insbesondere während der Bronzezeit (ca. 2000–700 v. Chr.), eine wachsende Dynamik gewann und dem später, nicht minder verheerend, die Raubzüge und Eroberungskriege der Hunnen, Araber, Wikinger und Mongolen sowie schließlich der Kolonialismus folgen sollten.

- Wo es im Zuge dieser Prozesse nicht nur zu Vertreibung, Massenvernichtung oder Zwangsassimilierung kam und weite Teile der autochthonen Bevölkerung mehr oder weniger unangefochten erhalten blieben, bildeten sich Überschichtungs-, das heißt *hierarchisch* strukturierte Dualsysteme heraus. Vielfach behielten sich dabei die neuen Herren die Verwaltungshoheit vor, während die

---

9   Der österreichische Geograph Hans Bobek (1903–1990), der meines Wissens erstmals explizit auf diesen Zusammenhang aufmerksam machte und ihn als die entscheidende Ursache für den periodischen Zusammenbruch der altorientalischen Reiche ansah, verwandte dafür die Bezeichnung „Rentenkapitalismus" (Rente = Abgabe), der mir jedoch wegen der Mehrdeutigkeit des Begriffs „Rente" ungeeignet erscheint.

Unterworfenen lediglich ein bestimmtes Maß an Leistungen und Abgaben zu entrichten hatten. Beide Gruppen bildeten so zwar dem Kultur- und Machtniveau nach geschiedene, gleichwohl aber *interdependente,* aufeinander angewiesene Hälften eines Ganzen (vgl. Müller 2010: 490 ff.). Dafür wieder nur *ein* Beispiel: In Teilen Sibiriens stehen sich auch heute noch indigene Ethnien, die, wie der russische Ethnograph Vladimir Babakov differenziert, ihr Dasein aus „erneuerbaren Ressourcen", das heißt auf traditionelle Weise bestreiten, und Gruppen zugewanderter Russen gegenüber, die „vom Abbau nichterneuerbarer Ressourcen und ihrer industriellen Verarbeitung" leben (Babakov 1993: 150 f.). Nahm indessen die Unterdrückung überhand und hatten die Altsassen ihre Kultur und damit ihr Identitätsbewußtsein und ihren nostrozentrischen Überlegenheitsanspruch zu behaupten vermocht, entfachten sich schon seit dem Altertum immer wieder *Befreiungsbewegungen nativistischen Zuschnitts,* mit dem dezidierten Ziel, das Joch der gleichsam „widerartigen" Fremden „vom Ende der Welt" abzuschütteln, diese selbst zu vertreiben oder auszulöschen und kraft einer konsequenten „Umkehr" *(re-volutio)* die alten, unverderbten Verhältnisse wiederherzustellen (Müller 2003: 21–41; Müller 2003a: 266–282.).

- Und schließlich letztens: In der Nachhut, zumindest der christlichen Eroberer, zogen in der Regel auch *Missionare* mit. Vom Ende der Antike bis zum Beginn der Neuzeit verkündeten sie die „Frohe Botschaft" allerdings durchaus auch mit unfriedlichen Mitteln, und zwar nach der berüchtigten Vorgabe des Heiligen Augustinus (354–430), „daß es nicht darauf ankommt, *ob* einer" zu etwas „gezwungen wird, sondern allein darauf, *wozu* er gezwungen wird, ob es nämlich etwas Gutes oder etwas Böses ist".[10] Dieser Losung des *„compellere intrare"* folgte im Mittelalter auch der sächsische Missionsbischof Brun von Querfurt (2. Hälfte des 10. Jh.s). Er rief die Mächtigen seiner Zeit zum kompromißlosen „Heiligen Krieg" gegen die heidnischen Westslawen nördlich der Elbe auf und verhieß jedem, der sich daran beteilige, daß ihm dies am Tage des Jüngsten Gerichts als hohes Verdienst angerechnet werde.[11] Gut 500 Jahre später sollte dieselbe Maxime den Indianern Mittel- und Südamerikas zum Verhängnis

---

10 Augustinus: *Epistolae* 93: 5, 16–17. In Migne (1841 ff.), Bd. 33, Sp. 529 f.
11 Zeissberg (1963: 11); Bünding-Naujoks (1963: 84). Solche Heilsversprechungen waren im übrigen auch früher schon – etwa im Kampf gegen Normannen und Sarazenen – üblich gewesen, beispielsweise unter den Päpsten Leo IV. (847–855) und Johann VIII. (872–882) (Bünding-Naujoks 1963: 85). Im Islam entsprach dem während der ersten Jahrhunderte der Eroberungszeit die glaubensbedingte Verpflichtung zum „Heiligen Krieg" *(ğihād)*. Man schied zwischen der islamischen und der – entsprechend als „Kriegsgebiet" *(dār al-harb)* bezeichneten – nichtislamischen Welt der „Ungläubigen", wider die jedes Mittel erlaubt war, da sie als rechtlos, gewissermaßen als vogelfrei galten, weshalb auch Verträge mit ihnen nicht unbedingt eingehalten zu werden brauchten (Kißling 1969: 4 f.; Sprockhoff 1964: 144).

werden – wiewohl doch Papst Paul III. (1534–1549) in seiner Bulle „*Sublimis Deus*" vom 2. Juli 1537 entschieden hatte, daß die Eingeborenen der Neuen Welt als „richtige Menschen *(veri homines)*" und damit „als fähig zur Aufnahme des katholischen Glaubens und der Sakramente *(fidei catholicae et sacramentorum capaces)*" zu betrachten seien[12] und die Bekehrten durch die Taufe, also ein klassisches Adoptionsritual, eigentlich zu „Brüdern" und „Schwestern" der *einen* christlichen Glaubensfamilie geworden waren. Parallel zur zwangsweisen Unterwerfung unter das Kreuz traten gegen Ausgang der Antike germanische Könige, wie die fränkischen Merowinger, und später Oberhäupter der Wikinger, auch freiwillig, *de facto* allerdings, weil sie sich davon teils politische Vorteile, teils Handelserleichterungen erhofften, zum Christentum über und räumten dann auch Missionaren freien Zugang zu ihren Herrschaftsbereichen ein.

Formen von „Interkultur" konnten sich unter den genannten Bedingungen entwickeln unter

- Tagelöhnern, Wanderarbeitern und Sklaven;
- einheimischen Soldaten und Söldnern;
- Handelsreisenden und Kaufleuten;
- in Antike und Mittelalter unter Gelehrten, zumal sie in Sprache und Schrift allesamt auf Lateinisch kommunizierten;
- ferner Herrscherfamilien, die oftmals sowohl enge als auch kontinuierliche Beziehungen unterhielten, teils auch verschwägert waren und ihre Söhne als Geiseln untereinander austauschten, sowie besonders
- in hierarchisch strukturierten Dualsystemen, und zwar insofern, als hier Angehörige der jüngeren Generation, angelockt von den besseren Lebensbedingungen und Privilegien, den Aufstieg in die Oberschicht suchten, das heißt sich als Bedienstete, Farmarbeiter, Verwaltungsangestellte, Polizisten, Dolmetscher oder Meßdiener und Diakone verdingten und so als *Mediatoren* zwischen Hüben und Drüben oder, um einen Begriff aus der Ethnosoziologie zu verwenden, als „*broker*"[13] wirkten (Müller 2010: 491 f.).

---

12 Höffner (1947: 204 ff., 245 f.). Das Beispiel, den Krieg seitens der Kirche ganz offen als unvermeidliches Mittel zur gegebenenfalls zwangsweisen Heidenbekehrung gutzuheißen, machte auch in der Ostkirche, dezidiert beispielsweise im hochmittelalterlichen Georgien, Schule (Aleksandre Tavaradze 2005: 283).

13 Vgl. die Definition des niederländischen Anthropologen Anton Blok: „*Brokers keep a foot in both structures between which they bridge the gap. They are able to do so because they understand the different values and symbols that set the structures apart*" (Blok 1969: 370). Vgl. Brändle (2011: 28–34).

In all diesen Fällen bewegten sich die Träger der „Interkultur" in Grenz-, also *Übergangsbereichen,* in Zonen kultureller Ambivalenz, das heißt auf unsicherem, gleichsam moorigem Grund und bestanden die angeeigneten Güter zur Hauptsache wieder aus Elementen der *materiellen und habituellen* Kultur, aus Gebrauchswaren, Kleidung, Verarbeitungs- und Fertigungstechniken, Verhaltens- und Umgangsformen. Allein wenn sich eine *Broker*-Gruppe zu einer *eigenständigen* Gemeinschaft mit erkennbar eigenem Kulturzuschnitt und eigenem Identitätsbewußtsein zu formieren vermochte, wie in Fällen synkretistischer, supranationaler Glaubensgemeinschaften (erinnert sei nur an den Kybele- oder Mithraskult und die Hunderte frühchristlicher Sekten), kam es zu beständigeren Formen von „Interkultur" – weil in *diesen* Fällen sozusagen eine *„Kernschmelze"* stattgehabt hatte.

Doch gab es darüber hinaus immer auch andere, säkulare Formen friedlicher Koexistenz. Ich beschränke mich auf vier Beispiele, die teils für die Folgezeit von nicht unerheblichem Einfluß waren:

1) Nachweislich seit dem 5. Jahrhundert v.Chr. lebten in Athen, wohl aber auch in anderen griechischen Städten (wie z.B. Korinth) sogenannte „Metöken", wörtlich etwa „Hintersassen". Das waren zu 15–20 Prozent Syrer, Phryger, Lyder und andere „Barbaren", zur Hauptsache jedoch Griechen aus dem Hinterland, die in den Städten bessere Unterhaltsmöglichkeiten – vor allem als Handwerker und Händler – zu finden hofften. Glückte ihnen das, wurden sie in eigenen Listen als „ansässige Fremde" geführt, hatten Steuern zu zahlen und Militärdienst zu leisten und genossen den vollen Schutz der Stadt. Insofern der städtischen Bevölkerung zwar integriert, waren sie indes rechtlich den alteingesessenen Bürgern, den Politen, nicht gleichgestellt, weshalb sie der bekannte Altphilologe Ulrich von Wilamowitz-Moellendorff (1848–1931) als „Quasibürger" bezeichnete. Beispielsweise blieben sie von der Volksversammlung (der „Ekklesia") und dem Volksgericht ausgeschlossen, besaßen keinen Zugang zu Ämtern und Würden und durften keinen Grundbesitz erwerben. Gleichwohl scheint das Zusammenleben problemlos und insgesamt konfliktfrei geblieben zu sein (Hommel 1932: Sp. 1413–1458).

2) Wenig später wurde es üblich, daß griechische Gelehrte in Fürsten- und Königshäusern benachbarter Länder, später dann auch bei Adeligen und Großbürgern der Römischen Republik, als Erzieher und Lehrer, sozusagen als *„broker"* der griechischen Bildung und Wissenschaft, wirkten und dabei vor allem zur Verbreitung und Popularisierung der *stoischen* Philosophie beitrugen, deren leitender Grundsatz in dem Postulat bestand, daß *alle* Menschen, einschließlich auch der „Barbaren", als Kinder des *einen* Allgotts, *gleich* sind. Das trug seine ersten Früchte in der Weltreichsidee Alexanders des Großen (reg. 336–323 v. Chr.), der konsequent Toleranz gegenüber allem Andersarti-

gen übte, sich selbst – sozusagen nach dem ethnologischen Prinzip des *„going native"* – in fremdländische Kulte einweihen ließ und als Herrscher an den einheimischen Konventionen orientierte.

3) In der Tradition der nachalexandrinischen Diadochen-Staaten prägte stoisches Denken auch die römische Reichsideologie, speziell das *Ius gentium,* den Gesetzeskorpus des „Völkerrechts". Zunächst geschaffen, um die Beziehungen zu den nichtitalischen Völkern zu regeln, fand es zuletzt seine quasi globalisierte Fassung und Vollendung unter Iustinian I. (reg. 527–565 n. Chr.), als das Römische Reich noch einmal eine panmediterrane Ausdehnung gewann und eine Vielzahl von Völkern unterschiedlichster Herkunft und Kultur umfaßte, in den „Digesten", einem Sammelwerk der gesamten römischen Gesetzgebung. Ziel war, den *Orbis Romanus,* verstanden als die zivilisierte Welt schlechthin, auf eine einheitliche Rechtsgrundlage zu stellen – das heißt: *De facto* blieb, den herrschenden Machtverhältnissen entsprechend, das *römische* Recht, das *ius civile,* die bestimmende Basis der Rechtsordnung, ging es nicht eigentlich um ein friedliches *multikulturelles* Miteinander, sondern letzten Endes um „Einbürgerung", um *Integration.* Mit dazu trug wesentlich bei, daß seit gut 200 Jahren (ab 380) das Christentum zur Staatsreligion erklärt worden war, dessen erste Lehrer, bis hin zu Augustinus, sich ebenfalls stark von stoischen Grundsätzen leiten ließen. Insofern besaß die Integrationsintention gute Chancen, da sie nicht nur über den schwankenden Bohlenweg wechselnder Phasen von „Interkultur" auf Angleichung zielen mußte, sondern aus dem *Kernbereich* des staatlich propagierten Einheitsglaubens heraus gesteuert wurde.

4) Rund 500 Jahre später, als Ostrom unter den Schlägen der Seldschuken nur mehr auf wenige Teile Westanatoliens geschrumpft war, entstand in Innerasien das Imperium der Mongolen. Nachdem diese ihre Eroberungszüge im wesentlichen abgeschlossen hatten, setzten Dschingis-Khan und seine nächsten Nachfolger Ögödei- (reg. 1229–1241) und Möngke-Khan (reg. 1251–1259) alles daran, den Frieden in ihrem Riesenreich sicherzustellen – mit Erfolg: „Eine Jungfrau" hätte, wie sich ein zeitgenössischer Chronist ausdrückt, „ungefährdet mit einem Klumpen Goldes auf dem Kopf durch das ganze Reich wandern können" (Prawdin 1938: 238 f.). Denn neben den Kontributionen der unterworfenen Völker bildete der Fernhandel, insbesondere über die „Seidenstraße", die China mit dem Nahen Osten verband, die wichtigste Einnahmequelle der Mongolen. Das setzte sowohl kulturelle als auch religiöse Toleranz voraus, da die Handelsreisenden teils Christen, teils Muslime, Konfuzianer oder Buddhisten waren. Anders als im „heiligen Römischen Reich deutscher Nation", in dem Heiden, Andersgläubige und Ketzer mit der Schärfe des Schwertes verfolgt, ja ausgerottet wurden, weil sie sich der religiösen Integration widersetzten, war im Mongolenreich grundsätzlich allen Religionen

volle Bewegungs- und Bekenntnisfreiheit eingeräumt (Schakir-Zade 1931: 10, 79, 141). In der Hauptstadt Karakorum, namentlich unter Möngke-Khan eine kosmopolitische Metropole blühender Multikulturalität, gab es mehrere Kirchen, Moscheen und buddhistische Tempel und lebten Handwerker, Kaufleute und Gelehrte aus aller Herren Länder.[14] Schon Dschingis-Khan selbst hatte sich mit einem Stab ausländischer Verwaltungsfachleute (Uiguren, Chinesen u. a.), Ökonomen, Mathematiker und Astrologen, ja Dichter umgeben; sein Kanzleichef und Engstvertrauter war ein sinisierter Mandschure (Yeh-lü Ch'u-ts'ai, 1189–1243).[15] Die vielseitigen Kontakte und Verbindungen blieben nicht ohne Einfluß auf die mongolische Kultur. Doch wirkten sie sich wieder allein auf den *materiellen* Besitz aus, auf den Import kostbarer Tuche, Kleider, Gebrauchsgüter und modernster Waffen. Möngke-Khan verfügte über die bestausgerüstete Armee seiner Zeit, mit Kanonen aus Waffenschmieden in Nürnberg. Zur Verdichtung einer Art „Interkultur" kam es allein am Hof zu Karakorum, wobei der Kernbereich selbst auch in diesem Fall, ungeachtet aller religiösen Relativierung, nahezu unberührt blieb. Dschingis-Khan zum Beispiel hielt sich einen Hofschamanen und war innerhalb seiner Familie und im Kreis seiner höchsten Würdenträger und Militärs aufs strengste auf die Wahrung der alten mongolischen Traditionen und Tugenden bedacht (Kussmaul 1957: 136).

2.3 Theoretische Folgerungen

„Ausgehend vom wachsenden Einfluß des Renaissancehumanismus", leitet eine junge Historikerin eine vor wenigen Monaten erschienene Abhandlung ein, „werden im 15. und 16. Jahrhundert die Grundlagen [!] adliger Macht *neu verhandelt* [Hervorhebung: KEM]." (Jarzebowski 2011: 37). Assimilationsprozesse hat es, sei es durch permanente Kontakte oder den weitverbreiteten sogenannten „Frauengrenzmarkthandel"[16] und verstärkt dann ab der Entstehung der Archaischen Hochkulturen, schon immer und überall gegeben. Spätestens seit der Kolonialzeit gewannen sie globale Dimensionen (Thurnwald 1932: 569 u. *passim.*).

---

14 Prawdin (1938: 157); Hambly (1966: 117); Franke (1970: 19, 21).
15 Eberhard (1948: 272); Prawdin (1938: 177 f.); Franke (1970: 9 f., 12).
16 Frauen sind in ihrer Bewegungsfreiheit traditionell auf die Binnensphäre eingeschränkt, während es nur Männern erlaubt ist, die Außenwelt zu betreten, d. h. diplomatisch tätig zu werden, Krieg zu führen oder Fernhandel zu betreiben. Frauen können daher ihre Waren nur entweder auf den lokalen Märkten (typisch z. B. für Westafrika) oder an der Peripherie des gruppeneigenen Territoriums feilbieten.

Heute, so eine Feststellung des amerikanischen Ethnologen Alfred Louis Kroeber
(1876–1960) aus dem Jahr 1943,

> „sprechen wir eine germanische, in England unter Aufnahme eines starken lateinischen
> Anteils ausgebildete Sprache, besitzen eine palästinensische Religion, essen Brot von
> Pflanzen und Fleisch von Tieren, die vermutlich zuerst im Nahen Osten, teils im tro-
> pischen Amerika kultiviert beziehungsweise domestiziert wurden, trinken Kaffee aus
> Äthiopien und Tee aus China, schreiben und lesen Buchstaben, die in Phönizien entwi-
> ckelt, in Griechenland ergänzt, in Rom in ihre heutige Form gebracht und in Deutsch-
> land erstmals gedruckt wurden – und so fort. Es besteht kein Grund zu der Annahme,
> daß irgendeine lebende Kultur eine weniger verwickelte, *hybride* [Hervorhebung:
> KEM] Zusammensetzung besitzt" (Kroeber 1943: 113).

Inzwischen hat die „Globalisierung", beziehungsweise genauer: der Konsumgüter-
und Technologietransfer samt der sie tragenden Finanzwirtschaft, nahezu den gesamten Erdball erfaßt. „Verhandelt" im Sinne des angeführten Zitats wird indessen nicht diese unbestreitbar gegebene Entwicklung, sondern ihre *Interpretation
und begriffliche Fassung* in den Sozial- und Kulturwissenschaften. Ihre verwir-
rende Komplexität und scheinbar beliebige Formenvielfalt hat manchen Autoren
offenbar das Konzept verrückt. Zwei Lager lassen sich dabei unterscheiden:

- Die einen glauben eine kulturelle Homogenisierung auf dem Weg zu einer
  „massenkonsumistischen Kultur" wahrnehmen zu können und sprechen von
  „McDonaldisierung" oder „Coca-Kolonisierung" (vgl. Wimmer 2002: 77, 79,
  80), aufgrund derer die Welt laut Marshall McLuhan zum Beispiel mittlerweile
  einem „globalen Dorf" *(global village)* gleichkomme (McLuhan 1994),
- die andern begreifen den Prozeß *de facto* auf altethnologische Weise als Akkulturation, das heißt Aneignung durch Umdeutung (also Integration), beschreiben ihn aber scheinszientifisch hochtrabender als „Kreolosierung",
  wie der dänische Ethnologe Ulf Hannerz (1987 (1997)), was unter anderem
  meint, daß Menschen beginnen, Hamburger mit Stäbchen zu essen[17], als
  „Hybridisierung"[18], „Indigenisierung" oder „Glokalisierung", ein von Roland
  Robertson kreiertes Begriffskürzel, das auf die lokale Umformung der globalen Importe anspielt.[19]

---

17   Wimmer (2002: 80). Vgl. Spittler (2002: 18): Die Tuareg in Niger tragen zum Beispiel häu-
     fig spiegelnde Sonnenbrillen, nicht jedoch „im gleißenden Licht der Wüste, wo man es am
     ehesten erwarten würde", sondern zu festlichen Anlässen, um ihre traditionelle Verschleie-
     rung „komplett zu machen".
18   Vgl. Wimmer (2002: 78) und die dort angegebenen Referenzen.
19   Robertson (1992). Vgl. Spittler (2002: 19); Wimmer (2002: 78).

Letztere These stützt sich auf Untersuchungen, die, „unerwartet", wie es heißt
– entgegen nämlich aller Homogenisierungsvorhersagen – erbrachten, daß trotz
aller vermeintlichen Aushandelei die lokalen Eigenheiten beharrlich erhalten blieben (Littlefield Kasfir 2002: 47). Doch gilt es, zumindest bei Gruppen mit einiger-
maßen gefestigtem Identitätsbewußtsein, zu differenzieren zwischen dem *sinn-
gebenden Kern* einer Kultur, den starke Kräfte zusammenhalten, wie etwa ein
religiöser Glaube (vgl. Wiedenhofer 2011: 24, 30 f.) oder die wissenschaftliche
Doktrin einer Schule, und ihrem vom Beschuß der Außenwelt gleichsam durch-
löcherten Mantel, an dem Modifizierungen leichter ansetzen können und entweder „eingeschliffen", das heißt integriert, oder aber durch Reinigungsmaßnahmen,
Korrekturen, Heilen usw. *rückgängig* gemacht werden.

Der Fehler der „postmodernen" Theoretiker besteht darin, daß sie nicht säu-
berlich zwischen Binnen- und Außenperspektive unterscheiden. Der ersteren
zufolge ist eine Gruppe der Überzeugung, eine altüberlieferte, unverändert ho-
mogene Kultur zu besitzen; der letzteren nach gewinnt der Betrachter, der ihre
„löchrige" Hülle im Blick hat, den Eindruck, es mit instabilen, fluktuierenden
Verhältnissen zu tun zu haben, in denen, was zuhanden ist, ständig „ausgehandelt" wird.

Wie die im vorausgehenden dargestellten *empirischen* Befunde deutlich gemacht haben sollten, betrifft dieses „Aushandeln" – und *kann* nur betreffen – den
unsicheren, „moorigen" *Übergangsbereich* zwischen zwei oder auch mehreren
Gruppen beziehungsweise Kulturen, in dem aus ihren endogenen Halterungen
gelöste und insofern bindungsfreie Konsumgüter und Verhaltensformen in Kontakt miteinander geraten, wechselseitig interferieren, gedeutet und aufgefaßt werden – mit einem Wort: in dem „Interkultur" sich entfaltet, beherrscht von unste-
ter, variierender Formenvielfalt und flüchtigen „pluralistischen" Umgangsformen.

Interkultur ist daher *per se* ein *Übergangsphänomen,* strukturell geknüpft an
differenzierte, komplexe Gesellschaften, in denen Grenzen und Interimszonen,
und das heißt immer auch: die *Widersprüche* sich mehren und insofern sowohl
das Kreativitäts- und Innovations- als auch das *Krisenpotential* zunehmend an In-
tensität und Dynamik gewinnen (Müller 2010: 489). Um den Gefahren, die aus
derartigen – wie der Physiker und Nobelpreisträger Ilya Prigogine (1917–2003) sie
nannte – „stabilitätsfernen Zuständen" erwachsen, zu wehren, bedarf es daher der
Kontrolle. Und eben hier bieten, wie schon immer in der Geschichte, allseits auto-
risierte und akzeptierte erfahrene Mediatoren – *„broker", „gatekeeper",* Diploma-
ten usw. – eine gute Chance, die ungerichteten Kontakte und Austauschprozesse
in geordnete Bahnen zu lenken. Das kann unter Umständen dazu führen, daß
sich die gleichsam intergalaktische, „schaumartige" Interkultur um einen Kern
von Überzeugungen, auf den mehrere der „Pendler" zwischen Hüben und Drüben sich einigen, verdichtet und eine neue Gemeinschaft mit eigenem Identitäts-

bewußtsein entsteht – mit der zwangsläufigen Konsequenz allerdings, daß sie dann auch ein nostrozentrisches Überlegenheitsempfinden entwickelt und etwa Vertreter einer formungebundenen „abstrakten" Malerei, atonaler Musik oder bloßer Klanggruppenästhetik, einer dadaistischen Poesie oder der trendgängigen „konstruktivistischen" Ethnologie, die der Auffassung sind, daß Menschen ihre Kultur „kontinuierlich mit ihrer jeweiligen sozialen Umwelt aushandeln, Fremdes aufnehmen und Neues erfinden" (Hauser-Schäublin und Braukämper 2002: 9), diese ihre Überzeugungen für der Weisheit letzten Schluß erklären und abweichende Auffassungen als „überholt" despektieren. Doch trösten wir uns: Letztlich bleibt, wie ich einmal bei einem Philosophen gelesen habe, „das Eigentliche immer ausstehend".

Literatur

Alekseenko, Evgenija A. 1967. *Kety: istoriko-ètnografičeskie očerki.* Leningrad: Nauka.

Babakov, Vladimir G. 1993. *Krizisnye ètnosy.* Moskva: Rossijskaja Akademija Nauk, Institut Filosofii.

Bailey, Frederick G. 1971. Gifts and poison. In *Gifts and poison: The politics of reputation,* Frederick G. Bailey (Hrsg.), 1–25. Oxford: Blackwell.

Batchelor, John. 1892. *The Ainu of Japan: The religion, superstitions, and general history of the hairy aborigines of Japan.* London: Religious Tract Society.

Blau, Peter M. 1995. Il paradosso del multiculturalismo. *Rassegna Italiana di Sociologia* 36 (1): 53–63.

Blok, Anton. 1969. Variations in patronage. *Sociologische Gids* 16: 365–378.

Brändle, Fabian. 2011. Charisma. Über eine wirkungsmächtige Kraft an der Schnittstelle zwischen Ereignis, Individuum und politischer Kultur. *Saeculum* 61 (1): 17–35.

Bünding-Naujoks, Margret. 1963. Das Imperium Christianum und die deutschen Ostkriege vom zehnten bis zum zwölften Jahrhundert. In *Heidenmission und Kreuzzugsgedanke in der deutschen Ostpolitik des Mittelalters,* Helmut Beumann (Hrsg.), 65–120. Darmstadt: Wissenschaftliche Buchgesellschaft.

Cancik, Hubert. 2001. Tradition. In *Handbuch religionswissenschaftlicher Grundbegriffe,* Bd. 5, Hubert Cancik, Burkhard Gladigow & Karl-Heinz Kohl (Hrsg.), 244–251. Stuttgart: Kohlhammer.

Eberhard, Wolfram. 1948. *Chinas Geschichte.* Bern: Francke.

Eggert, Manfred K. H. 2011. Der „Urwald" als Lebens- und Projektionsraum. Das innere Zentralafrika. *Saeculum* 61 (1): 161–187.

Eliade, Mircea. 1968. *Myth and reality.* New York: Harper & Row.

Elias, Norbert & John L. Scotson. 1990. *Etablierte und Außenseiter.* Frankfurt a. M.: Suhrkamp

Engelbrektsson, Ulla-Britt. 1978. *The forces of tradition: Turkish migrants at home and abroad.* Göteborg: Acta Universitatis Gothoburgensis.

Franke, Herbert. 1970. Asien und Europa im Zeitalter des Mongolensturms. *Saeculum Weltgeschichte*, Bd. 5. Freiburg i.Br.: 1–68.

Gehlen, Arnold. [2]1964. *Urmensch und Spätkultur: Philosophische Ergebnisse und Aussagen*. Frankfurt a. M.: Athenäum.

Hambly, Gavin. 1966. Das Mongolenreich auf dem Gipfel seiner Macht. In *Fischer Weltgeschichte*, Gavin Hambly (Hrsg.), 113–127, Bd. 16, Zentralasien. Frankfurt a. M.: Fischer Bücherei.

Hannerz, Ulf. 1987 (1997). The world in creolisation. In *Readings in African popular culture*, Karin Barber (Hrsg.), 12–18. Bloomington: International African Institute in association with Indiana University Press.

Hauser-Schäublin, Brigitta & Ulrich Braukämper. 2002. Zu einer Ethnologie der weltweiten Verflechtungen. In *Ethnologie der Globalisierung: Perspektiven kultureller Verflechtungen*, Brigitta Hauser-Schäublin & Ulrich Braukämper (Hrsg.), 9–14. Berlin: Reimer.

Heidegger, Martin.[17]1993. *Sein und Zeit*. Tübingen: Niemeyer.

Hilberath, Bernd J. & Clemens Mendonca (Hrsg.). 2011. *Begegnen statt importieren: Zum Verhältnis von Religion und Kultur; Festschrift zum 75. Geburtstag von Francis X. D'Sa*. Ostfildern: Matthias-Grünewald-Verlag.

Höffner, Joseph. 1947. *Christentum und Menschenwürde: Das Anliegen der spanischen Kolonialethik im Goldenen Zeitalter*. Trier: Paulinus.

Hogbin, Ian. 1970. *The island of menstruating men: Religion in Wogeo, New Guinea*. Scranton: Chandler.

Hommel, Fritz. 1932. Metöken. In *Paulys Realencyclopädie der Classischen Altertumswissenschaft*, XV 2, Sp. 1413–1458, Stuttgart: Metzler.

Hugh-Jones, Stephen. 1989. Waribi and the White Men. History and myth in Northwest Amazonia. In *History and ethnicity*, Elizabeth Tonkin, Malcolm Kenneth Chapman & Maryon McDonald, (Hrsg.), 53–70. London & New York: Routledge.

Inal-Ipa, Šalva D. [2]1965. *Abchazy (istoriko-ètnografičeskie očerki)*. Suchumi: Izd. Alašara .

Jarzebowski, Claudia. 2011. Lieben und Herrschen. Fürstenerziehung im späten 15. und 16. Jahrhundert. *Saeculum* 61 (1): 37–56.

Kißling, Hans-Joachim. 1969. Betrachtungen über Grenztradition und Grenzorganisation der Osmanen. *Scientia* 63 (Serie 7, Bd. 104): 647–656.

Kroeber, Alfred L. 1943. Structure, function and pattern in biology and anthropology. *Scientific Monthly* 56: 105–113.

Kröger, Franz. 1978. *Übergangsriten im Wandel: Kindheit, Reife und Heirat bei den Bulsa in Nord-Ghana*. Hohenschäftlarn: Kommissionsverlag K. Renner.

Kussmaul, Friedrich. 1957. Einige Bemerkungen zur Geheimen Geschichte der Mongolen. *Göttinger Völkerkundliche Studien* 2: 129–142.

Laufer, Carl. 1961. Jagdzauber der Gunantuna (Südsee). In *Beiträge zur Völkerforschung: Hans Damm zum 65. Geburtstag*, Dietrich Drost & Wolfgang König (Hrsg.), 393–409. Berlin: Akademie-Verlag.

Leroi-Gourhan, André. 1980. *Hand und Wort: Die Evolution von Technik, Sprache und Kunst*. Frankfurt a. M.: Suhrkamp.

Littlefield Kasfir, Sidney. 2002. Jenseits von Schattenwürfen und Spiegelungen. Das Verständnis von Lokalität in einem globalisierten Kunstdiskurs. In *Ethnologie der Globalisierung: Perspektiven kultureller Verflechtungen*, Brigitta Hauser-Schäublin & Ulrich Braukämper (Hrsg.), 47–62. Berlin: Reimer.

Lowie, Robert H. 1917. Oral tradition and history. *The Journal of American Folklore* 30: 161–167.

Lukesch, Anton. 1969. *Mythos und Leben der Kayapò*. Wien: Institut für Völkerkunde der Universität Wien.

Malinowski, Bronislaw. 1929. *Das Geschlechtsleben der Wilden in Nordwest-Melanesien: Liebe, Ehe und Familienleben bei den Eingeborenen der Trobriand-Inseln, Britisch-Neu-Guinea*. Leipzig, Zürich: Verlag Grethlein & Co.

McLuhan, Marshall. 1994. *Understanding media*. London: The MIT Press.

Metzler, A. 2002. Wege über schwankenden Grund. In *Der Tempel im Moor*, C. Bergen, M. J. L. Th Niekus & V. T. Van Vilsteren (Hrsg.), 24–26. Assen: Waanders.

Migne, J. P. (Hrsg.). 1841 ff. *Patrologiae cursus completus: Series Latina*. Paris.

Müller, Klaus E. 1987. *Das magische Universum der Identität: Elementarformen sozialen Verhaltens; ein ethnologischer Grundriß*. Frankfurt a. M.: Campus.

Müller, Klaus E. 1996. *Der Krüppel: Ethnologia passionis humanae*. München: C. H. Beck.

Müller, Klaus E. 1998. „Prähistorisches" Geschichtsbewußtsein. Versuch einer ethnologischen Strukturbestimmung. In *Die Vielfalt der Kulturen: Erinnerung, Geschichte, Identität*, Jörn Rüsen, Michael Gottlob & Achim Mittag (Hrsg.), Bd. 4, 269–295. Frankfurt a. M.: Suhrkamp.

Müller, Klaus E. 2003. Wendezeiten in traditionellen Kulturen. In *Historische Wendeprozesse: Ideen, die Geschichte machten*, Klaus E. Müller (Hrsg.), 14–43. Freiburg i. Br.: Herder.

Müller, Klaus E. 2003a. Tod und Auferstehung. Heilserwartungsbewegungen in traditionellen Gesellschaften. In *Historische Wendeprozesse: Ideen, die Geschichte machten*, Klaus E. Müller (Hrsg.), 256–287. Freiburg i.Br.: Herder.

Müller, Klaus E. 2009. Relikte. Überlegungen zum Anachronismus. In *Zwischen Aneignung und Verfremdung: Ethnologische Gratwanderungen; Festschrift für Karl-Heinz Kohl*, Volker Gottowik, Holger Jebens & Editha Platte (Hrsg.), 21–42. Frankfurt a. M.: Campus.

Müller, Klaus E. 2010. *Die Siedlungsgemeinschaft: Grundriß der essentialistischen Ethnologie*. Göttingen: V&R unipress.

Müller, Klaus E. ²2012. *Die Grundlagen der Moral und das Gorgonenantlitz der Globalisierung*. Konstanz: UVK Verlagsgesellschaft mbH.

Nadel, Siegfried F. 1947. *The Nuba: An anthropological study of the hill tribes in Kordofan*. London: Oxford University Press.

Nalimov, Vasilij. 1908. Zur Frage nach den ursprünglichen Beziehungen der Geschlechter bei den Syrjänen. *Journal de la Société Finno-Ougrienne* 25: 1–31.

Pitt-Rivers, Julian A. ²1955. *The people of the Sierra*. London: Weidenfeld & Nicolson Ltd.

Playfair, A. 1909. *The Garos*. London: David Nutt.

Prawdin, Michael. ²1938. *Tschingis-Chan und sein Erbe*. Stuttgart: Deutsche Verlags-Anstalt.

Preuß, Konrad Th. 1936. Die religiöse Bedeutung der Pardiesmythen. In *Custom is king: Essays presented to R. R. Marett on his seventieth birthday, June 13, 1936*, Leonard Halford Dudley Buxton (Hrsg.), 119–139. London: Hutchinson's Scientific and Technical Publications.

Redfield, Robert. 1968. *The primitive world and its transformations*. Harmondsworth: Penguin.

Reichard, Gladys. 1944. *Prayer: The compulsive word*. New York: J. J. Augustin.

Robertson, Roland. 1992. *Globalization: Social theory and global culture*. London: SAGE.

Schakir-Zade, Tahir. 1931. *Grundzüge der Nomadenwirtschaft: Betrachtung des Wirtschaftslebens der sibirisch-centralasiatischen Nomadenvölker*. Bruchsal: Kruse.

Schram, Louis M. 1954. *The Monguors of the Kansu-Tibetan frontier: Their origin, history, and social organization*. Philadelphia: American Philosophical Society.

Service, Elman R. 1966. *The hunters*. Englewood Cliffs: Prentice-Hall.

Seyfarth, Robert M. & Dorothy L. Chenney. 1993. Wie Affen sich verstehen. *Spektrum der Wissenschaft* (5): 88–95.

Simpson, Colin. 1955. *Adam in plumes*. Sydney: Angus & Robertson.

Spittler, Gerd. 2002. Globale Waren – Lokale Aneignungen. In *Ethnologie der Globalisierung: Perspektiven kultureller Verflechtungen*, Brigitta Hauser-Schäublin & Ulrich Braukämper (Hrsg.), 15–30. Berlin: Reimer.

Sprockhoff, Joachim-Friedrich. 1964. Religiöse Lebensformen und Gestalt der Lebensräume. Über das Verhältnis von Religionsgeographie und Religionswissenschaft. *Numen* 11: 85–146.

Tavaradze, Aleksandre. 2005. Davith IV. Aghmaschenebeli – Christliche Kriegsideologie und Toleranz im georgischen Hochmittelalter. *Saeculum* 56 (2): 263–294.

Thornton, Robert J. 1980. *Space, time, and culture among the Iraqw of Tanzania*. New York: Academic Press.

Thurnwald, Richard. 1932. The psychology of acculturation. *American Anthropologist* 34: 557–569.

Thurnwald, Richard. 1966. Beiträge zur Analyse des Kulturmechanismus. In *Kulturanthropologie*, Wilhelm E. Mühlmann & Ernst W. Müller (Hrsg.), 356–391. Köln: Kiepenheuer & Witsch.

Victor, Jeffrey S. 1980. Privacy, intimacy and shame in a French community. In *Secrecy: A cross-cultural perspective*, Stanton K. Tefft (Hrsg.), 100–115. New York: Human Sciences Press.

Whyte, Susan R. 2002. Materia Medica. Ideen und Substanzen in verflochtenen Welten. In *Ethnologie der Globalisierung: Perspektiven kultureller Verflechtungen*, Brigitta Hauser-Schäublin & Ulrich Braukämper (Hrsg.), 31–45. Berlin: Reimer.

Wiedenhofer, Siegfried. 2011. Was ist Religion? In *Begegnen statt importieren: Zum Verhältnis von Religion und Kultur; Festschrift zum 75. Geburtstag von Francis X. D'Sa*, Bernd J. Hilberath & Clemens Mendonca (Hrsg.), 19–33. Ostfildern: Matthias Grünewald Verlag.

Wilson, Monica. 1957. *Rituals of kinship among the Nyakyusa*. London: Oxford University Press.

Wimmer, Andreas. 2002. Gleichschaltung ohne Grenzen? Isomorphisierung und Hete-
romorphisierung in einer verflochtenen Welt. In *Ethnologie der Globalisierung:
Perspektiven kultureller Verflechtungen,* Brigitta Hauser-Schäublin & Ulrich
Braukämper (Hrsg.), 77–94. Berlin: Reimer.
Winter, E. H. 1963. The enemy within. Amba witchcraft and sociological theory. In
Witchcraft and sorcery in East Africa, John Middleton & E. H. Winter (Hrsg.),
277–299. London: Routledge & Paul.
Zeissberg, Heinrich. 1963. Die öffentliche Meinung im 11. Jahrhundert über Deutsch-
lands Politik gegen Polen. In *Heidenmission und Kreuzzugsgedanke in der deut-
schen Ostpolitik des Mittelalters,* Helmut Beumann (Hrsg.), 1–21. Darmstadt:
Wissenschaftliche Buchgesellschaft.
Zwernemann, Jürgen. 1984. „… unsere Ahnen haben das so gemacht …". Gedanken
über Traditionen. In *Matreier Gespräche – Otto Koenig 70 Jahre,* 236–240. Wien:
Austria Ueberreuter.

Kulturen der Kooperation

3

Claus Leggewie

Der folgende Beitrag, der einige früher publizierte zusammenfasst und zuspitzt[1], reagiert auf ein gewisses Unbehagen in der ‚Kulturdebatte‘, die häufig zwei Kulturbegriffe einführt oder impliziert, die m. E. erheblich zu kurz greifen. Zum einen wird Kultur immer noch *essentialisiert* – wir haben es dann (ausgesprochen oder nicht) mit fest abgegrenzten Zivilisationen à la Huntington zu tun, die Angehörige bestimmter Groß-Ethnien oder Welt-Religionen ungeachtet anderwärtiger kultureller und sozialstruktureller Binnendifferenzen umfassen sollen, die sich häufig an ihren Grenzen bekämpfen, aber – so dann die hilflose Konklusion – besser tolerant miteinander umgehen sollten. Es ist interessant, dass dieser Topos im Wesentlichen von Akademikern diverser Regionen gepflegt wird, die als *diversity*-Forscher an nord-westlichen Universitäten tätig sind. Kulturelle Vielfalt ist in diesem Blickwinkel oft schon existent, wenn möglichst viele unterschiedliche ‚Kulturen‘ präsent sind und sich ein Bild von Buntheit einstellt, selbst wenn deren Repräsentanten einen recht homogenen, nur mehr rhetorisch auf Diversität und Anti-Okzidentalismus eingeschworenen Sozialisationshintergrund aufweisen. Meist geht es dabei um Race & Gender, selten um Class & Conflict.

Die andere Option *residualisiert* Kultur zu jenem Faktor, der stets dann ins Spiel kommt, wenn eine irritierende Entwicklung nicht zu Ende erklärbar scheint. Stets ist es dann ‚die Kultur‘ einer Gruppe, Person oder Nation, die etwas erschwert (oder auch erleichtert), ohne dass hier der materielle Kern dieser Restgröße bestimmt wird. Gerade diese Unbestimmtheit soll den Kulturaspekt eines sozialen, ökonomischen oder politischen Handelns ausmachen, wobei es häufig – wie im ersten Fall – doch wieder um Herkunft und Bekenntnis geht. Kultur-

---

1 Der Vortrag zum Workshop beruhte auf drei Beiträgen, die hier verbunden und im Lichte der Diskussion ergänzt worden sind: Leggewie und Zifonun (2011), die DIE-Kolumne „Auf den Faktor Kultur achten" (In *ZEIT ONLINE* 23. 03. 2012) und Leggewie (2012): 219 ff.

pessimistisch erscheint es dann so, dass globale Kooperationen (und Wir-Iden-
titäten) kulturelle Differenzen im Grunde nicht übersteigen können (Kultur als
Sinn-Grenze und Konfliktherd), während in einer funktionalistischen Sicht das
Subsystem Kultur stets das Schmiermittel einer ansonsten belasteten oder schwierigen Kooperation bieten sollte (Kultur als Sinn-Stiftung und Friedens-Pakt).

Im Folgenden möchte ich dieses Unbehagen an der Kulturdebatte nicht nur
artikulieren, sondern drei Aspekte behandeln, die einer näheren Bestimmung des
Kulturbegriffs dienlich sein können. Ziel ist, in globalen wie glokalen Kooperationszusammenhängen, kulturelle, das heißt: symbolisch bedeutsame und aus-
handlungsbedürftige Sinnbestimmungen im Prozess sozialer Interaktionen in der
Alltagswelt herauszuarbeiten, bei denen *culture as limit* genau wie *culture as re-
source* sichtbar werden, anders gesagt: Kultur als ambivalente Sphäre der Differenz
in Kooperationsbeziehungen auftritt.

3.1

Multikulturalität und insbesondere Multikulturalismus sind Begriffe, die es nicht
geschafft haben, als wissenschaftliche Fachtermini (in der ihnen eigenen Bandbreite) anerkannt zu werden. Zu stark sind sie als Kampfbegriffe (als ,ismus‘) der
Identitätspolitik von Minderheiten und Mehrheiten in Stellung gebracht worden, zu wenig hat sich die kulturwissenschaftliche Forschung um ihre empi-
risch-methodologische Fundierung bemüht, zu stark vermischen sich darin de-
skriptive und normative Bedeutungsfacetten. Aufgekommen war der Begriff in
den 1970er-Jahren in Kanada, wo Premierminister Pierre Trudeau *multiculturalism* zur offiziellen Politikdoktrin des nordamerikanischen Einwanderungslan-
des erhoben hatte. Wie Kanada können Einwanderernationen generell keine an-
gestammte Herkunftsgruppe (qua *descent*) definieren; als originär transnationale
,nation of nations‘ (Bourne 1916) müssen sie sich vielmehr durch Gesellschaftsver-
trag (consent) zur pluralistischen Nation erklären (Sollors 1986). Einen ähnlichen
Stellenwert hatte Multikulturalität in Australien und zeitweise in Großbritannien,
während die Vereinigten Staaten und Frankreich, wo ein ,farbenblindes‘ Selbstverständnis der Republik vorherrscht, Multikulturalismus niemals ,offizialisierten‘
und der Begriff dort polemische und pejorative Assoziationen weckt.

Hintergrund war die Bewusstwerdung der Folgen langjähriger Immigration,
die immer neue Fremde in die Gesellschaft eingeführt hatte und die kulturelle,
ethnische und religiöse Vielfalt resp. Differenz spürbar wachsen ließ. Diese (oft
allein auf ethnische und religiöse Differenzzunahme zugespitzte) Entwicklung ist
lange vor der modernen Völkerwanderung als unhintergehbare Interkulturalität
der Lebenswelt moderner Gesellschaften erkannt worden. Ethnologie, Kultur-

anthropologie und Soziologie gehen davon aus, dass Menschen als Handelnde in ihrem Alltag die Wirklichkeit stets als interkulturell erfahren. Sie machen nämlich die dauernde Erfahrung, dass die Welt nicht ‚von vorne herein' kulturell eindeutig ist; vielmehr überlagern und kreuzen sich unterschiedliche Sinnsysteme (Simmel 1908; Park 1924).

Auch Alfred Schütz ging davon aus, dass im menschlichen Leben vier Grundannahmen in aller Regel Gültigkeit besitzen: Dass alles bleibt, wie es ist; dass wir uns auf das überlieferte Wissen verlassen können; dass Wissen über den allgemeinen Typus von Ereignissen ausreichend ist; schließlich, dass ein von allen geteiltes Allgemeinwissen existiert, das die zuvor genannten Grundannahmen einschließt (Schütz 1972: 58 f.). Die Lage des Fremden sah Schütz (genau wie Hannah Arendt) dadurch definiert, dass diese vier Grundannahmen für ihn als ‚Außenseiter' keine Gültigkeit besitzen – dies war die existenzielle Paria-Erfahrung der Exilanten und Asylsuchenden im 20. Jahrhundert und zuvor der Juden in Europa.

Die strukturellen ‚Randbedingungen' der per se interkulturellen Erfahrung sind heute globale Migration und Transnationalisierung. Mochte es im Zeitalter des Nationalstaats noch mehr oder weniger überzeugen, Räume kultureller Eindeutigkeit zu fordern und einzurichten, namentlich Staaten mit ihren die Nationalkultur verbürgenden Institutionen Sprache, Schule, Literatur, Armee usw. und so die (faktisch gegebene) Weltgesellschaft aus der Alltagserfahrung zu bannen resp. zum Grenzphänomen des *marginal man* zu machen, gelingt dies heute nicht mehr. Moderne Einwanderungsgesellschaften können kein kulturelles Zentrum (oder Leitkultur) mehr postulieren und verbindlich machen. Sie sind durch eine „Generalisierung der Fremdheit" (Hahn 1994: 162) gekennzeichnet – wobei niemand behaupten soll, dies sei eine per se oder auch im Endeffekt komfortable Lage.

Im Blick auf Schütz' vier Grundannahmen bedeutet das: Der Bestand an gemeinsamem Wissen, mit dessen Hilfe Interaktion routinemäßig bewältigt werden könnte, wird für alle Gesellschaftsmitglieder zunehmend prekär; es treten ‚Wissensasymmetrien' auf, deren Überwindung sich zusehends schwierig gestaltet (Günthner und Luckmann 2002); es kommt zu einer Ausdehnung der Zonen, über die man nichts weiß, bei gleichzeitig gegebenen (zumindest potentiellen) vielfältigen Abhängigkeiten und Verflechtungen; und man sucht immer öfter vergebens im gesellschaftlichen Wissensvorrat nach Antworten für Probleme und findet dabei widersprüchliche Lösungen. Anders gesagt: Einem Individuum wird zunehmend unklar, was ‚seine Gesellschaft' eigentlich ist, das ‚Normale' erweist sich zusehends als krisenhaft (Leggewie und Zifonun 2011).

Interkulturalität als Grunderfahrung der Moderne verlangt den Subjekten weit mehr ab als Toleranz. Rekurse auf gemeinsame Herkunft (Ethnizität) oder ein geteiltes Bekenntnis (Religionsgemeinschaft) und deren Erhebung zur kollektiven Identität (Leitkultur, Staatsreligion) sollen Unübersichtlichkeit und ‚Überfremdung' reduzieren. Da dies mit Diskriminierungen, sogar mit gewaltsamen Deportationen und Genoziden verbunden sein kann, ist der Multikulturalismus zum antiassimilationistischen Gegenprogramm erhoben worden. In Kanada, Australien und zum Teil in Großbritannien und den USA wurde eine affirmative Politik der Vielfalt und gezielte Anti-Diskriminierung im Bildungswesen und in Teilen des Arbeitsmarkts institutionalisiert. In den USA, den Niederlanden und der Bundesrepublik Deutschland wurde dies heftig kritisiert und die Kehrseite der Vielfalt betont, in Deutschland das Paradigma der Leitkultur als Antithese zu ‚Multikulti‘ (Leggewie 1990; Stemmler 2011) formuliert. Der gewaltsame, durch ethnische Säuberungen begleitete Zerfall der ‚Vielvölkerrepublik‘ Jugoslawien diente vielen als Beweis der Unmöglichkeit von Multikulturalität. Die Rede von der ‚europäischen Leitkultur‘ verkennt, dass die supranationale Europäische Union als exemplarischer Fall eines politischen Gemeinwesens *ohne* kulturelles Zentrum gelten darf.

Parallel zu diesen Entwicklungen und Kontroversen entstanden die Arbeiten der kanadischen Philosophen Charles Taylor (Politik der Anerkennung) und Will Kymlicka (Gruppenrechte für Individuen aus Minderheiten) sowie postkoloniale Studien (z. B. Parekhs Inklusiver Liberalismus), die für die Ausdifferenzierung der Gesellschaftstheorie wichtig waren. Sie unterstreichen, dass der Oberbegriff der Kultur nicht auf ein essentialistisches Verständnis von Gemeinschaft und Nation zurückgreifen darf. Kultur ist im Kern interaktionistisch und konstruktivistisch, als Sphäre von Symbolen und Praktiken, in denen (nicht nur, aber unter anderem) ethnische und religiöse Unterschiede permanent ausgehandelt werden. Diese Auffassung richtet sich gegen einflussreiche Positionen, wie sie Samuel P. Huntington mit dem Kampfbegriff ‚Clash of civilizations‘ (1993, 1996) und stärker noch in seiner USA-Monographie ‚Who are we?‘ (2004) vertreten hat.

Die Schwächen des Multikulturalismus sind damit, wie ich meine, sichtbar geworden. Unter Gesichtspunkten universaler Menschenrechte, deren westliche Ursprünge man nicht ausblenden, aber ‚aufheben‘ kann, ist ein ausgehandelter Kosmopolitismus für die Lösung globaler Menschheitsprobleme zielführender als der Rückzug von Minderheiten und ethnischen Nationalisten ins Gehäuse statischer Wir-Gefühle und exklusiver ‚Parallelgesellschaften‘. In den Blick gekommen sind nämlich die *internal minorities* von Gemeinschaften, die Außenseiter und Abweichler, die von Sprechern der Minderheiten oft eben jene Diskriminierung und Bevormundung erfahren, gegen die diese einmal in der Mehrheitsgesellschaft angetreten waren. Maßeinheit für multikulturelle Gesellschaften bleibt also die Autonomie des Individuums und seine Freiheit, in *jeder* Konstellation auch anders leben können zu wollen, und eine Perspektive menschlicher Entwicklung, in der Gleichheit und Differenz koexistieren.

3.2

Die Welt steht am Anfang des 21. Jahrhunderts vor einer Art von Kooperations-
paradox. Kooperationen gehen nach landläufiger Meinung individuelle und kollektive Akteure ein, die gemeinsame Ziele verfolgen; kooperationsabgeneigt sind
hingegen Akteure, die konträre Weltanschauungen haben und entgegengesetzte
Ziele verfolgen. Bis 1990, in der Ära des Ost-West-Konfliktes, standen sich aber
zwei völlig gegensätzliche Blöcke gegenüber, die dennoch kooperierten. Sie waren
militärisch bis an die Zähne bewaffnet, ideologisch trennten sie Welten, und so-
zialökonomisch waren die Gesellschaftsformationen von Kapitalismus und Kom-
munismus unvereinbar. Aber es einte die beiden Machtblöcke das Ziel, eine Es-
kalation des Kalten Krieges zum nuklearen Konflikt und damit die kollektive
Selbstvernichtung zu verhindern. Heute ist das Paradox anders herum gestrickt.
Die Welt, die mittlerweile multipolar geworden ist und neue Machtakteure hervor-
gebracht hat, ist sich – glaubt man Proklamationen der G8- und G20-Gipfel oder
den UN-Verhandlungen – im Kern einig über generelle Ziele wie Wirtschafts-
wachstum und Freihandel, Begrenzung des Klimawandels und des Artensterbens,
Reform der Finanzmärkte und Beseitigung der Armut. Zeitdiagnostiker wie Francis Fukuyama (1989) haben deswegen die Rhetorik des Philosophen Hegel vom
,Ende der Geschichte' wiederbelebt.

Bei aller normativen und ideologischen Konvergenz mangelt es an Instrumen-
ten, Institutionen und Akteuren, den Konsens in die Realität umzusetzen. Beispielhaft kann man hier die fast weltweit beschworene ,Zwei-Grad-Leitplanke'
nennen, also die proklamierte, von fast allen Staaten bekräftigte Absicht der Welt-
gemeinschaft, die vom Menschen gemachte Erderwärmung auf zwei Grad (gegenüber dem Basisjahr 1880) zu begrenzen. In Ermangelung weltweit verbind-
licher Abkommen steuert die Welt aber faktisch auf eine Erwärmung von weit
mehr als zwei Grad zu und damit auf gefährliche Kipppunkte, welche die Existenz
der Menschheit in ähnlicher Weise aufs Spiel setzen wie eine Konfrontation mit
Kernwaffen (die im Übrigen weiterhin im Bereich des Möglichen liegt).

Woran liegt das? Liegen unüberwindbare Interessendivergenzen vor, sehen
und beurteilen die Menschen die Weltlage anders, folgen sie unterschiedlichen
Werten? Das in der Spieltheorie gebräuchliche Gefangenendilemma besagt, dass
auch Spieler, welche die Möglichkeit hätten zu kooperieren, um gemeinsam zu gewinnen, den anderen Spieler verraten, wenn sie dessen Wahl nicht kennen und
ihm deswegen misstrauen.

An der Stelle kurzsichtiger Nutzenmaximierung sehen andere Zeitdiagnosen
Kultur- oder Zivilisationsunterschiede als Ursachen verweigerter Kooperation an.
Ob ,Kultur' nun ein Hindernis oder einen Beschleuniger für Zusammenarbeit dar-
stellt, hängt nicht zuletzt davon ab, was man unter diesem Begriff genau versteht.

Hält man Kultur, wie oben dargelegt, für eine unauflösliche, schwer transplantierbare Substanz, dann unterstellt man – mit Samuel P. Huntington – eher einen latenten, vielleicht unüberwindbaren Konflikt zwischen ‚den‘ Kulturen; betrachtet man hingegen kulturelle Differenz – und das nicht nur zwischen Ethnien und Religionen, sondern auch zwischen Geschlechtern und Generationen, zwischen Oben und Unten, Mentalitäten und Milieus! – als die Normalbeziehung moderner Gesellschaft, dann wird man sich um Bedingungen bemühen, unter denen diese unterschiedlichen Welten gemeinsame Ziele am besten verwirklichen können.

Es ist erstaunlich, wie wenig die Forschung über den ‚Faktor Kultur‘ bislang weiß. Kooperation wird überwiegend in kleinen Gruppen untersucht, die gemeinsame Ziele erreichen wollen. Dabei unterstellt man vor allem eine Nutzengemeinschaft und einen gemeinsamen Kulturhintergrund. Wo Kooperation dann wider Erwarten nicht zustande kommt, bringt man die Residualgröße ‚Kultur‘ in Anschlag – erst um das Scheitern zu erklären, dann eventuell auch, um es zu überwinden oder abzuwenden. Wie Kooperation in größeren Gruppen, in internationalen Großorganisationen oder gar zwischen Gesellschaften funktioniert, die kulturell auf die eine oder andere Weise verschieden sind (das ist wie gesagt der Regelfall), bleibt ein Rätsel.

Die kulturwissenschaftliche Forschung muss dieser ihrer Natur nach transdisziplinären Frage grundlagentheoretisch und empirisch beikommen. Wie funktionieren zum Beispiel interkulturelle Teams in Unternehmen und Behörden, wenn Belegschaften wie Klientele sprachlich und kulturell immer differenzierter werden? Ist die UN-Generalversammlung eine diplomatische Bühne kulturblinder Machtpolitik oder im übertragenen Sinne auch ein Theater der Kulturen der Welt? Gibt es wirklich so etwas wie asiatische Werte (und stehen sie im Gegensatz zu christlich-abendländischen, was immer solche dann sein sollen)? Sind fremde Kulturen also Quelle der Bereicherung, oder begegnen sie sich wie ‚Hund und Katz‘? Und wer will es so sehen – oder wer unterstellt das genaue Gegenteil, eine humane Disposition zur Empathie? Hilft es, fremde Regionen bereist zu haben, oder steigert es die Vorurteilsbeladenheit noch? Wie gelingen altruistische Hilfeleistungen und globale Solidaritäten bei Epidemien, Hungersnöten und philanthropischen Taten? Wir alle machen dazu im multikulturellen Alltag bestimmte Beobachtungen, aber mit Bestimmtheit kann man die Ambivalenz des Kulturfaktors nicht einschätzen.

Statt sich *a priori* auf seine heilsame oder unheilvolle Wirkung zu versteifen, sollte man deswegen auf die Kultur der Kooperation selbst achten. Kooperative Beziehungen beruhen nämlich nicht einzig oder vorrangig auf der Übereinstimmung von Interessen im *Tit for Tat,* also auf geteilten Nutzenerwartungen und wechselseitigen Obligationen des *Homo oeconomicus.* Kooperation zeichnet auch und gerade das ‚zwecklose‘ Spiel von Kindern aus; die Improvisation eines Musik-

Ensembles findet nicht (nur) statt, um eine Platte zu verkaufen, auch das Ballettensemble wirkt aus Spaß an der Freude zusammen und der Chor singt wesentlich um des gemeinsamen Singens willen. Diese kleinen Beispiele sollen den intrinsischen Wert von Kooperation an und für sich belegen, der auf Empathie beruht und emergent, also aus sich heraus, zustande kommt. Der Gabentausch, der wechselseitige Obligationen bewirkt, aber auch eine ‚irrationale' Vergeudung beinhalten kann, ist ein aus der Ethnologie in die Kulturwissenschaften eingewandertes Konzept, das es unter den Bedingungen globaler Interaktion zu prüfen gilt. Worauf es in der globalen Kooperation ankommt, ist also mehr denn je, diese kulturellen Elemente zu analysieren und mit aller Vorsicht auf große Verhandlungsarenen und Konfliktgegenstände anzuwenden.

3.3

Für eine nicht-utilitaristische Interaktion auf dem Globus möchte ich im Folgenden noch eine sozialanthropologische Tradition in Erinnerung rufen, die für eine Wiedereinbettung der kapitalistischen Ökonomie plädiert – in die spontane Sozialität der Alltagswelt, in die politischen Systeme, in moralische Überzeugungen. Gerade vor Letzterem wird immer wieder intensiv gewarnt. Doch moralisch ist die kapitalistische Wirtschaft (entgegen der etwa von Niklas Luhmann verbreiteten Meinung amoralischer Märkte und Marktakteure) schon dadurch, weil Schulden ihr wesentliches Antriebsmoment und diese, wie David Graeber (2012) überzeugend in Erinnerung gerufen hat, nicht nur etymologisch mit Schuld verkoppelt sind. Moralische Schulden werden monetarisiert. Sloterdijk hat in diesem Zusammenhang gefragt: „Gibt es eine Alternative zu dem triebhaften Anhäufen von Wert, zum chronischen Zittern vor dem Augenblick der Bilanz und zu dem unerbittlichen Zwang des Zurückzahlens von Schulden?" (Sloterdijk 2008: 51f.).

Die jüngste Behandlung Griechenlands und anderer Schuldnerländer durch die Europäische Zentralbank und den Internationalen Währungsfonds, die Massenpresse und selbst wohlmeinende Beobachter hat gezeigt, dass man zum Beispiel Griechenland als Ganzes auf eine Weise an eine belastete Vergangenheit kettete, die eine mögliche Zukunft kolonisiert oder ausschließt. Die Deutschen, denen Abzahlen und Heimzahlen nach 1945 (ohne Zweifel zu Recht) widerfahren ist, müssten wissen, wie man sich dabei fühlt, und es verwunderte kaum, dass zahlungsunwillige Griechen den deutschen Zuchtmeister im Gegenzug an den Holocaust und die Nazi-Okkupation erinnerten und ihrerseits Ansprüche auf Wiedergutmachung stellten (taz 8. April 2013).

Gibt es zu diesem Schuld- und Schuldenzyklus eine Alternative? Gegen Abzahlen stünde Vergebung, gegen Schuldknechtschaft Freiheit.

„Für eine transkapitalistische Ökonomie können […] nur die vorwärtsweisenden, die
stiftenden, gebenden und überschießenden Gesten konstitutiv sein. Allein futurisch
engagierte Operationen sprengen das Gesetz des Äquivalententauschs auf, indem sie
dem Schuldigwerden und Schuldenmachen zuvorkommen" (Sloterdijk 2008: 52).

Die radikale Unterbrechung des öden Rückzahlungsgeschäfts erlaubte einen
neuen Anfang und gäbe, zur Verwunderung des Gläubigers selbst, auch diesem
seine Freiheit wieder. Sonst bleibt er ausweglos verstrickt in die aporetische Situation der ‚PIIGS‘ (so das Akronym für die Problemgruppe Portugal, Italien, Irland,
Griechenland, Spanien).

Solche Überlegungen wirken auf den Mainstream der Wirtschaftswissenschaft
utopisch, ja verrückt. Aber man kann ihnen einen alternativ-ökonomischen Dog-
menkern unterlegen, der aus der Kultursoziologie und -anthroplogie schöpfen
kann: das Theorem des Gabentauschs, der dem Äquivalententausch formal ver-
wandt scheint, ihm aber konträr entgegensteht. Der französische Soziologe Marcel Mauss hat vergleichende ethnologische Forschungen von Franz Boas und
Bronislaw Malinowski in dem *Essai sur le don* (Mauss 1925 (1968)) systematisch
ausgeführt. Geben ist demnach kein rein ökonomisches Tauschphänomen *(do ut
des)*, sondern ein ‚fait social total‘, das rechtliche, ästhetische, moralische und politische Interaktionen beinhaltet. Übergeordnet ist die von Mauss nicht systematisch betrachtete religiöse Dimension: Die Gabe an die Götter in Form von Op-
fertieren oder Selbstopferung. In diesem Akt – und in der generösen Annahme,
Geben sei wichtiger (oder seliger) als Nehmen – entpuppt sich eine Grundeigen-
schaft der Gabe, die aus dem Schema der Gleichwertigkeit und dem Zwang zur
Gegengabe heraustritt: Sie schöpft die Freiheit der gebenden Person oder Gruppe
aus und belässt der nehmenden Seite dabei ihre Freiheit.

Die Gabe war für Mauss Träger einer Art bindenden Kraft *(mana, hau)*. Dabei
geht es nicht um den materiellen oder ideellen Wert der weggegebenen Sache (allein), vielmehr bleibt ihr ein Stück des Gebers selbst anhaften, von dem sie ‚etwas‘
(das heißt: *mana, hau*) behält:

„Der Empfänger nimmt den Anderen in sich auf, der wiederum von ihm Besitz ergreift. Folglich heißt geben auch immer, dass man sich selbst gibt, dass man
etwas von sich selbst, einen Teil seiner Person, von dieser Kraft und vom *hau*, dem
‚Geist der Dinge‘, weggibt, das man sich selbst transzendiert. In der Zirkulation der
Gaben wird auf diese Weise eine die Sozialität konstituierende und zugleich stabi-
lisierende Verpflichtung geschaffen. […] Der Geber und die gegebene Sache sind
demnach nicht völlig getrennt. In der Annahme der Gabe nimmt man gleichzeitig
die fremde Person in sich auf", schreibt ein maßgeblicher deutscher Exeget, Stephan Moebius (2012: 48), und ich sehe darin einen Kern kultureller Kooperations-
dispositionen.

Die Gabe geht über einfache Reziprozität (im Sinne der Wechselwirkung) insofern hinaus, als dem freiwilligen Akt des Gebens ein ekstatischer, selbsttranszendierender Charakter der Beziehung zum Anderen innewohnt; in der Annahme der Gabe liegt die Erfahrung des Ergriffen-Seins durch den Anderen und dessen Sache. Für erklärungsbedürftig hielt Mauss und die ihm folgende Ethnologie und Anthropologie das vermeintliche Paradox, dass die Gabe zwar in einer eher freiwilligen Form geschieht, dennoch aber immer erwidert werden *muss,* also einen zur Gegengabe *verpflichtenden* Charakter hat. Die Gabe umfasst in der Tat drei Pflichten: Geben, Nehmen und Erwidern. Aber die Erwiderung muss nicht direkt an den Geber adressiert sein, die Gegengabe zirkuliert zwischen diversen Kollektiven und über Generationen hinweg. Das ist der wesentliche Unterschied zum Äquivalententausch:

> „So ist die Gabe nach Mauss auch weniger dem materiellen oder ökonomischen Tausch geschuldet; die materiellen Dinge sind vielmehr Medien für die symbolische Herstellung, Artikulation und Stabilisierung sozialer Beziehungen. Allerdings liefern der zunehmende Mangel an lebensweltlichen und institutionalisierten Strukturen des Gebens, Nehmens und Erwiderns, die Reduktion der Gabe auf einen ökonomischen Warentausch sowie die gesamtgesellschaftliche Ausbreitung eines utilitaristischen Individualismus aus Mauss' Perspektive die Gründe dafür, dass Gabestrukturen in der Moderne ihre integrative Kraft weitgehend verloren haben" (Moebius 2012: 48).

Was heißt das nun für die heutige Weltgesellschaft und die globalen Kulturen der Kooperation? Die Vertreter des ‚anti-utilitaristischen' Denkens haben die Gabe vor allem im Hinblick auf die ihr anhaftenden Momente ‚unproduktiver Verschwendung', der Generosität und der nicht an einem ökonomischen Vorteil interessierten Konzeption des Sozialen ausgedeutet: Georges Bataille, Michel Leiris und das 1937 von ihnen gegründete *Collège de Sociologie* sind hier zu nennen, die in Paris erscheinende Denkschule um die ‚Revue du M.A.U.S.S.' (http://www.revuedumauss.com) bemüht sich aktuell um die Pflege einer ‚anti-utilitaristischen' Internationale. Batailles bereits auf Nietzsche zurückgehende Idee der Vergeudung und Verschwendung als dem eigentlichen Antriebsmotiv der Ökonomie liegt in der Logik eines das Schema der Gleichwertigkeit (Äquivalenz) und des Gleichgewichts sprengenden Gabentausches, bei dem Gebende und Nehmende sich feierlich verausgaben und dadurch ihre Würde behalten und ihr Glück bezeugen. Allein das schafft Reputation und motiviert die Nehmer eventuell dazu, über ‚angemessene' Rück-Zahlungen nachzudenken. Wir haben es also mit einem speziellen Fall von ‚interkultureller Begegnung' zu tun, bei der die Ideen der Stiftung oder ‚fo(u)ndation' (Gründung) ansetzen, die Zukunft entwirft und damit einen Raum der Möglichkeiten eröffnet für Individuen, Kollektive und ganze

Gesellschaften, deren Vergangenheit sie, ‚realistisch' gesprochen, zur Aufgabe und Stagnation zwingt.

Es ist interessant, dass Mauss sich in der Zwischenkriegszeit für eine freiheitlich-sozialistische Bewegung eingesetzt hat und im Gabentausch eine Matrix für grenzüberschreitende Solidarität sah. Aber es scheint, als müsse dieser naheliegende Gedanke am traurigen Realismus der ‚Schuldenkrise' notwendig scheitern. Gescheitert oder zum Scheitern verurteilt sind hingegen sämtliche Rettungspläne, die dieser ‚Wirklichkeit' zu genügen trachten, dabei aber alle Möglichkeiten unbeachtet lassen, die in einem großzügigen, nicht einmal auf Gegenleistung – dem künftigen Wohlverhalten ‚der' Griechen etc. – bestehenden Erlass von Schulden liegen könnten. So wirkt der Gedanke an Schuldvergebung weniger bizarr, wenn man noch einmal die *wechselseitige* Verstrickung von Schuldner und Gläubiger in Rechnung stellt und den damit verbundenen Verlust an Handlungsfreiheit auch für diejenigen, die im Fall des Zusammenbruchs der mit Forderungen überzogenen Volkswirtschaften Südeuropas *ad calendas graecas* auf die Zahlung von Zinsen und die Rückzahlung von Schulden warten müssen und auf diese Weise mit in den Strudel geraten. Man müsste einsehen, dass bereits die Fabrizierung der aktuellen Finanzkrise ein Werk *beider* Seiten gewesen ist.

Zu verhindern ist ein Kollaps nur durch – weitere Gaben und die Hoffnung, dass diese Investition bessere Früchte trägt. Dafür kommt ein weiteres *tu quoque*-Argument in Betracht: Bis über alle Ohren verschuldet sind nicht allein die Volkswirtschaften des globalen Südens, der nun weit in die Europäische Union hineinragt, sondern auch die privaten und öffentlichen Haushalte des reichen Nordens, der seinen Wohlstand zum großen Teil auf Pump erworben hat. Hier liegt auch die Analogie zwischen Finanz- und Umweltkrise – in beiden Fällen haben die heute Lebenden auf Kosten künftiger Generationen gewirtschaftet, denen sie enorme Schäden und Schulden hinterlassen werden. Speziell seit den 1960er-Jahren hat man in Zentral- und Nordwesteuropa auf dieser prekären Erwartungsgrundlage Zukunft verzehrt – Konsumenten haben langlebige Konsumgüter erworben, die öffentlichen Hände haben kostspielige Infrastrukturen errichtet, die Sozialpolitik hat die Zerklüftung der kapitalistischen Klassengesellschaften durch Transferleistungen geglättet. Nach einigen Dekaden schon stehen viele europäische Städte und Gemeinden (das ist die Lebenswelt der meisten Menschen, die sich nicht hinter Mauern aus Superreichtum verschanzen können) vor dem Ruin, nicht nur in einigen Nothaushaltskommunen. Sie werden dem Teufelskreis nicht durch die erhofften Folgen eines (wiederum nur auf Pump finanzierbaren) Wachstums entrinnen, sondern einzig durch einen Schuldenschnitt, der sie genau wie ihre Gläubiger in Freiheit entlässt.

In diese Richtung weisen übrigens Experimente, Geld nicht mehr von den Zentralbanken zu beziehen, sondern selbst in Umlauf zu bringen. An vielen Orten sprießen alternative lokale und soziale Währungen – Time-Banks, LETS- und Bartersysteme (exemplarisch Boyle 2009). Das sei bloß Spielgeld, wird dem von Professionellen entgegengehalten:

> „[…] auch in diesem Punkt wäre gleiches Recht für alle zu fordern: Vielleicht ist es Zeit, ein paar neue Spiele mit Geld zu spielen – Spielgeld für alle! So betrachtet hätten die Fürsprecher von Gemeinschaftswährungen am Ende recht: Alternativgeld kann die kommunale Ökonomie tatsächlich einer Geschenkökonomie wieder annähern, so lange das dabei eingesetzte Geld, nur hinreichend zweifelhaft und unwahrscheinlich ist. Akzeptiert jemand Abenteuergeld für eine Ware, kommt das einem Geschenk schon ziemlich nahe. Und doch gilt: Sobald andere, Freunde und Fremde, dasselbe tun, können sich alle als Teil einer neuen Art von Öffentlichkeit wieder finden, in der das Abenteuergeld sich als gültig und wertvoll erweist. […] Der Wert ihrer Währungen ist eine Wette auf eine zukünftige Version öffentlichen Lebens, die ebenso wünschenswert wie unwahrscheinlich ist. Damit erscheinen sie potentiell als Verschwendung von Zeit und Geld. Und gerade deswegen könnten sie funktionieren" (Peters o. J.:).

Ganz offenbar wächst die Zahl der ‚ordentlichen' Ökonomen, die solche Kalküle auf die Volkswirtschaften als Ganze übertragen. Robert Skidelsky (2012) ruft mit John Maynard Keynes einen Säulenheiligen der Wirtschaftswissenschaft zum Zeugen auf:

> „Sowohl Kreditgeber als auch Schuldner wären mit einem umfassenden Schuldenerlass besser gestellt. So auch die Bürger, deren Lebensgrundlagen durch die verzweifelten Versuche der Regierungen ihre Schulden abzubauen zerstört werden. Philosophisch betrachtet beruht der Schuldenerlass-Ansatz auf der Überzeugung, dass Gläubiger die Schuld für Zahlungsausfälle mit den Schuldnern teilen, da sie es waren, die die faulen Kredite überhaupt vergeben haben. Sofern der Kreditnehmer den Kreditgeber zum Zeitpunkt der Kreditaufnahme nicht getäuscht hat, trägt der Kreditgeber zumindest teilweise Verantwortung für die Transaktion. Im Jahr 1918 drängte Keynes auf den Erlass der interalliierten Kriegsschulden, die im Ersten Weltkrieg aufgelaufen waren. ‚Wenn es uns nicht gelingt, unsere Glieder von diesen Fesseln aus Papier zu befreien, werden wir uns nie wieder bewegen können.' Und im Jahr 1923 wurde seine Aufforderung zu einer Warnung, die die politischen Entscheidungsträger von heute besser beherzigen sollten: ‚Die Fanatiker der Vertragsheiligkeit […] sind die wirklichen Väter der Revolution'".

Enden möchte ich mit einem über die Ökonomie wieder hinausführenden Gedanken Hannah Arendts, deren gesamtes Werk der Frage nach den Möglichkeiten politischen Handelns gewidmet war. In ‚Vita activa' (zuerst 1958) untersuchte sie:

„[…] wie der Mensch qua Animal laborans den Kreislauf des Lebensprozesses, der ihn in die immer wiederkehrende Notwendigkeit von Arbeit und Verzehr zwingt, nur dadurch durchbrechen kann, dass er eine andere, ihm eigene Fähigkeit mobilisiert, die Fähigkeit herzustellen, zu fabrizieren und zu produzieren, um so als Homo faber und Werkzeugmacher nicht nur die Mühe und Plage des Arbeitens zu erleichtern, sondern auch eine Welt zu errichten, deren Dauerhaftigkeit gegen den verzehrenden Kreislauf des Lebens gesichert ist und ihm widersteht" (Arendt 1967: 231).

Über die instrumentelle Vernunft des Homo faber hinaus gelangt der politische Mensch, indem er „[…] die in sich zusammenhängenden Fähigkeiten des Handelns und Sprechens mobilisiert, die so selbstverständlich sinnvolle Geschichten erzeugen wie das Herstellen Gebrauchsgegenstände erzeugt" (Arendt 1967: 231) Es war zu Arendts Zeiten kaum vorstellbar, wie stark das Narrativ des sinnvollen Handelns und Sprechens im öffentlichen Raum durch Krämer- und Kasinokapitalisten diskreditiert würde. Sie erwecken mit dem TINA-Prinzip den Eindruck von der Unwiderruflichkeit der Vergangenheit und von der Unabsehbarkeit der Zukunft, die jedes politische Handeln vergeblich wirken lässt. Dagegen hielt Hannah Arendt zwei Fähigkeiten des *zoon politikon* hoch: die Fähigkeit zu *verzeihen* (gegen Unwiderruflichkeit) und das Vermögen, *Versprechen* zu geben und zu halten (gegen Unabsehbarkeit).

Arendt hat sich intensiv mit dem Verzeihen befasst, weil es den neuen, unberechenbaren Anfang erlaubt. Sie griff damit ein christliches Motiv auf, wobei sie die Erfahrung der Urgemeinde der Jünger Jesu historisierte und säkularisierte; die personale Liebe Jesu interpretierte sie in einem „durchaus diesseitigen Sinne", der auch über die individuelle und private Relation zwischen einem Schuldigen und dem, der ihm vergibt, hinausgeht. Wesentlich war ihr, dass beide Seiten ihre Freiheit, neu zu beginnen, erhalten; von den langfristigen Folgen einer schlimmen Vergangenheit oder Tat werden diejenigen befreit, denen verziehen wird, aber eben auch diejenigen, die verzeihen. Genau wie das Strafen leugnet das Verzeihen nicht das Unrecht einer Tat, aber es unterbricht eine verhängnisvolle Spirale der Fixierung auf diese schuldbeladene Vergangenheit. Elizabeth Young-Bruehl (2009), eine Schülerin Hannah Arendts, hat diese Überlegungen fruchtbar gemacht für die ‚Vergangenheitsbewältigung', also die Aufarbeitung kollektiver Staatsverbrechen gegen die Menschlichkeit. Ich habe zu zeigen versucht, dass man den *politischen* Akt des Verzeihens auch auf andere Facetten der Gegenwart übertragen kann. Mit ihm allein kann der Zorn, der leicht in destruktive, oft auch selbstzerstörende Wut umschlägt, in einen produktiven Impuls umgewandelt werden.

3.4 Fazit

Aus drei Blickwinkeln habe ich hier, notwendig kursorisch und sicher noch viel zu generalisierend, ‚Kulturen der Kooperation' betrachtet:

(3.1) Multikulturalismus, die bisweilen feierliche, meist eher pejorative Beschwörung ethnischer und religiöser Vielfalt, ist kultursoziologisch unterkomplex, indem solche Wir-Gefühle essentialisiert werden und zu Grenzen interkulturellen Verstehens und Zusammenarbeitens erklärt werden. Unter diesem Dach können wir Irritationen der Lebenswelt registrieren, die auf im engen Sinne sprachliche Missverständnisse, auf unverstandene Sitten und Gebräuche und unzureichend relativierte bzw. übersetzte Stereotypen und Vorurteile zurückzuführen sind. Überwunden werden können daraus resultierende Befremdungen und Kooperationsbarrieren durch Übersetzung im wörtlichen und übertragenen Sinne, durch wechselseitige Instruktion und routinierte Interaktionen, auch durch Professionskulturen (wie internationale Diplomatie, transnationale Unternehmensregeln etc.), Mediation und Ausbildungsprogramme. In solchen Prozessen wird Fremdheit weder als solche affirmiert, denn jede Seite im Kulturkontakt reagiert nun im Bewusstsein wechselseitiger Beobachtung und des Aufbaus von Beobachtungen zweiter Ordnung, noch gänzlich abgebaut, insofern der (anziehende oder abstoßende) Reiz der Differenz bestehen bleibt und sich sekundäre Stereotypen ausbilden.

(3.2) Kulturen der Kooperation sind somit jene systemischen Elemente, die Kooperationen jenseits von Interessenübereinstimmungen kennzeichnen bzw. solche symbolisch einrahmen – darunter die ‚interesselosen', nicht strategischen Elemente von verbaler und non-verbaler Kommunikation, die symbolischen Rahmenordnungen, die Institutionen zu bieten haben, ritualisierte Handlungsabläufe und performative Akte usw., wie sie im engeren Kulturbereich (Theater, Spiel), in medialen Inszenierungen und dergleichen anzutreffen sind, aber auch in der Ethnografie des Alltagslebens zwischen Fremden und Bekannten vorkommen. Zum Teil werden solche emotionalen und affektiven Aspekte von Moderatoren und Mediatoren explizit eingesetzt, wenn Verhandlungssituationen in Gang kommen sollen, ins Stocken geraten oder zu einem Abschluss gebracht werden sollen.

(3.3) In diesem Zusammenhang kann ein reformuliertes Konzept des Gabentausches eine Grundlage für Akte und Prozesse der Kooperation bieten, die nicht auf einem in der Sichtweise des homo oeconomicus alternativlosen Äquivalenttausch beruhen. Der Gabentausch adressiert nicht-kompetitive und nicht-antagonistische Aspekte sozialer Kooperation, die in Alltagsverhältnissen und Geschenkwirtschaften häufig anzutreffen sind; ob und wie dieses Muster in großräumige Interessenkonflikte und Verhandlungssituationen eingespeist oder gar zu einem alternativen Governance-Modus der Weltgesellschaft aufsteigen kann, bedarf weiterer kultursoziologischer Forschungen und ist solcher wert.

Literatur

Arendt, Hannah. 1958 (1967). *Vita activa oder Vom tätigen Leben*. München: Piper.

Bourne, Randolph. 1916. Trans-national America. *Atlantic Monthly* 118: 86–97.

Fukuyama, Francis. 1989. The End of History? *The National Interest* 16: 3–18.

Graeber, David. 2012. *Schulden: Die ersten 5 000 Jahre*. Stuttgart: Klett-Cotta.

Günthner, Susanne & Thomas Luckmann. 2002. Wissensasymmetrien in interkultureller Kommunikation. In *Kultur(en) im Gespräch*, Helga Kotthoff (Hrsg.), 213–43. Tübingen: Narr.

Hahn, Alois. 1994. Die soziale Konstruktion des Fremden. In *Die Objektivität der Ordnungen und ihre kommunikative Konstruktion*, Walter Sprondel (Hrsg.), 140–63. Frankfurt a. M.: Suhrkamp.

Huntington, Samuel P. 1993. The Clash of Civilizations? *Foreign Affairs* 72 (3): 22 ff.

Huntington, Samuel P. 1996. *Kampf der Kulturen. Die Neugestaltung der Weltpolitik im 21. Jahrhundert*. Wien: Europa Verlag.

Huntington, Samuel P. 2004. *Who Are We? Die Krise der amerikanischen Identität*. Hamburg: Europaverlag.

Kymlicka, Will. 1995. *Multicultural Citizenship: A Liberal Theory of Minority Rights*. Oxford & New York: Oxford University Press.

Leggewie, Claus. 1990. *Multikulti. Spielregeln für die Vielvölkerrepublik*. Berlin: Rotbuch. (Neuauflage 2011).

Leggewie, Claus. 2012. *Zukunft im Süden. Wie die Mittelmeerunion Europa wiederbeleben kann*. Hamburg: edition Körber-Stiftung.

Leggewie, Claus & Darius Zifonun. 2011. Was heißt Interkulturalität? In *Pragmatismus als Kulturpolitik*, Alexander Gröschner & Mike Sandbothe (Hrsg.), 220–48. Frankfurt a. M.: Suhrkamp.

Mauss, Marcel. 1925 (1968). *Die Gabe. Die Form und Funktion des Austauschs in archaischen Gesellschaften*. Frankfurt a. M.: Suhrkamp.

Moebius, Stephan. 2012. Art. Mauss. In *Schlüsselwerke der Kulturwissenschaften*, Claus Leggewie, Darius Zifonun, Anne Lang, Marcel Siepmann & Johanna Hoppen (Hrsg.), 47–49. Bielefeld: transcript.

Parekh, Bhikhu. 2002. *Rethinking Multiculturalism: Cultural Diversity and Political Theory*. Cambridge (Massachusetts): Harvard University Press.

Peters, Sibylle (o. J.): Geld machen. Ms. Essen.

Schütz, Alfred. 1972. Der Fremde. In *Gesammelte Aufsätze. Studien zur soziologischen Theorie*, Alfred Schütz, Bd. 2, 53–69. Den Haag: Martinus Nijhoff.

Skidelsky, Robert & Edward Skidelsky. 2012. *How Much Is Enough? Money and the Good Life*. New York: Other Press.

Sloterdijk, Peter. 2008. *Zorn und Zeit. Politisch-psychologischer Versuch.* Frankfurt a. M.: Suhrkamp.

Sollors, Werner. 1986. *Beyond Ethnicity: Consent and Descent in American Culture.* Oxford & New York: Oxford University Press.

Stemmler, Sabine (Hrsg.). 2011. *Multikulti 2.0. Willkommen im Einwanderungsland Deutschland.* Göttingen: Wallstein Verlag.

Taylor, Charles. 2011. *Multiculturalism.* Princeton: Princeton University Press.

Young-Bruehl, Elizabeth. 2009. Hannah Arendt on Forgiveness. In *Considering Forgiveness,* Aleksandra Wagner & Carin Kuoni (Hrsg.), 48–63. New York: Vera List Center for Art and Politics.

Internetquellen

La Revue du M.A.U.S.S. Mouvement anti-utilitariste dans les sciences sociales. http://www.revuedumauss.com. Zugegriffen: 01. Juli 2013.

Leggewie, Claus. 2012. DIE-Kolumne. Auf den Faktor Kultur achten. *ZEIT ONLINE.* 23. 03. 2012. http://www.zeit.de/politik/ausland/2012-03/politik-kooperation-kultur. Zugegriffen: 01. Juli 2013.

Skidelsky, Robert. 2012. Das Prinzip Schuldenerlass. *Financial Times Deutschland,* 19. April 2012. http://www.ftd.de/politik/international/:top-oekonomen-robert-skidelsky-das-prinzip-schuldenerlass/70024670.html. Zugegriffen: 01. Juli 2013.

Taz (die tageszeitung). 8. April 2013. Athen will Milliarden zurück. http://www.taz.de/!114195/. Zugegriffen: 01. Juli 2013.

Anderswo denken andere anders über andere 4

Differenz und Einheit bei Herder, Taylor und Tagore

Ronald Kurt

Der Mensch ist ein Verhältnis, das sich zu sich selbst verhält. Dieses Selbstverhältnis ist dem Menschen nicht vor-, sondern aufgegeben. Das Verhältnis ist nicht einfach da; es ‚ist‘, wenn „das Verhältnis sich zu sich selbst verhält; das Selbst ist nicht das Verhältnis, sondern daß das Verhältnis sich zu sich selbst verhält" (Kierkegaard 1971: 396). Die Auffassung, dass der Mensch nur im Verhältnis zu sich selbst zu einem Selbst- und Weltverständnis gelangen kann, war nicht nur ein Grundsatz Kierkegaards. Plessner (Stichwort exzentrische Positionalität), Cassierer (Stichwort animal symbolicum), Mead (Stichwort role taking), Gehlen (Stichwort Mängelwesen) und Herder (siehe unten) dachten ähnlich.

Im Rahmen der Relationen ‚Hier – Dort‘, ‚Jetzt – Früher – Später‘, ‚Ich – Du‘, ‚Wir – Ihr‘, ‚Mensch – Gott‘ richten Menschen ihr Selbst- und Weltverhältnis aus. Die Resultate dieser Ausrichtung können von Kultur zu Kultur sehr verschieden sein. In diesem Text geht es um die Frage, ob es bei der Bestimmung des Verhältnisses zwischen dem kulturell Eigenen und dem kulturell Anderen kulturspezifische Unterschiede gibt. Mit dem Begriff Kultur sind in diesem Kontext insbesondere die für eine Gruppe von Menschen charakteristischen Denkweisen gemeint.

Ausgehend von der These, dass anderswo andere anders über andere denken, werden in dieser kulturvergleichenden Studie die Konzeptionen von Johann Gottfried Herder, Charles Taylor und Rabindranath Tagore daraufhin befragt, mit welchem Grundverständnis vom Anders- und Einssein diese drei Autoren über die Vielfalt der Kulturen und die Einheit der Menschheit nachgedacht haben. Für mich hat diese Befragung ergeben, dass bei Herder und Taylor das Prinzip Differenz und bei Tagore das Prinzip Einheit dominiert. Im Folgenden gehe ich auf die kulturellen Voraussetzungen dieser kulturspezifischen Denkweisen, nicht aber auf die Folgen derselben für die Praxis der interkulturellen Kommunikation ein. In diesem Sinne lade ich Sie hiermit zum Lesen einer protointerkulturellen Studie ein.

Wie sehen wir uns selbst? – Wie sehen wir andere? – Wie sehen andere uns? –
Wie sehen andere sich selbst? (Die Worte ‚wir‘ und ‚andere‘ fungieren hier als Pro-
nomen für eine offene Zweierbeziehung.)

4.1   Kampfzone Herder-Rezeption

Herders Werk ist eine Fundgrube für alle, die sich kulturtheoretisch positionieren
wollen. Ob Rassist oder Pluralist, ob Multi-, Inter- oder Transkulturalist: Herder
hat für alle was. Einige Beispiele: Franz Koch schreibt in seiner 1937 erschienenen
Geschichte deutscher Dichtung, dass „Herders Gedanken so ungeheuer modern
(wirken), daß ihm nur der Begriff, ja, manchmal nur das Wort Rasse zu fehlen
scheint, um heute Gültiges zu sagen" (Koch in Otto 1996: 223). Isaiah Berlin hält
Herder für einen Wegbereiter des modernen Pluralismus, weil dieser ‚als Entde-
cker des historischen Sinns‘ (Gadamer) als erster ein Geschichtsverständnis entwickelte, das von der Idee der Verschiedenheit und Gleichwertigkeit der Kulturen
getragen wurde (vgl. Berlin 1992). In seiner Theorie des Multikulturalismus weist
Charles Taylor darauf hin,

> „daß Herder die Idee der Originalität in zwei Hinsichten angewendet hat: sowohl in be-
> zug auf den individuellen Menschen inmitten anderer Menschen als auch in bezug auf
> das Volk als Träger einer Kultur inmitten anderer Völker. Wie das Individuum, so sollte
> auch das ‚Volk‘ sich selbst, das heißt seiner Kultur treu sein" (Taylor 2009: 18).

Der Kulturhistoriker Michael Maurer sieht in Herder einen Theoretiker der inter-
kulturellen Beziehungen; z. B. deshalb, weil er zu Übersetzungen aufrief, „wo das
Deutsche vom Kontakt mit fremden Sprachen profitieren kann" (Maurer 2012: 35).
Postmodernist Wolfgang Welsch wiederum stellt Herder in die Ecke des Kultur-
Rassismus: „Herder betont ganz und gar die Einzelkulturen" und „diagnostiziert
Kulturenmischung als Verfall" (Welsch 1994: 102), „– zum Gedanken der Trans-
kulturalität findet er vollends keinen Zugang" (Welsch 1994: 103).

Dass sich an Herder die Geister scheiden, liegt nicht nur an den unterschiedlichen Interessen der Interpreten, sondern auch am Werk selbst. Zugespitzt formuliert: Texte, die für alle Interpretationen offen sind, können nicht ganz dicht
sein. Die Frage, ob es in Herders Gedankengebäude undichte Stellen gibt, ist für
mich hier aber nicht die entscheidende. Meine Hauptfrage an Herder lautet: Gibt
es trotz aller Argumentations-Ambivalenzen im Denken Herders zentrale Denk-
figuren, die seine Geschichtsphilosophie im Innersten zusammenhalten? Dann
geht es weiter im Text mit der Frage, wie das eigenwillige Denken Herders das
westliche Kulturverständnis beeinflusst hat. Hier wird insbesondere auf das Multi-

kulturalismuskonzept von Charles Taylor einzugehen sein. Im Anschluss daran
wird versucht, Herders Auffassung von Einheit und Differenz mit derjenigen Tagores zu kontrastieren.

Biografisches. „Herder hat nur einen Gedanken, und dieser ist eine ganze Welt"
(Johann Heinrich Jung-Stilling in Arnold 1988: 5). Seinem alles umfassen wollenden Denken lag eine, so würden wir heute sagen, transdisziplinäre Orientierung
zugrunde. In diesem Sinne weist Jean Paul seinem Freund Herder unter den Gelehrten seiner Zeit eine Sonderstellung zu:

> „Die meisten verfolgen nur das Seltenste, Unbekannteste Einer Wissenschaft; Er hinge-
> gen nahm nur die großen Ströme, aber aller Wissenschaften in sein himmelspiegelndes
> Meer auf" (Jean Paul in Otto 1996: 449).

In der Person Herders kreuzten sich viele Perspektiven. Als Prediger, Philosoph,
Historiker, Sprachwissenschaftler, Lehrer, Liedersammler, Dichter und Übersetz-
zer stand er in der Mitte der Ideenströme, die Preußen in der zweiten Hälfte des
18. Jahrhunderts nachhaltig prägten: Rationalismus, Empirismus, Aufklärung,
Humanismus, Empfindsamkeit, Sturm und Drang, Klassik und Romantik. 1744 in
Mohrungen, dem heutigen Morag (Polen), in kleinbürgerliche Verhältnisse hineingeboren, verließ Johann Gottfried Herder 1762 die ostpreußische Landstadt
(mit etwa 1 700 Einwohnern) in Richtung Königsberg, wo er als Student der Theo-
logie mit Vorliebe die Philosophie-Vorlesungen Kants besuchte. In Königsberg
freundete er sich zudem mit dem tiefgläubigen Aufklärungs-Kritiker Hamann
an. Über die Stationen Riga (1764–1769), Straßburg (1770–1771) und Bückeburg
(1771–1776) gelangte er nach Weimar, wo er im Gedankenaustausch mit Goethe
sein vierteiliges Hauptwerk *Ideen zur Philosophie der Geschichte der Menschheit*
verfasste (1784, 1785, 1787, 1791). Herder starb am 18. Dezember 1803 in Weimar.
  Um es mit einem von ihm selbst geprägten Wort zu sagen: Herder stand dem
Zeitgeist sehr, sehr nah. Wie fand er nun, inmitten eines weitverzweigten Geflech-
tes aus Menschen und Gedanken stehend, zu der ihm eigenen Weltanschauung?

4.2 Über Gott und die Welt und den Menschen

Als gläubiger Christ die Natur- und Menschheitsgeschichte studierend, war es für
Herder von vorn herein klar, dass – Gott sei Dank – alles eins ist: „Gott ist alles in seinen Werken" (Herder 1978a: 15). Und „dieser Gott sollte in der Bestimmung und Einrichtung unsres Geschlechts im ganzen von seiner Weisheit und
Güte ablassen und hier keinen Plan haben?" (Herder 1978a: 13). Undenkbar. Aus

der Verklammerung von Heils- und Weltgeschichte kann Herder sich nicht lösen
(– was im Übrigen auch seine Distanz gegenüber den atheistisch-atomistischen
Naturwissenschaften erklärt). Bei dem Versuch, nun die Natur- und Menschheitsgeschichte als Verwirklichung eines göttlichen Plans zu verstehen, weist Herder
dem Menschen eine Sonderstellung zu. „Der Mensch ist der erste *Freigelassene* der
Schöpfung" (Herder 1978a: 64). Gott hat den Menschen als freies Wesen erschaffen, damit er, als Ebenbild Gottes, selbst schöpferisch tätig werde. In diesem Sinne
lässt Herder Gott zum Menschen sagen:

> „Sei mein Bild, ein Gott auf Erden! Herrsche und walte. Was du aus deiner Natur Edles
> und Vortreffliches zu schaffen vermagst, bringe hervor; ich darf dir nicht durch Wun
> der beistehn, da ich dein menschliches Schicksal in deine menschliche Hand legte; aber
> alle meine heiligen, ewigen Gesetze der Natur werden dir helfen" (Herder 1978a: 346).

Das erinnert an das Menschenbild, das Giovanni Pico della Mirandola 1486 in seiner Akademierede über die Menschenwürde zeichnete. In dieser lässt er Gott zu
Adam sagen:

> „Keinen festen Ort habe ich dir zugewiesen und kein eigenes Ansehen, ich habe dir
> keine dich allein auszeichnende Gabe verliehen, da du, Adam, den Ort, das Ansehen,
> die Gaben, die du dir wünschst, nach eigenem Willen erhalten und besitzen sollst […].
> Ich habe dich nicht himmlisch noch irdisch, nicht sterblich noch unsterblich geschaf
> fen, damit du dich frei, aus eigener Macht, […] zu der von dir gewollten Form ausbil
> den kannst" (Mirandola zitiert in Buck 1996: 6).

Hier lässt sich unschwer eine gerade Linie von der Renaissance in die Zeit der
Aufklärung ziehen. Im Unterschied zu seinem italienischen Vordenker leitet Herder sein Menschenbild jedoch nicht aus der Gegenüberstellung von Gott und
Mensch ab (himmlisch-irdisch, unsterblich-sterblich). Er entwickelt es, indem er
den Menschen zwischen Gott und Tier positioniert: Der Mensch ist, wie Herder
es 1772 in einer Predigt formulierte, das *„gewagte Mittelgeschöpf* zwischen Engel
und Tier" (Herder 1985: 154).

Über die Differenz zwischen Mensch und Tier hat Herder bereits in seiner
Abhandlung über den Ursprung der Sprache (1770) philosophiert. Hier stellte er
fest, dass es dem Menschen im Vergleich zum Tier an Sinnesschärfe und Instinktsicherheit fehle. Aus der Mitte dieser Mängel leitet Herder das genuin Menschliche ab: Der Mensch gleicht den fehlenden Instinkt mit seiner Vernunft- und
Sprachfähigkeit und dem „Vorzug der Freiheit" (Herder 1985: 26) aus. Der Freigelassene der Schöpfung ist dazu bestimmt, sich selbst zu bestimmen. „Nicht mehr
eine unfehlbare Maschine in den Händen der Natur, wird er sich selbst Zweck und

Ziel der Bearbeitung" (Herder 1985: 26). Mit dieser Argumentation ist Herder zum Ahnherrn der Anthropologien von Gehlen, Cassirer und Plessner geworden. Arnold Gehlen hat sich in seiner Modellierung des Menschen als weltoffenes Mängelwesen auf Herder bezogen, Ernst Cassirer sieht in Herder denjenigen, der als erster erkannt hat, dass sich der Mensch als animal symbolicum seine eigene Welt kreieren muss, und auch Helmuth Plessners These von der Kultur als zweiter Natur des Menschen geht im Kern auf Herder zurück. Damit schließt sich auch in diesem Text ein Kreis: Der eingangs angedeutete sozialanthropologische Standpunkt, dass der Mensch ein Verhältnis ist, das sich zwischen Selbst und Welt differenzierend zu sich selbst verhält, wird hiermit auf seinen ideengeschichtlichen Ursprung zurückgeführt: Herder.

Dem von mir hier vorausgesetzten Menschenbild fehlt im Vergleich mit dem Herderschen allerdings der religiöse Unterbau. Für den fest im christlichen Glauben stehenden Herder ist es selbstverständlich, dass sich der erste Freigelassene der Schöpfung „zum Nachbilde der Gottheit" (Herder 1978a: 81) bilden soll. Dabei sieht Herder die Humanität als Leitstern der Menschheit an. Heilige Humanität: Mit ihr bzw. in ihr möchte Herder das Göttliche mit dem Menschlichen zusammenführen. „Humanität ist der Zweck der Menschennatur, und Gott hat unserm Geschlecht mit diesem Zweck sein eigenes Schicksal in die Hände gegeben" (Herder 1978a: 340). Damit werden der Freiheit des Freigelassenen moralische Grenzen gesetzt. Diese Argumentation ist kennzeichnend für den zwischen Religiösität und Wissenschaftlichkeit schwankenden Herder. Die Freiheit, die Herder meint, ist nicht grenzenlos. Sie ist letztlich, als praktizierte Humanität, Gottesdienst.

Das Problem, die Freiheit in moralischen Grenzen zu halten, stellte sich Herder auch in seiner Geschichtsphilosophie. Dazu später mehr. Zunächst steht noch der Begriff der Bildung zur Klärung an. Die zentrale Bedeutung der Bildung ergibt sich bei Herder aus der konstitutionellen Unfertigkeit des Menschen. Seiner mangelhaften Instinktausstattung kann der Mensch nicht anders als mit Erziehung begegnen. Schließlich wird „jeder Mensch nur durch Erziehung ein Mensch" (Herder 1978a: 192). Erziehung ist ein sozialer Prozess, und in diesem Prozess wächst der Mensch in (s)eine Gemeinschaft hinein. Durch „Nachahmung und Übung, also durch Übergang des Vorbildes ins Nachbild" (Herder 1978a: 193) eignen sich die Jüngeren die Denk- und Lebensweisen der Älteren an. Die Überlieferung der Tradition von einer Generation auf die nächste beschreibt Herder als Kette. Indem er die Bildung des Menschen metaphorisch an die Kette der Tradition legt, schmiedet Herder das Individuum fest an die Gemeinschaft. Und das ist Herder zufolge auch gut so:

„Wo und wer du geboren bist, o Mensch, da bist du, der du sein solltest; verlaß die Kette nicht, noch setze dich über sie hinaus, sondern schlinge dich an sie! Nur in ihrem Zusammenhange, in dem, was du empfängest und gibst, und also in beidem tätig wirst, nur da wohnt für dich Leben und Friede" (Herder 1978a: 196).

Das durch die Geburt bestimmte Gebundensein an eine Gemeinschaft ist grundlegend für Herders Bildungsbegriff. Humanität kann sich seiner Meinung nur da entfalten, wo Menschen in Traditionszusammenhängen stehen. Ohne diesen bildungstheoretischen Hintergrund ist Herders Kulturtheorie gar nicht zu verstehen. Sie entspringt geradezu aus der Mitte seiner (letztlich theologisch fundierten) Humanitätsidee als einem Bildungsauftrag: „Humanität ist der Charakter unseres Geschlechts; er ist uns aber nur in Anlagen angeboren und muss uns eigentlich angebildet werden" (Herder 1961: 137).

Weil der von Natur aus unfertige Mensch nur in den Grenzen einer Gemeinschaft menschlich werden kann, sieht Herder die besten Entwicklungschancen dort, wo alle Menschen dieselbe Sprache sprechen, denselben Regeln folgen und sich im Denken und Fühlen sehr ähnlich sind. Indem er dem schwachen Individuum starke soziale Institutionen gegenüberstellt – wie später auch Gehlen –, gelingt es Herder, in seiner Theorie zwischen Mensch und Welt ein Ergänzungsverhältnis herzustellen. Das ergibt Sinn. Diesen Sinn verlieren die beiden Seiten des Verhältnisses jedoch, wenn sie aus ihrem Kontext herausgelöst werden. Dann entsteht schnell der Eindruck, Herder habe bei seinem Bild vom Menschen zu schwach und bei seinem Bild von der Gemeinschaft zu stark aufgetragen. Hauptpunkt der Kritik ist dabei traditionell die Verengung des Gemeinschaftsbegriffes auf ein in sich geschlossenes Ganzes. Für diese Deutung hat Herder seinen Lesern auch reichlich Stoff gegeben. Wenn er den Geist, die Seele, die Kultur oder den Genius des Volkes beschwört und behauptet, dass „der natürlichste Staat also auch *ein* Volk mit *einem* Nationalcharakter (ist)" (Herder 1978a: 207), dann produziert er damit diffuse Einheitsphantasien: eine Seele, ein Geist, ein Volk, eine Kultur, eine Nation. Um die innere Abgeschlossenheit dieser National-Kulturen zum Ausdruck zu bringen, greift Herder zum Sinnbild der Kugel. „Jede Nation hat ihren Mittelpunkt der Glückseligkeit in sich wie jede Kugel ihren Schwerpunkt" (Herder 1978b: 69). Die Kugel ist das kulturphilosophische Pendant zur Kette als Metapher für Bildung. Sie lastet schwer auf der Herder-Rezeption, und nicht selten wird die Kulturtheorie Herders auf das Kugelbild reduziert (– für antiessentialistische Kulturrelativisten ist das Kugel-Axiom ein gefundenes Fressen, um in Frontstellung zum Kultur-Essentialisten Herder die eigene Position ins Diskursfeld zu führen; – hier kann ich beispielhaft auf frühere Schriften von mir selbst verweisen: z. B. Kurt 2009: 46 ff.).

4.3   Kulturen als Kollektiv-Individuen

Der Leitgedanke Herders besteht meiner Meinung nach aber weniger darin, Kulturen wie Dinge zu sehen. Es geht ihm vielmehr darum, Kulturen wie Individuen aufzufassen. „In gewissem Betracht ist also jede menschliche Vollkommenheit national, säkular und, am genauesten betrachtet, individuell" (Herder 1978b: 65). Das Kulturelle vom Individuellen her zu fassen war für Herder naheliegend, denn im deutschen Denken und Dichten genoss das Individuelle Ende des 18. Jahrhunderts eine Art Kultstatus. Die Kategorie des Individuellen durchzieht die Schriften Herders wie ein Leitmotiv: „Der tiefste Grund unseres Daseyns ist individuell" (Herder 1967: 207) und unaussprechlich: individuum est ineffabile. „Der Funke der Gottheit, das innere Ich wird uns nie ganz lebendig" (Herder 1884: 355). Trotzdem bzw. gerade deswegen soll jeder Mensch danach streben, der ihm eigenen individuellen Wesensart Ausdruck zu verleihen. Daraus leitet Herder die Pflicht ab, Individualität expressiv auszuleben (vgl. Taylor 1994: 653). Diesen Imperativ richtet er nicht nur an den Menschen als Einzelwesen, sondern, in einer (äußerst fragwürdigen) analogischen Übertragung, an alle Völker dieser Welt, denn, so fasst Charles Taylor Herders These zusammen: „Die verschiedenen Völker haben jeweils ihre eigenen Weisen des Menschseins und sollten ihnen nicht untreu werden, indem sie andere nachahmen" (Taylor 1994: 655).

Individualisierungsschübe hat es im Abendland viele gegeben. Von der christlichen Antike über die Renaissance und die Aufklärung bis zum ‚Kult des Individuums' im 19./20. Jahrhundert (Durkheim) und die Deklaration der (insbesondere das Individuum schützen wollenden) Menschenrechte durch die Vereinten Nationen (1948) hat sich das Individuum als heiliger Kern der westlichen Welt herausgeschält. Hier, bei Herder, besteht das Kuriose darin, dass er die Idee des Individuellen auf Kollektive anwandte und dadurch die Heterogenität der Individuen einer Gemeinschaft oder Gesellschaft holistisch homogenisierte. Kurz: „Kulturen sind kollektive Individuen" (Dumont 1991: 132) – so fasst Louis Dumont den Kern des Herderschen Kulturverständnisses in vier Worten zusammen.

Bis ins 17. Jahrhundert hinein diente das Wort Kultur hauptsächlich zur Bezeichnung bestimmter Tätigkeiten. In dieser vor allem von Cicero geprägten Verwendungsweise meint Kultur (lat. colere: beackern, bebauen, pflegen) zum Beispiel das ‚Beackern' und Pflegen des Geistes: cultura animi. Nachdem Samuel von Pufendorf 1684 den Begriff Kultur das erste Mal zur Charakterisierung von Kollektiven angewandt hatte, ist es nun Herder, der ein Jahrhundert später die Attribute menschlicher Individualität – Einzigartigkeit, Originalität, Autonomie, Unteilbarkeit, Sterblichkeit – in die sich zu seiner Zeit herausbildenden Nationalkulturen hineinprojiziert. So problematisch diese Projektion als solche ist, kulturgeschichtlich hat es hier gleichsam Klick gemacht. Der Sinn für den Eigensinn des

Geschichtlichen verbindet sich bei Herder mit dem Sinn für das Nationale. Indes: So stark Herder den Begriff der Nation auch gemacht hat, Nationalistisches hatte er dabei nicht im Sinn. „Liebe zu seiner Nation ist Pflicht eines jeden", aber Nationalstolz ist schädlich (Herder in Arnold 1988: 80). Seine von der Wertschätzung des Individuellen getragene Kulturtheorie führt Herder zu der logischen Schlussfolgerung, dass es keine zwei gleichen Kulturen geben kann. „Sind in der Natur keine zwei Blätter eines Baums einander gleich, so sind's noch weniger zwei Menschengesichte und zwei menschliche Organisationen" (Herder 1978a: 107).

In seinen Schriften wird Herder nicht müde, immer wieder den Eigensinn, die Verschiedenheit und die Gleichwertigkeit aller Kulturen herauszustellen. Indem er Kulturen so betrachtet, als ob sie selbstständige Individuen wären, handelt sich Herder allerdings ein schwerwiegendes Verstehensproblem ein. Da sich je nach Zeit, Ort, Klima, Anlage und Umständen jedes Volk seine ihm eigene Welt schafft – „Wir leben immer in einer Welt, die wir uns selbst bilden" – (Herder 1967: 252), kann eine Kultur letztlich nur aus dieser selbst heraus verstanden werden. Das heißt: Von außen ist die Innenwelt einer Kultur nicht einzusehen; jeder Kultur ist etwas Unübersetzbares eigen; buchstäblich. Goethe beschreibt die Grenzen des Übersetzens fremder Sprachen so: „Man muß bis an das Unübersetzbare herangehen und dieses respektieren; denn darin liegt eben der Wert und der Charakter einer jeden Sprache" (Goethe in Dasgupta 2008: 86). Aus dieser Position lässt sich einerseits ein grundsätzlicher Respekt vor der Eigenart und Autonomie aller Kulturen ableiten. Andererseits werden auf diese Weise unüberbrückbare Verstehensgrenzen zwischen den Kulturen eingezogen. Herder verwendet hier mehrmals den Ausdruck ‚Kluft‘ (Herder 1978b: 63). Seine Forderung, sich in alle Zeitalter hineinzufühlen – „gehe in das Zeitalter, in die Himmelsgegend, die ganze Geschichte, fühle dich in alles hinein" (Herder 1978b: 63) –, ist in diesem Sinne ein hermeneutischer Notruf, um die mit den Mitteln des Verstandes nicht zu überwindenden Verstehensgrenzen zwischen den Kulturen durch Einfühlung zu unterlaufen. Die Beschränkung des Verstehens auf die je eigene Kultur hindert Herder allerdings nicht daran, allen ihm bekannten Kulturen in seinen universalgeschichtlichen Reflexionen einen bestimmten Charakter zuzuschreiben. Als Beispiel wähle ich hier naheliegenderweise den Charakter, den Herder dem ‚Indier‘ zuweist.

4.4   Herder und die Indier

Auf der Grundlage von Reise- und Missionsberichten entwickelt Herder ein sagenhaftes Indienbild – mit dem er wider Willen die Richtigkeit seiner Theorie beweist, dass es ein zeitgeistfreies Fremdverstehen nicht geben kann: Jedes Fremdverstehen trägt die Signatur des Eigenen.

Wie überall so setzt Herder auch für den Fall Indien sein Humanitätsverständnis als tertium comparationis des Kulturvergleichs ein.

> „Der Indier setzt seine Glückseligkeit in leidenschaftslose Ruhe, in einen unzerstörbaren Genuß der Heiterkeit und Freude: er athmet Wohlluft: er schwimmt in einem Meer süßer Träume und erquickender Gerüche; unsere Ueppigkeit hingegen, um deren willen wir alle Welttheile beunruhigen und berauben, was will, was suchet sie?" (Herder 1978a: 144).

Indem er das Grobe, Lärmende des Westens mit der Sanftheit und Ruhe des Ostens kontrastiert, macht sich Herder zum Kritiker des europäischen Kolonialismus, und, ohne es zu beabsichtigen, zum Wegbereiter der deutschen Indienromantik (vgl. Kurt 2009). Als Humanist unbestechlich, stellt Herder aber auch die Schattenseiten der indischen Kultur heraus: die Kastenzwänge, die durch Geburt festgelegte Ungleichheit der Hindus, die Herrschaft der Brahmanen und die Verachtung, „mit der sie den niedrigsten der Stämme, die Parias, behandeln" (Herder in Kade-Luthra 1991: 45), die Barbarei der Witwenverbrennung und der Glaube an die Seelenwanderung, „der den Menschen wie in einen Abgrund wirft und seine thätigen Empfindungen abstumpfet" (Herder in Kade-Luthra 1991: 46). Hier spricht sich Herder als aufgeklärter Europäer *gegen* Indien *für* Freiheit, Gleichheit und Menschlichkeit aus. Herder spielt mit den Perspektiven; er schaut vom Fremden auf das Eigene und vom Eigenen auf das Fremde, immer hin und her. So auch in dem Text *Die Bekehrung der Malabaren*. Hier lässt Herder einen Asiaten und einen Europäer in einem imaginären Gespräch „über die Bekehrung der Indier durch unsre Europäische Christen" (Herder in Kade-Luthra 1991: 47) diskutieren. Für den Asiaten hat Herder die Rolle des Kulturrelativisten gewählt, während er den Europäer mit dem Anspruch christlich-abendländischer Überlegenheit auftreten lässt. Dabei weist er dem Kulturrelativisten die überzeugenderen Argumente zu: Die Kulturen sollten ihr Anderssein wechselseitig anerkennen und das Beherrschen und Bekehren unterlassen. Stattdessen sollten sie versuchen, voneinander zu lernen, nach dem Motto: „Betrachte ihre Sitten, ihre Erziehung, lerne ihre Sprachen. Lies ihre Dichter, höre ihre Weisen" (Herder in Kade-Luthra 1991: 49).

4.5 Kulturen als Organismen

Mit dieser Haltung gegenüber anderen Kulturen gibt Herder eine Antwort auf die Frage, wie Völker idealerweise miteinander umgehen könnten: Sie sollen sich nicht im Eigenen verkapseln, sondern voneinander lernen; allerdings nicht, um das Eigene mit dem Fremden zu vermischen oder zu verschmelzen, sondern um

etwas von einer anderen Kultur zu übernehmen, das sich der eigenen Kultur an-
verwandeln lässt. Das Fremde muss gleichsam osmotisch assimiliert werden. Für
Herder bedeutet assimilieren, sich Nicht-Eigenes zu Eigen zu machen.

> „Alles, was mit meiner Natur noch gleichartig ist, was in sie assimiliert werden kann,
> beneide ich, streb's an, mache mir's zu eigen; darüber hinaus hat mich die gütige Na-
> tur mit Fühllosigkeit, Kälte und Blindheit bewaffnet, sie kann gar Verachtung und Ekel
> werden, hat aber nur zum Zweck, mich auf mich selbst zurückzustoßen, mir auf dem
> Mittelpunkt Gnüge zu geben, der mich trägt" (Herder 1978b: 69).

Für das Verhältnis der Völker heißt das: Nehmt, was euch nutzt, aber bleibt wie ihr
seid. So gesehen ist es kennzeichnend für Kulturen, dass sie „in gleichsam osmoti-
schem Austausch" (Hannemann 1996: 188) aufeinander bezogen sind.

Herder konzipiert Kulturen als autonom und homogen. Vermischungen würden sie schwächen und sind deshalb zu vermeiden:

> „[…] ein Volk ist sowohl eine Pflanze der Natur als eine Familie, nur jenes mit mehre-
> ren Zweigen. Nichts scheint also dem Zweck der Regierungen so offenbar entgegen als
> die unnatürliche Vergrößerung der Staaten, die wilde Vermischung der Menschengat-
> tungen und Nationen unter einem Zepter. Der Menschenzepter ist viel zu schwach und
> klein, daß so widersinnige Teile in ihm eingeimpft werden könnten; zusammengeleimt
> werden sie also in eine brechliche Maschine, die man Staatsmaschine nennet, ohne in-
> neres Leben und Sympathie der Teile gegeneinander" (Herder 1978a: 207).

Es ist kein Zufall, dass Herder hier seine Argumentation an entscheidender Stelle
wieder mit Metaphern abstützt. Statt Kugel und Kette ist es nun die Pflanze, mit
der Herder argumentiert. Neben der Analogie Volk gleich Pflanze setzt Herder
in seinen Schriften eine Reihe ganz ähnlicher Naturmetaphern ein. Da „(blühen)
Nationen auf und ab" (Herder 1978a: 338), da sprießen aus Samenkörnern ganze
Zivilisationen hervor, da machen sich Nationen den „Saft aus Wurzel, Stamm und
Ästen zunutz" (Herder 1978b: 100), da ist die „Kultur eines Volks […] die Blüte
seines Daseins" (Herder 1978a: 300). Mit Organismusmetaphern zu philosophieren war seinerzeit nicht unüblich (vgl. Berlin 1992: 149 f.). Typisch für Herder ist
indes, dass er zwischen Metapher, Analogie und Identität keine trennscharfen
Grenzen zieht (– was ihm beim Argumentieren eine gewisse Elastizität erlaubt: Je
nach Bedarf betont er an einer Stelle aufklärerisch den Gegensatz von Natur und
Mensch, um an anderer Stelle frühromantisch die Einheit dieser Differenz herauszustellen (vgl. Nisbet 1996: 162).

Wie Bäumen und Blumen (und menschlichen Individuen), so schreibt Herder
auch Kulturen Lebensalter zu. Jede Kultur entsteht, reift, blüht und stirbt auf ihre

je eigene Art. Damit schreibt Herder der Geschichte der Menschheit das Naturgesetz des ewigen Werdens und Vergehens ein. Daraus folgt, dass die Menschheit zwangsläufig immer wieder neue Kulturen hervorbringt, ohne dabei Vollkommenheit erreichen zu können. „Das menschliche Gefäß ist einmal keiner Vollkommenheit fähig, muss immer verlassen, indem es weiterrückt" (Herder 1978b: 59). Geschichte kann sich demzufolge nur im Modus kultureller Vielfalt vollziehen. Diese kulturelle Heterogenität basiert bei Herder auf der Homogenität koexistierender Kulturorganismen. Deshalb lässt sich aus Herders Geschichtsverständnis auch beim besten Willen keine Theorie der Transkulturalität ableiten (– hier ist Wolfgang Welsch sicher Recht zu geben; vgl. Welsch 1994).

Herders Pluralismus beruht auf einem individualizistischen Kulturkonzept. Die Vielfalt der Kulturen beruht auf der Setzung einer trennscharfen Differenz zwischen den einzelnen Kulturen, die als individuelle Organismen konzipiert werden. Von dieser Auffassung ausgehend wendet er durch seine Art der Weltanschauung den Blick vom Ganzen auf die Teile, wobei die Teile selbst, also die Kulturen, wiederum als unteilbare und einzigartige Ganzheiten betrachtet werden. Im Plural der Kulturen können nun alle Völker gleichwertig nebeneinanderstehen: als autonome Individuen, deren Zweck sie selber sind. Jede Kultur ist eine Kultur unter Kulturen – so wie die Erde ein Stern unter Sternen ist (Herder 1978a: 17). Dieses Sinnbild, mit dem Herder das erste Buch seiner *Ideen* eröffnet, lässt erahnen, wie weit Herder die Kulturen voneinander entfernt sah. Zugleich scheint in demselben Bild eine Ästhetik des Pluralismus auf – nicht umsonst wird diese Textstelle von Pluralismusverfechter Isaiah Berlin so sehr zelebriert (vgl. Berlin 1992: 154). So oder so, Herders Idee von kultureller Vielfalt setzt Differenz voraus: das Getrennt-Sein einzigartiger Kulturwelten als autonome Individuen. Wie Kant so überträgt auch Herder das aufklärerische Autonomie-Gebot von der Person auf die Nation, indem er jeder Nation das Recht auf Selbstbestimmung zuspricht und Einmischungen in nationale Angelegenheiten kategorisch ablehnt (vgl. hierzu auch Kant 2010: 6).

4.6 Vielfalt und Beliebigkeit

Eine kulturelle Vielfalt, die sich metaphorisch auf das sinnfreie Blühen und Verwelken von Pflanzen stützt, kann leicht als Beliebigkeit ausgelegt werden. Der kulturrelativistischen Annahme eines weltgeschichtlichen Anything Goes stand Herder aufgrund seines Glaubens an Gottes harmonisches Weltgebäude allerdings fern. Sein Philosophieren aus der Natur führte ihn in eine ganz andere Richtung: zu Gott zurück. Das heißt, die Verwendung von Organismusmetaphern hielt für Herder noch einen theologischen Mehrwert bereit. Im Sprung von einer aufklä-

rerischen Sicht auf die Geschichte zu einer theologischen kann Herder nämlich
voraussetzen, dass die Naturgeschichte und die Geschichte der Menschheit miteinander verbunden sind. „Ein und dasselbe Gesetz [...] erstrecket sich von der
Sonne [...] bis zur kleinsten menschlichen Handlung" (Herder 1978a: 366). Wie
die Natur, so der Mensch, so seine Kulturen. Eine Wurzel, ein Stamm, eine Blüte;
ein Volk, eine Sprache, ein Nationalcharakter (– die transkulturalistische Gegen-
metapher hierzu ist das Rhizom (Wurzelgeflecht)). So verwandeln sich Herders
Organismusmetaphern in ontologische Argumente. Das heißt: Gottes Gesetze
gelten in der Natur- wie in der Kulturgeschichte gleichermaßen. „So spricht die
Analogie in der Natur, das redende Vorbild Gottes in allen Werken, offenbar so
im Menschengeschlechte" (Herder 1978b: 71). Damit gelingt Herder eine heils-
geschichtliche Verklammerung von Natur- und Menschheitsgeschichte. Es folgt
alles einem großen Plan. Die Einheit von Natur und Mensch und die Einheit der
Menschheit in der Vielheit der Kulturen sind Herder zufolge aber für Menschen
nicht erkennbar. Der Mensch erkennt nur, was er von seinem soziohistorischen
Standpunkt aus erkennen kann – das große Ganze ist nur für die Augen Gottes
da. Erst für den göttlichen Blick stellt sich der Plural der Kulturen als ein Mosaik
dar. Und dieser Plural ist theologisch betrachtet auch notwendig, denn die vielen Facetten menschlicher Humanität können sich unmöglich in einer Kultur allein zum Ausdruck bringen. Die Idee der Humanität ist für Herder „zu komplex,
um von einer Kultur oder von einer Generation allein verwirklicht zu werden.
Jede einzelne Kultur ist epistemologisch unverzichtbar, weil ihre ‚Denkungsart' einen speziellen Teilaspekt des menschlichen Wesens ans Licht bringt. Erst im Lauf
der Geschichte gewinnt dann das mosaikartige Gesamtbild ‚Humanität' Kontur"
(Hannemann 1996: 189) – für Gott. „Der praktische Verstand der Menschen sollte
in allen Varietäten aufblühen und Früchte tragen; darum ward dem vielartigsten
Geschlecht eine so vielartige Erde" (Herder 1978a: 167). Damit fügen sich die Teile
für Gott zum Ganzen. Dem Menschen ist der Blick aufs Ganze verwehrt. Den großen Plan Gottes und den Gesamtsinn der Geschichte können Menschen nicht erfassen (vgl. Herder 1978b: 112).

> „Unter dem großen Baume Allvaters, dessen Gipfel über alle Himmel, dessen Wurzeln
> unter Welten und Hölle reichen – bin ich Adler auf diesem Baume? [...] Welche eine
> kleine Laubfaser des Baums mag ich sein, kleines Komma oder Strichlein im Buche al-
> ler Welten!" (vgl. Herder 1978b: 115), – „weiß ich, wohin ich mit meiner kleinen Woge
> komme?" (vgl. Herder 1978b: 132).

In seinem Versuch, die Welt zu erklären, hat Herder einen abenteuerlichen Ar-
gumentationszusammenhang hergestellt: Ausgehend von der göttlichen Einheit
der Natur- und Menschheitsgeschichte weist Herder dem Menschen eine Sonder-

stellung zu, die ihn dazu zwingt, sich in der Anpassung an die jeweils gegebenen Umstände in den Grenzen einer Gemeinschaft seine jeweils eigene Kulturwelt zu schaffen. Die Geschichte stellt sich demnach als ein Plural von Kulturen dar, die sich (im metaphorischen Sinn) *wie* bzw. (im analogisierenden Sinn) *als* individuelle Organismen gleichwertig gegenüberstehen. Indem jede Kultur nach ihrem jeweils eigenen Recht wächst, blüht und verwelkt, bildet sich im Plural der Kulturen die Humanität in ihrer ganzen Komplexität heraus; Gott zum Wohlgefallen – die Menschen können (mit Ausnahme von Herder) den Sinn der Geschichte nicht erfassen und müssen sich mit Metaphern begnügen; beispielsweise mit dem erhaben strahlenden Sternenhimmel als Sinnbild für die Einheit der Menschheit im Plural der Kulturen.

Das Prädikat konsistent hat Herders Weltanschauung sicher nicht verdient. Aber: Herder hat das von Heterogenität geprägte Denken seiner Zeit in einer Art Gedankenwolke so überzeugend verdichtet, dass sich sein Werk als extrem anschlussfähig erwies; für Romantiker und Nationalisten ebenso wie für Humanisten, Historiker und Kulturwissenschaftler.

Das ist ein weites Feld. Hier konzentriere ich mich auf die Herder-Rezeption im Multikulturalismusdiskurs, insbesondere auf das Multikulturalismus-Konzept von Charles Taylor – aus drei Gründen: Erstens bezieht sich Taylor in seiner Politik der Anerkennung explizit auf Herder. Zweitens zeigt die Argumentation Taylors beispielhaft, wie tief der trennscharf zwischen individuellen Kollektiven differenzierende Kultur-Pluralismus Herders das (nach-)(post-)moderne Denken durchdrungen hat. Drittens lässt sich mit Bezug auf Taylor fragen, wie Herders auf Gleichwertigkeit und Differenz basierendes Kulturverständnis dasteht, wenn das Argument Gott dem Säkularisierungsprozeß zum Opfer fällt?

Es ist nun interessant zu sehen, wie Charles Taylor sich Herders Erbe annimmt und die Idee des Pluralismus nicht theologisch, sondern philosophisch durch eine Politik der Anerkennung begründet.

4.7   Taylors Multikulturalismus-Konzept

Die Sensibilität für kulturelle Differenz wurde dem 1931 in Montreal geborenen Charles Taylor gleichsam in die Wiege gelegt: Die Muttersprache seiner Mutter war französisch, diejenige seines Vaters englisch (vgl. Rosa 1988: 32). Neben seinem aktiven politischen Engagement für eine auf Ausgleich und Anerkennung ausgerichtete Verständigung zwischen Anglo- und Franko-Kanadiern hat sich Taylor auch in seinem philosophischen Werk mit den Bedingungen für die Möglichkeit gelingender Multikulturalität beschäftigt; hier ist insbesondere sein Essay *Die Politik der Anerkennung* zu nennen.

Zwischen Taylor und Herder liegen zwei Jahrhunderte. Für Herder war Kultur das Schlüsselwort zur Bestimmung nationaler Identität. Mit seiner Forderung nach kultureller Rein- und Einheit wurde er richtungsweisend für das seinerzeit noch auf der Suche nach sich selbst seiende Deutschland. Für den in die multikulturelle Gesellschaft Kanadas hineingeborenen Taylor ist es hingegen eine Selbstverständlichkeit, dass moderne Nationalstaaten kulturell heterogene Gebilde sind. Argumentativ stehen sich Taylor und Herder aber näher, als es diese zeitliche und weltanschauliche Distanz vermuten lässt. Taylors Reflexionen über die Frage, wie moderne Gesellschaften mit kultureller Diversität umgehen können, werden stark von Annahmen Herders getragen.

Wie Herder so betont auch Taylor, dass der Mensch als soziales Wesen von Natur aus einer Kulturgemeinschaft zugehört und damit das Recht (– mit Herder gesprochen: die Pflicht) hat, im Sinne dieser Kultur sein Leben zu führen. Darüber hinaus geht er auch von der Gleichwertigkeit aller Kulturen aus. Anders als Herder kann Taylor als Philosoph des 20./21. Jahrhunderts hier nicht mit Analogien aus der Natur und dem Glauben an die göttliche Vorsehung argumentieren (vgl. Taylor 2009: 59). Er rechtfertigt seine Grundannahmen stattdessen mit einer Philosophie der Anerkennung. Taylor reformuliert Herders Kulturverständnis in dialog-philosophischer Perspektive, indem er kulturelle Identität nicht essentialistisch als naturwüchsige Verwurzelung in einem Nationalcharakter, sondern konstruktivistisch als Kommunikationsprodukt versteht.

„Das Verlangen nach Anerkennung ist […] ein menschliches Grundbedürfnis" (vgl. Taylor 2009: 14), und deshalb hängt auch die kulturelle Identität eines Menschen stark davon ab, welche kulturelle Identität ihm von anderen zugeschrieben wird. Kulturelle Identitäten konstituieren sich Taylor zufolge in Kontexten, in denen Menschen sich gegenseitig kulturelle Eigentümlichkeiten anerkennen (– oder auch aberkennen; auf die Risiken im Kampf um Anerkennung geht Taylor in seinem Essay ganz besonders sorgsam ein). In wechselseitigen Identitätszuschreibungen entstehen, verfestigen und verändern sich die Wir-Ihr-Unterscheidungen, mit denen sich Individuen und Kollektive im Plural der Kulturen positionieren können.

Taylor fordert nun, dass den spezifischen Lebensformen, die sich in der Abgrenzung des kulturell Eigenen vom kulturell Anderen herausgebildet haben, mit Respekt zu begegnen sei. Es reiche nicht aus, so Taylor, in modernen Gesellschaften allein auf die Würde des Menschen zu setzen. Der vor allem auf Kant zurückgehende Begriff der Würde als Achtung vor der Fähigkeit des Menschen, selbstbestimmt und vernünftig zu handeln, verweist auf „ein *universelles menschliches Potential*, eine Fähigkeit, die allen Menschen gemeinsam ist" (vgl. Taylor 2009: 28). Wenn im Blick auf das, was allen Menschen gleich ist, dasjenige, was die Menschen unterscheidet, in den Hintergrund gerät, dann kann Politik schnell differenz-blind werden. Das „Potential, eine eigene individuelle oder auch kulturelle Identität hervorzubringen und zu definieren [...] muß in jedem Fall respektiert werden" (vgl. Taylor 2009: 28). Das bedeutet nicht, dass faktisch jede Kultur Respekt verdient. Die Achtung gilt dem Potential zur Hervorbringung von Besonderem. Aus dieser Position leitet Taylor eine Haltung ab, die es ihm gestattet, Kulturen als gleichwertig zu betrachten. Die Basis seines Arguments ist „eine Art Glaubensakt" (vgl. Taylor 2009: 53). Taylor geht von der Annahme aus, „daß alle menschlichen Kulturen, die ganze Gesellschaften über längere Zeiträume mit Leben erfüllt haben, allen Menschen etwas Wichtiges zu sagen haben" (vgl. Taylor 2009: 53). Diese Annahme „(ist) eine Ausgangshypothese, mit der wir das Studium einer anderen Kultur beginnen sollten" (vgl. Taylor 2009: 53). (In Analogie zu Kants *sensus communis* könnte man hier auch von einem *sensus cultura* sprechen: Eine Art des Urteilens, mit der wir fremden Kulturen (bis zum Beweis des Gegenteils) ansinnen, dass sie allen Menschen etwas Wichtiges zu sagen haben (vgl. Kant 1974).)

Wo Herder sich in seiner These von der Gleichwertigkeit der Kulturen auf Gott berief, da rechtfertigt Taylor seine Respektforderung mit einem philosophischen Glaubensakt. Zu fragen wäre jetzt noch, wie das Studium einer anderen Kultur gelingen kann, wenn (bei Herder stärker als bei Taylor) vorausgesetzt wird, dass Kulturen aufgrund ihrer Einzigartigkeit nur von innen heraus verstehbar sind. Der Blick von außen sieht nur, was er nach dem Maß der jeweils eigenen Kultur erkennen kann. Zugespitzt formuliert: Die kulturelle Identität perspektiviert unser Verstehen so, dass wir das kulturell Andere durch die Brille der jeweils eigenen Kultur erblicken.

Herder hat den kulturell bedingten Grenzen des Verstehens das grenzenlose Verstehen Gottes gegenübergestellt. ‚Eine Menschheit – Viele Kulturen'; die Einheit dieser Differenz zu erkennen, bleibt in Herders harmonischem Weltbild Gott vorbehalten. Ohne den Glauben an den Einheit stiftenden Blick Gottes stellt sich für den Menschen das Ganze als ein Haufen von Kulturmonaden dar. Eine solche Position einzunehmen ist kulturphilosophisch durchaus möglich. Mit diesem Weltbild kann sich ein Multikulturalist wie Taylor aber nicht einverstanden erklären. Er antwortet auf das Problem, dass die eigene kulturelle Identität maßgebend für das Verstehen fremder Kulturen ist, mit Gadamers Konzept der Horizontverschmelzung.

Dass uns andere Kulturen zunächst fremd und unvertraut erscheinen und dass unsere ersten Versuche, Fremdes zu verstehen, sich zumeist im Eigenen verfangen, muss Taylor zufolge nicht bedeuten, dass wir in unserem anfänglichen Nicht- und Missverstehen verharren müssen. Im Gegenteil: Wir sollen versuchen, unseren Horizont dadurch zu erweitern, dass wir uns fremde Sichtweisen durch die Veränderung unserer eigenen Sichtweisen vertraut machen.

„Wir lernen, uns in einem erweiterten Horizont zu bewegen, in dem wir das, was uns
vorher als die selbstverständlichen Koordinaten unserer Urteile erschien, nun als mögliche Koordinaten neben denen der uns bislang nicht vertrauten Kultur wahrzunehmen vermögen" (Taylor 2009: 54).

Taylor thematisiert hier nicht die (hermeneutisch äußerst fragwürdigen) Gelin-
gensbedingungen einer Horizontverschmelzung. Er beschreibt das Ergebnis, und
das ist bei genauer Hinsicht keine Verschmelzung kultureller Differenzen, sondern die Fortexistenz kultureller Differenz im Bewusstsein eines Individuums:
eine Art intrapsychischer Multikulturalismus, der es gestattet, zwischen kulturellen Bezugssystemen hin und her zu switchen. Ein transkulturelles Ineinander-
Verschmelzen von Verschiedenem findet hier gerade nicht statt. Im Gegenteil:
Das Andere wird im Inneren durch Anerkennung auf Distanz gehalten. Der in
diesem Kontext unangemessene Gebrauch der Verschmelzungsmetaphorik ver-
deutlicht, wie stark das Denken Taylors vom Begriff der Differenz dominiert wird.
Im Multikulturalismodell Taylors ist die Anerkennung der Einzigartigkeit einer
anderen Kultur geradezu der Motor für die (Re-)Produktion kultureller Differenz.
Wird das kulturell Andere im Eigenen (in der Form einer Differenz) als Anderes
anerkannt, dann kommt es im Idealfall zu einer wechselseitigen Wertschätzung
kultureller Differenz, – tatsächlich könnte die von Taylor in seiner Politik der Anerkennung geforderte Haltung des Interesses am kulturell Anderen auch gerade-
wegs in einen ewigen Kampf um höchste Werte führen:

„[…] es handelt sich nämlich zwischen den Werten letztlich überall und immer wieder
nicht nur um Alternativen, sondern um unüberbrückbaren, tödlichen Kampf, so wie
zwischen ‚Gott‘ und ‚Teufel‘" (Weber 1968: 507).

Ob durch die Hinwendung zum kulturell Anderen soziale Formen des Mit- oder
Gegeneinanders entstehen, hängt vom konkreten diversity management der jeweiligen multikulturellen Gesellschaft ab. Aus Taylors Sicht ist der eigentliche
Feind der multikulturellen Gesellschaft das Desinteresse am kulturell Anderen.
Der worst case der Politik der Anerkennung ist demnach das parallelgesellschaft-
liche Nebeneinander von Kulturgemeinschaften, die sich wechselseitig gezielt ig-
norieren. Programmatisch formuliert: Das Lebenselixier moderner multikulturel-
ler Gesellschaften ist das Interesse am kulturell Anderen – wohin das im Einzelfall
auch immer führen mag.

4.8   Der interkulturelle Dialog

Auf die Frage, wie denn das gegenseitige Anerkennen von kultureller Identität zu
erwirken sei, lautet die erste (und meistens auch die letzte) Antwort für gewöhnlich: durch den interkulturellen Dialog. In den Verweisen auf den Dialog der Kulturen schwingt nicht selten auch ein gewisses Pathos mit. Der Glaube an den interkulturellen Dialog spiegelt sich auch in politischen Programmen wider, etwa in
dem UN-Motto, das 2001 (!) zum „Jahr des Dialogs zwischen den Zivilisationen"
erklärte (– weitere Beispiele in Radtke 2011).

In den westlichen Gesellschaften gilt der Dialog als Problemlösungsmittel Nr. 1.
Die hohe Wertschätzung des Dialogs lässt indes schnell übersehen, wie voraus-
setzungsreich und normativ das Konzept Dialog faktisch ist. Der Dialog ist eine
Sonderform sprachlicher Kommunikation. „Es müssen mindestens zwei Sprecher
teilnehmen, die unterschiedliche Perspektiven einbringen können, die gleichermaßen als legitim gelten" (Radtke 2011: 26). Dabei sollen sich die Dialogpartner
auf Augenhöhe begegnen, am besten in einer herrschaftsfreien Kommunikations-
situation. Des Weiteren wird bei den Dialogpartnern Verständigungs- und Konsensbereitschaft, gegenseitiger Respekt und ein Wille zur gemeinsamen, vernunft-
geleiteten Wahrheitsfindung vorausgesetzt. Diese insbesondere von Habermas als
Ideal konziperte Diskursethik ist extrem voraussetzungsvoll und in der sozialen
Praxis deshalb eine Ausnahmeerscheinung: eine Art vierblättriges Kleeblatt. Anders als vierblättrige Kleeblätter werden Dialoge in der Regel jedoch nicht gesucht
(geschweige denn versucht). In der Alltagskommunikation tendiert die praktische
Vernunft eher zur Dialogvermeidung als zum Dialog. Und gelingt ein Gespräch
als Dialog, dann wissen wir: Etwas Wundervolles ist geschehen – nicht umsonst
heißt es in Goethes *Märchen*: Das Gespräch ist erquicklicher als Gold und Licht.
Der Dialog ist ein Glücksfall, und gerade in interkulturellen Kommunikationssituationen kann er nicht das Maß der Dinge sein, denn hier sind die Machtverhältnisse und Verstehensvoraussetzungen zumeist besonders asymmetrisch. Das
Dialogideal überfordert mit seiner Normativität die Normalität der interkulturellen Kommunikation. Der Glaube an den interkulturellen Dialog wird dadurch
aber offensichtlich nicht erschüttert; im Gegenteil. Der interkulturelle Dialog gilt
allenthalben als Lösung – und ist doch eigentlich das Problem. Das Exklusions-
potential des Dialogs ist ebenfalls beträchtlich: Was geschieht mit denen, die (zum
Beispiel aus kulturellen Gründen) zum Dialog nicht willens oder fähig sind?

In der enthusiastischen Beschwörung der Pathosformel ‚Dialog' spricht sich
meiner Meinung nach das Bekenntnis zu Werten des Westens aus. Im Dialog
kommt einiges zusammen: Neben dem (nicht erst bei Herder einsetzenden) tiefen Vertrauen in die Sprache und dem vom sokratischen Dialog über das Ideal des
kommunikativen Handelns bis zum (Taylorschen) Konzept der wechselseitigen

Anerkennung kultureller Andersheit reichenden Glauben an die problemlösende
Kraft vernünftigen Miteinanderredens ist es insbesondere die selbstverständliche
Voraussetzung von Differenz als Ausgangsbasis des Dialogs, die kennzeichnend
für diese Kommunikationsform ist. Der Dialog geht von Differenz aus; von Menschen, die sich als einzigartige und gleichwertige Individuen mit unterschiedlichen Meinungen gegenüberstehen. Das Ziel des Dialogs ist die Aufhebung dieser
Differenz in einem rationalen Konsens (– der auch ein Konsens über einen Dis-
sens sein kann). Dieses Streben nach der Entdeckung bzw. Erzeugung von Gemeinsamkeiten wird im Westen traditionell von dem aufklärerischen Glauben
an eine allgemeinmenschliche Vernunft getragen. Die Erarbeitung eines Einver-
ständnisses bedeutet indes nie, dass die Dialogteilnehmer über diese Gemeinsamkeit ihre Identität verspielen. Die scharfen Differenzen zwischen Ich und Du und
Wir und Ihr gehen im gelungenen Dialog nicht in eine Nacht der Einheit über. Im
Gegenteil: In der Erkenntnis des Verbindenden und Trennenden können sich die
am Dialog Beteiligten individuell bereichern. Wie in der Horizontverschmelzung
à la Taylor, so ist auch hier das Ziel nicht die Aufhebung von Differenz, sondern
die Erweiterung des Eigenen um die Eigenart des Anderen. Die Letztinstanz des
Okzidents ist der Plural einzigartiger Individuen, also Differenz. Dabei gilt der
Dialog nach wie vor als das beste Mittel, um Differenzen bewältigen oder mindestens bändigen zu können. Und er hilft dabei, der geschätzten eigenartigen Andersheit anderer auf die Spur zu kommen – wobei die Enträtselung der Andersheit eines Anderen immer einer vorgängigen Verrrätselung bedarf. Wenn das Ich
dem Du nicht gut abendländisch unterstellen würde, rätselhaft und irgendwie anders und eigen zu sein, dann gäbe es kaum gute Gründe, einen Dialog einzugehen.
Anders gesagt: In der abendländischen Kulturgeschichte ist das Du (bzw. das Ihr/
Sie) zu einem Faszinosum geworden.

Als typisch westliche Lösung eines typisch westlichen Problems kann das Dis-
kursideal des Dialogs nicht ohne Weiteres auf den Bereich der interkulturellen
Kommunikation übertragen werden. Solange das Dialogideal in seiner vermeintlichen Universalität unhinterfragt in die Praxis der interkulturellen Kommunikation hineinwirkt, kann es dort nur in Maßen von Nutzen sein. Es unterschiebt der
Kommunikation mit kulturell Anderen ein Menschenbild, das auf Individualität,
Differenz, Gleichwertigkeit, Sprache und Vernunft basiert. Die Spielregeln für den
Dialog sind dadurch vorgezeichnet: Wir sind auf unsere Weise eigenartig, ihr auf
eure. Da wir aber alle potentiell vernünftig sind, können wir uns im Dialog auf
die Suche nach Gemeinsamkeiten, Ähnlichkeiten und Verschiedenheiten begeben, um so in Richtung einer wechselseitigen Anerkennung von kultureller Differenz zu streben.

In diesem Menschenbild und dem dazugehörigen Dialogmodell verdichten
sich Eigenarten westlichen Denkens zu einer Haltung für den Umgang mit kul-

tureller Differenz, die den kulturell Anderen an Idealen der eigenen Kultur misst. Dass Konzepte der interkulturellen Kommunikation immer schon von kulturspezifischen Annahmen geprägt sein müssen, ist soziologisch betrachtet trivial: Kulturbegriffe entstehen in kulturellen Kontexten, und das gilt auch für die Begriffe Multi-, Inter- und Transkulturalität. Nicht trivial ist hingegen die Frage, inwieweit kulturspezfische Kulturverständnisse kon- bzw. divergieren. Es könnte ja sein, dass die Menschenbilder und Verstehensvorstellungen interkulturell Kommunizierender sich nicht decken, sondern sehr weit auseinander liegen. Der Blick auf die kulturspezifischen Grundlagen interkultureller Kommunikation wirft Fragen auf: Wie sehe ich mich selbst, wie sehe ich andere, wie sehen andere mich, und wie sehen die anderen sich selbst? Mit welchen Welt- und Menschenbildern, mit welchen Selbst-, Fremd- und Verstehensverständnissen gehen Menschen unterschiedlicher kultureller Prägung in interkulturelle Kommunikationen hinein? Diese Fragen führen nolens volens zum Kulturvergleich. In diesem Text führen sie nach Indien.

Möglicherweise denken anderswo andere ja anders über sich selbst und andere.

4.9   Rabindranath Tagore

Wie kann man Herder mit Tagore vergleichen? Zwischen ihren Geburtstagen liegen 117 Jahre, zwischen ihren Geburtsorten gut 6 000 Kilometer. Und beide wurden in völlig verschiedene Gesellschaften hineinsozialisiert. Parallelen gibt es gleichwohl. Beide lebten in Zeiten, in denen das Thema ‚nationale Identität' virulent war, beide leiteten ihren Humanismus aus religiösen Überzeugungen ab, und beide fragten danach, wie die Vielheit der Kulturen mit der Einheit der Menschheit vereinbar sei. Meine Frage lautet: Geht Tagore in seinen Gedanken über das Verhältnis von Einheit und Differenz von anderen Voraussetzungen als Herder aus?

Biographisches. Als 14. Kind seiner Eltern Debendranath und Sarada wurde Rabindranath Tagore am 7. Mai 1861 im westbengalischen Kolkata in eine wohlhabende und sehr einflussreiche Brahmanenfamilie hineingeboren. Die Tagores kooperierten mit den britischen Kolonialherren, agierten zugleich aber auch sehr tradtionsbewusst. Rabindranaths Vater zum Beispiel setzte sich stark für einen reformierten Hinduismus ein. In dieser für europäische und indische Ideen offenen Atmosphäre reifte Rabindranath im Schoße seiner Großfamilie zum Künstler heran – den Schulbesuch brach er im 14. Lebensjahr eigenmächtig ab. Zwischen 1878 und 1880 ging er nach England, um dort für einige Monate (mit mäßigem Engagement) zu studieren. 1883 erschien Tagores erster bedeutender Gedichtband,

prabhat sangit. Im selben Jahr fand auch die ‚arranged marriage‘ mit Mrinalini
statt. Aus ihrer Ehe gingen fünf Kinder hervor. 1890 erhält Rabindranath den Auftrag, die Landgüter der Familie zu verwalten. Diese Aufgabe führte ihn unter anderem in das etwa 150 km nördlich von Kolkata gelegene Santiniketan (Ort des
Friedens), wo er das westbengalische Dorfleben kennen lernte. 1901 gründete er
hier eine Schule. Auch sein erster großer Roman, *cokher bali*, entstand in diesem
Jahr. Tagore war nicht nur Dichter, sondern auch Musiker. Er schrieb mehr als
2 000 Lieder; hierunter auch die heutigen Nationalhymnen von Indien und Ban-
gladesh. 1913 erhielt Tagore für die von ihm selbst aus dem Bengalischen ins Englische übersetzte Gedichtsammlung *Gitanjali* als erster nichtwestlicher Schriftsteller den Nobelpreis für Literatur. Nunmehr weltberühmt, nahm Rabindranath
Tagore viele Vortragseinladungen aus dem Ausland an. Nach Deutschland kam
er dreimal: 1921, 1926 und 1930. In Santiniketan, dem Zentrum seines Wirkens in
seiner zweiten Lebenhälfte, gründete Tagore 1921 die internationale Universität
Visva-Bharati. 1928 malte er das erste seiner insgesamt 2 500 Bilder. Tagore starb
am 7. August 1941 in seinem Familienhaus in Kolkata (zur Biographie Tagores vgl.
Kämpchen 2011).

Dichter, Musiker, Maler, Schauspieler, Tänzer, Lehrer, Landverwalter, Vor-
tragskünstler, Schul- und Universitätsgründer. Mit diesem Rollenset wusste Tagore virtuos umzugehen. Sein viele Rollen integrierender Lebensstil verfehlte
seine Wirkung nicht, in Indien (insbesondere Bengalen) nicht, und auch im Westen nicht. Hier passte Tagore mit seinem weißen Haar und dem langen Bart zudem
perfekt in das (aus der romantischen Indienverehrung herkommende) Klischee
des indischen Heiligen hinein. In der Rolle des mit dem Nobelpreis ausgezeich-
neten Weisen aus dem Morgenland hatte er insbesondere in Deutschland großen
Erfolg. „Tagore war in Deutschland – waren es Tage oder Wochen oder Stunden,
man weiß es nicht – Zeit stand still und die Dinge wurden licht" (A. M. Schwindy
in Dasgupta 2008: 95 f.). Tagore nutzte die ihm zugetragene (und von ihm nicht
ganz ungern gespielte) Rolle des prophetischen Heilsbringers, um sich weltweit
wirksam für die Völkerverständigung einzusetzen. Dabei ging es oft um das Verhältnis zwischen Ost und West. Tagores Texte zu diesem Thema nehme ich hier als
Ausgangspunkt für meine kulturvergleichenden Überlegungen zum Thema Einheit und Differenz.

4.10   Der Osten und der Westen

Im Westen wurde sehr genau wahrgenommen, was Tagore in Englisch schrieb.
Mit der gebotenen Diplomatie versuchte Tagore in seinen englischen Schriften die
Zivilisationen des Ostens und des Westens gleichrangig nebeneinander zu stel-

len. Er pries den Humanismus des Westens und die Leistungsfähigkeit westlicher Technik und Wissenschaft und wertschätzte auf der anderen Seite den Osten als „mother of spiritual humanity" (Tagore 2002: 963). In einigen seiner bengalischen Essays, in denen er den Materialismus als ziellos, den Nationalismus als kollektiven Egoismus und den Kolonialismus als kriegerisch beschrieb, ist Tagore weniger auf Ausgleich bedacht (vgl. Tagore 2005: 344 ff.). So oder so, Tagore war davon überzeugt, „daß jedes Land und jede Gemeinschaft eine eigene Kultur und ganz bestimmte eigene Bedürfnisse habe" (Humayun Kabir in Tagore 1961: 9). Hier hätte Herder sicher vorbehaltlos zugestimmt, und gegen die nachstehende religiöse Begründung kultureller Vielfalt hätte er wohl auch nicht rebelliert: „Tatsächlich gibt es Verschiedenheiten der Zivilisationen; gerade diese Vielfalt ist die Absicht des Schöpfers" (Tagore 2005: 366). Doch genau an diesem Punkt scheinbarer Übereinkunft lässt sich zeigen, dass Herder und Tagore in der Art ihres Denkens weit auseinander liegen.

Herder sieht in der Vielheit der Kulturen ein Mosaik, in dem sich für Gott der Facettenreichtum der Humanität als Einheit manifestiert. Vermischten sich die Kulturen, so wäre das Gesamtbild zerstört. Deshalb glaubt Herder, dass jede Nation Gott dann am besten diene, wenn sie ihrer Eigenart für immer treu bleibt. Anders gesagt: Jede für sich und damit: alle für Gott.

Tagore nimmt die Vielheit der Kulturen von einem anderen Standpunkt wahr. Kulturelle Vielfalt bedeutet für ihn, voneinander lernen und sich ergänzen zu können. Den oben zitierten Satz über die Vielfalt der Kulturen führt Tagore mit einer entsprechenden Forderung fort: „Nur wenn wir mit einem durch Wissen erleuchteten Mitempfinden wechselseitig in diese Verschiedenheiten eindringen können, ist dieser Vielfalt ein Erfolg beschieden" (Tagore 2005: 366). Vielfalt ist so gesehen kein Selbstzweck, sondern ein Ausgangspunkt für die Auflösung von Grenzen. Dabei hat sich Tagore immer wieder für die Auffassung stark gemacht, dass der Osten den Westen und der Westen den Osten brauche. Er meinte, dass Indien an Armut und Trägheit litt und dass es im Westen an Glück und Frieden fehle. Wenn nun, so Tagore, Indien Spiritualität in den Westen exportierte und im Gegenzug dafür aus dem Westen Wissenschaft und Technik importierte, dann wäre beiden Seiten geholfen. Und Tagore ließ seinen Worten auch Taten folgen. Als er in der Nähe von Santiniketan mit der Hilfe des in den USA Agrarwirtschaft studierenden Engländers Leonhard K. Elmhirst das *Centre of Rural Reconstruction* aufbaute (1921–1923), versuchte Tagore ein integratives Konzept zu entwickeln, das den Bauern der Region ermöglichte, ihr traditionelles Verständnis von Landwirtschaft mit moderner westlicher Wissenschaft und Technik zu verbinden. Um westliches Wissen für die indische Landwirtschaft fruchtbar werden zu lassen, schickte Tagore zudem noch seinen Sohn Ratindranath zum Studium der Agrarwissenschaft nach Illinois (vgl. Elmhirst 2008).

Die Zusammenführung von Ost und West ist auch ein Leitmotiv der Nobel Price Acceptance Speech. „The West has need of the East, as the East has need of the West, and so the time has come when they should meet" (Tagore 2002: 965). Es war Tagores Vision, dass aus der Begegnung des Ostens mit dem Westen eine neue Zivilisation hervorgehen sollte. Er selbst sah sich dabei in der Rolle des Vermittlers: „I have been an instrument to bring together, to unite the hearts of the East and the West" (Tagore 2002: 965). Seinen Drang zu verbinden und zu vereinen wies er in seiner Rede als typisch indisch aus:

> „The spirit of India has always proclaimed the ideal of unity. This ideal of unity never rejects anything, any race, or any culture. It comprehends all, and it has been the highest aim of our spiritual exertion to be able to penetrate all things with one soul, to comprehend all things with sympathy and live. This is the spirit of India" (Tagore 2002: 965).

Hier zeigt sich, dass dem politischen Programm Tagores ein spirituelles Motiv zugrunde lag. Tagore ging in seinem Denken ganz selbstverständlich von der Einheit allen Seins aus. Im Verhältnis zu dieser immer schon vorausgesetzten Einheit hat der Mensch vor allem eins zu tun: Er soll das Sein im Schein (maya) bzw. das Eine im Vielen erkennen und im Übrigen stets danach streben, Grenzen und Differenzen aufzuheben (– nicht mit Hegelscher Dialektik, nicht mit Marxschem Klassenkampf und auch nicht mit Habermasscher Diskursethik, sondern in erster Linie mit Hilfe von Liebe und Mitempfinden; also eher mit dem Herz als mit Kopf oder Körper). Idealtypisch überspitzt besteht das Leitmotiv dieser Lebenshaltung darin, immer und überall eins mit allem zu sein. Ausgehend davon, dass Indien die Heimat der Idee der Einheit ist, weist Tagore seinem Land national wie international die Rolle zu, „das Eine in der Verschiedenheit, die Einheit der Verschiedenheit" (Tagore 1961: 48) zu finden.

> „Stets war […] das einzige Streben Indiens die Herstellung von Einheit inmitten von Verschiedenheit, das Zusammenführen vieler Wege zu einem Ziel und das zweifelsfreie, überaus innige Empfinden des Einen im Vielen – das Aneignen der verborgenen inneren Verbindung, ohne alle jene Unterschiede, die äußerlich sichtbar sind, zu zerstören. / Dieses Eine zu sehen und zu versuchen, die Einheit zu verbreiten, ist für Indien ganz natürlich" (Tagore 2005: 395).

„Dieses Prinzip der Einheit, das der Mensch in seiner Seele trägt" (Tagore 2005: 420), ist für Tagore der Nullpunkt der Orientierung. Auch auf die Gefahr hin, kulturalisierend zu argumentieren, möchte ich diesen Glauben an ein alles umfassendes Einssein hier als einen kulturspezifischen Habitus bezeichnen, der kennzeichnend für eine nach wie vor relevante Tradition des indischen Denkens ist. Ausgehend von den Upanishaden, in denen die Wesenseinheit von atman und brahman (Einzelseele und Weltseele) beschrieben wird, hat die Idee der Einheit in Indien weite Bereiche des gesellschaftlichen Lebens erfasst (– in der klassischen indischen Musik zum Beispiel manifestiert sie sich in der Form des Einsseins mit dem Raga (vgl. hierzu ausführlich Kurt 2009) und auch im Yoga, ursprünglich eine spirituelle Heilstechnik, richtet sich der Übende in seiner Asana-, Pranayama- und Meditations-Praxis auf Einheitserfahrungen aus). Tagore wuchs in einer Familie auf, die ihm ungefragt die Lehren der Upanishaden vermittelte. „Schon als Kind war Tagore also mit dem tiefen Gefühl der Einheit alles Lebens bekannt gemacht worden" (Kabir in Tagore 1961: 18). Auf die Verwurzelung seines Denkens in den Upanishaden hat Tagore oft genug hingewiesen: „Die Upanishaden sagen mit großem Nachdruck: ‚Erkenne das Eine, die Seele. Sie ist die Brücke, die zum unsterblichen Sein führt'" (Tagore 2005: 426). Die Idee von der Einheit der Einzelseele mit der Weltseele hatte Tagore also schon längst verinnerlicht, als er mit 21 Jahren auf dem Dach des Familienhauses in Kolkata stand und in einem mystischen Moment erkannte, das alles eins war (– in anderer Art und Weise als bei Herder). Mit Marx und Mannheim gesagt: Das gesellschaftliche Sein hatte Tagores Bewusstsein bereits so geprägt, dass er die Welt nicht anders als im Sinne seiner Seinsgebundenheit (bzw. relativ-natürlichen Weltanschauung) wahrnehmen konnte. Als Dichter vermochte er dieser typisch indischen Erfahrung ästhetischen Glanz und (seine) Individualität zu verleihen.

> „Die Sonne stieg gerade durch die belaubten Kronen der Bäume auf. Während ich weiter beobachtete, schien mir plötzlich in einem Augenblick, als falle eine Hülle von meinen Augen. Ich sah die Welt in einem wunderbaren Glanz gebadet und Wogen der Freude und Schönheit auf allen Seiten emporsteigen. Mein Herz bedeckten schwere Schichten von Traurigkeit, die das universale Licht in einem Augenblick durchdrang und mein ganzes Inneres aufleuchten ließ […] / Während ich auf der Veranda stand, erschienen mir der Gang, die Gestalten, die Anmut der Gesichtszüge eines jeden Arbeiters, wer auch vorüberging, als außergewöhnlich wunderbar – als bewegen sich alle wie das Spiel der Wellen auf dem Meer des Universums. Von Kind an hatte ich nur mit meinen Augen gesehen, nun begann ich gleichsam mit meinem ganzen Bewusstsein zu schauen […] Niemals zuvor hatte ich das Spiel der Glieder und Gesichtszüge beachtet, das stets sogar die kleinsten Handlungen der Menschen begleitet; nun war ich ständig von der Musik der Bewegungen des menschlichen Körpers in Bann geschlagen. Alle diese Bewegungen sah ich nicht isoliert, sondern als ein Ganzes. Tausende von Menschen gab es in diesem Augenblick überall in der Welt, sie wohnten in verschiedenen Häusern, verrichteten unterschiedliche Tätigkeiten, besaßen unterschiedliche Bedürfnisse. Ich sah die Körperbewegungen aller Menschen in der ganzen Welt

als Eines und entdeckte in ihnen die Zeichen eines großartig schönen Tanzes" (Tagore in Kämpchen 2011: 28).

Tagores mystische Erfahrung „drückt sich auf charakteristisch indische Weise aus: Das Einzelne und Persönliche ist auf eimal ins Universale transzendiert, das Konkrete löst sich in Rhythmen von Licht, Farben und Formen auf, die Welt-Erfahrung wird ein zusammenhängendes, harmonisierendes und sinnerfülltes Gewebe vor dem Hintergrund eines kosmischen Bewusstseins" (Kämpchen 2011: 28).

Mit dieser Erleuchtungserfahrung hatte Tagore seinem Selbst- und Weltverständnis einen archimedischen Punkt gegeben. In diesem Sinne stuft auch Kathleen O'Connell den mystischen Moment Tagores als Schlüsselerlebnis ein. In einem Interview, das ich mit ihr im März 2011 in Santiniketan führte, äußerte sich die Tagore-Expertin wie folgt:

> „He talked about that vision all through out his life and in fact even on his 80th birthday he was saying he wished that he could have that experience once again. I think that is at the heart of everything Tagore did because he saw everything is interconnected. He saw the diversity but he also saw everything is connected."

Wer, wie Tagore, im Schein der Diversität ein alles umfassendes Verbundensein erfährt und erkennt, der kann im Individuellen letztlich nur etwas Defizitäres erblicken. In seinem *Thought Nr. 16* führt Tagore mit einer Poesie-Metapher poetisch vor, dass es die Bestimmung des Menschen sei, von der Separation weg und zur Union hin zu streben.

> „We are like a stray line of a poem, which ever feels that it rhymes with another line and must find it, or miss its own fulfillment. This quest of the unattained is the great impulse in man which brings forth all his best creations. Man seems deeply to be aware of a separation at the root of his being, he cries to be led across it to a union; and somehow he knows that it is love which can lead him to a love which is final" (Tagore 2002: 33).

Als Künstler schätzte Tagore Diversität und Individualität sehr. Als religiöser Mensch, vom Standpunkt seiner ‚Religion of Man‘, konnte er im Individuellen aber nicht mehr als ein Mittel zur Erfahrung des Universalen sehen. „Individuality is precious, because only through it we can realize the universal" (Tagore 2002: 348). Tagores Individualismus geht hier vor dem Universalen, dem alles umfassenden und alles durchdringenden Göttlich-Einen, demütig in die Knie. Selbst bei einem ausgeprägten Individualisten wie Tagore behält der typisch indische Gedanke der göttlichen Einheit von Selbst und Welt die Oberhand. In multikulturellen Verhältnissen im Indien der Kolonialzeit aufgewachsen, sich als Künstler stark am westlichen Individualismus orientierend, scheint doch letztlich das Prinzip der Einheit der Grundton seines Denkens gewesen zu sein.

Aus der Sicht Tagores ist Individualität letztlich illusionär: Wer sich als Individuum selbst genügt, sitzt einer Täuschung auf – Individualität ist dem Menschen nicht wesentlich. Im Gegenteil: Sie hängt an ihm wie eine Last, von der er sich besser befreite, um sich – und alle anderen Menschen – als Teil eines göttlichen Ganzen erfahren zu können. Individualität ist der Schleier, den es zu durchschauen gilt, um „alle Wesen in seinem eigenen Selbst und sein eigenes Wesen in allen Wesen" zu sehen (Tagore 1961: 197).

Wenn dem Selbst- und Fremdverstehen dieses Menschenbild zugrunde liegt, dann ist der Fluchtpunkt des Deutens nicht Differenz, sondern Nichtzweiheit. Verstehen bedeutet hier, als Individuum durch die Individualität eines anderen Menschen hindurch das Verbindende, Einende und/oder Gleiche zu erkennen. Tagore hat diese Denkweise nicht nur auf das interpersonale, sondern auch auf das interkulturelle Verstehen angewandt. In der immer schon vorausgesetzten Einheit von allem mit allem sieht Tagore alle Nationen als Teile eines göttlichen Ganzen an. Die Aufgabe des Menschen besteht demzufolge darin, die Einheit der Menschheit in der Vielheit der Kulturen zu erkennen und durch die Verständigung und Vereinigung der Völker kulturellem Anderssein nicht exkludierend, sondern inkludierend zu begegnen. Diese Form des einschließenden Denkens, Inklusivismus, ist nicht nur charakteristisch für Tagore. Für den Indologen Peter Hacker ist der Inklusivismus „eine – typisch indische – Methode der geistigen Auseinandersetzung" mit fremden Religionen und Weltanschauungen (Hacker in Halbfass 1981: 430).

„Inklusivismus bedeutet, daß man erklärt, eine zentrale Vorstellung einer fremden religiösen oder weltanschaulichen Gruppe sei identisch mit dieser oder jener zentralen Vorstellung der Gruppe, zu der man selber gehört" (Hacker 1983: 12).

Ursprünglich ein Kennzeichen hinduistischen Denkens (vgl. Halbfass 1981: 430 ff.) wirkt der Inklusivismus auch im modernen Indien fort. Der ,Stachel der Fremdheit' (Waldenfels) ist dem inklusivistischen Denken fremd, weil alles kulturell Andere immer schon als Bestandteil der eigenen Weltanschauung betrachtet wird. Im Inklusivismus gibt es nur ein Innen, kein Außen. Dem Du (bzw. Ihr/Sie) wohnt in diesem Sinne nichts Eigenartiges inne; es ist auch nicht unaussprechlich, und vor allem: Das Du ist in keinster Weise rätselhaft. Wie ich aus eigener Erfahrung weiß, kann die Begegnung mit inklusivistisch denkenden Indern sehr irritierend sein.

4.11 Aus meinem indischen Tagebuch

Das aus westlicher Sicht äußerst befremdliche Gefühl, für einen Fremden kein
Fremder zu sein, stellte sich bei mir während eines Forschungsaufenthalts in einer
Musikschule in Patiala (Punjab) ein. Nach einem Gespräch mit einer indischen
Sängerin schrieb ich am 14. 01. 2005 in mein ethnografisches Tagebuch:

> „Haltung ((der Sängerin, R. K.)) zum Fremden: Sich selbst im Vergleich mit anderen zu
> erblicken scheint nicht so interessant zu sein. Gibt es für sie überhaupt ‚Anderssein'? →
> die Nacht der Identität → ein Horrorgedanke: Ich bin für Inder kein Anderer".

Das Erlebnis, für einen anderen kein Anderer zu sein, und die panikartige Reak-
tion darauf im Tagebucheintrag bilden einen Sinnzusammenhang, in dem sich
die kulturell konträren Welt- und Menschenbilder von Herder und Tagore spie-
geln lassen – ohne hier noch einmal auf die beiden Argumentationen im Einzelnen einzugehen. Die zitierte Notiz zeigt, dass ich in meiner kulturvergleichenden Forschung ganz selbstverständlich mit dem Schema der Differenz operierte,
in der Begegnung mit der indischen Sängerin aber mit einem Denken konfrontiert wurde, das mir durch seine Andersartigkeit meine Andersartigkeit zu nehmen drohte. Mein Differenz-Denken lief Gefahr, vom Prinzip Einheit eingesogen
zu werden. Im Nachhinein würde ich sagen: Ich hatte Angst um mich als Individuum. Meine Individualität und meine kulturelle Identität wurden kommunikativ nicht anerkannt. So nahm ich die Situation jedenfalls wahr und ich befürchtete
wohl, in der „Nacht der Einheit" verloren zu gehen, in Differenzlosigkeit zu ver-
puffen. Der „Horrorgedanke: Ich bin für Inder kein Anderer" hat seinen Grund in
der abendländischen Sorge um den Verlust von Ich und Welt infolge des Verlusts
der Ich-Du- bzw. Wir-Ihr-Differenz.

Auf Herder, Taylor und Tagore bezogen: Wo Herder respektvoll vor der Individualität eines Menschen oder einer Kultur innehielte, wo Taylor die wechselseitige
Anerkennung kultureller Differenz anstrebte, da würde Tagore hinter dem Schein
individueller und kultureller Vielfalt das Sein des Einen sehen. Mit meinem inneren Kampf um die Anerkennung von Differenz und der Differenzierung zwischen
kulturspezifischen Einstellungen zum kulturell Anderen findet dieser Text sein typisch westliches Ende. Über den Schatten meiner Kultur springen kann ich nicht.
Ein im Sinne meiner Argumentation typisch indisch denkender Autor hätte am
Ende wahrscheinlich auf das Prinzip Einheit gesetzt.

Literatur

Arnold, Günter. 1988. *Johann Gottfried Herder.* Leipzig: Bibliographisches Institut.

Berlin, Isaiah. 1992. *Vico and Herder. Two Studies in the History of Ideas.* London: Hogarth Press.

Buck, August. 1996. Der italienische Humanismus. In *Handbuch der deutschen Bildungsgeschichte,* Christa Berg (Hrsg.), Bd. 1, Von der Renaissance und der Reformation bis zum Ende der Glaubenskämpfe, 1–56. München: C. H. Beck.

Dasgupta, Alokeranjan. 2008. *Goethe und Tagore. Eine vergleichende Studie.* Heidelberg: Draupadi.

Dumont, Louis. 1991. *Individualismus. Zur Ideologie der Moderne.* Frankfurt & New York: Campus.

Elmhirst, Leonard K. 2008. *Poet and Plowman.* Kolkata: Visva-Bharati.

Halbfass, Wilhelm. 1981. *Indien und Europa. Perspektiven ihrer geistigen Begegnung.* Basel & Stuttgart: Schwabe & CO AG.

Hannemann, Ernst. 1996. Kulturelle Osmose und nationale Identität in Herders politischem Denken. In *Nationen und Kulturen. Zum 250. Geburtstag von JGH,* Regine Otto (Hrsg.), 177–190. Würzburg: Königshausen & Neumann.

Herder, Johann Gottfried. 1884. *Sämtliche Werke VII,* Bernhard Suphan (Hrsg.). Berlin: Weidmannsche Buchhandlung.

Herder, Johann Gottfried. 1961. Briefe zur Beförderung der Humanität. In *Humanität und Erziehung,* Johann Gottfried Herder, 136–141. Paderborn: Schöningh.

Herder, Johann Gottfried. 1967. *Sämtliche Werke VIII,* Bernhard Suphan (Hrsg.). Hildesheim: Georg Olms Verlagsbuchhandlung.

Herder, Johann Gottfried. 1978a. *Ideen zur Philosophie der Geschichte der Menschheit. Herders Werke in fünf Bänden,* Bd. 4. Berlin & Weimar: Aufbau-Verlag.

Herder, Johann Gottfried. 1978b. *Auch eine Philosophie der Geschichte zur Bildung der Menschheit. Herders Werke in fünf Bänden,* Bd. 3. Berlin & Weimar: Aufbau-Verlag.

Herder, Johann Gottfried. 1985. *Abhandlung über den Ursprung der Sprache.* Stuttgart: Reclam.

Kade-Luthra, Veena (Hrsg.). 1991. *Sehnsucht nach Indien. Ein Lesebuch von Goethe bis Grass.* München: C. H. Beck.

Kämpchen, Martin. 2011. *Rabindranath Tagore.* Reinbek bei Hamburg: Rowohlt.

Kant, Immanuel. 1974. *Kritik der Urteilskraft,* Werkausgabe Bd. 10. Frankfurt a. M.: Suhrkamp.

Kant, Immanuel. 2010. *Zum ewigen Frieden.* Stuttgart: Reclam.

Kierkegaard, Sören. 1971. *Die Krankheit zum Tode,* Werkausgabe Bd. 1. Düsseldorf & Köln: Diederichs.

Kurt, Ronald. 2009. *Indien und Europa. Ein kultur- und musiksoziologischer Verstehensversuch.* Bielefeld: transcript.

Maurer, Michael. 2012. Herder als Theoretiker der interkulturellen Beziehungen. In *Übersetzen bei Johann Gottfried Herder,* Clémence Couturier-Heinrich (Hrsg.), 29–44. Heidelberg: Synchron Wissenschaftsverlag der Autoren.

Nisbet, Hugh Barr. 1996. Die Naturgeschichte der Nationen. Naturgeschichtliche und naturwissenschaftliche Modelle in Herders Ideen zur Philosophie der Geschichte der Menschheit. In *Nationen und Kulturen. Zum 250. Geburtstag von JGH,* Regine Otto (Hrsg.), 153–164. Würzburg: Königshausen & Neumann.

Oberhammer, Gerhardt (Hrsg.). 1983. *Inklusivismus. Eine indische Denkart.* Wien: Akademie der Wissenschaften.

Otto, Regine (Hrsg.). 1996. *Nationen und Kulturen. Zum 250. Geburtstag von JGH.* Würzburg: Königshausen & Neumann.

Radtke, Frank-Olaf. 2011. *Kulturen sprechen nicht. Die Politik grenzüberschreitender Dialoge.* Hamburg: Hamburger Edition HIS.

Rosa, Hartmut. 1998. *Identität und kulturelle Praxis. Politische Philosophie nach Charles Taylor.* Frankfurt & New York: Campus.

Tagore, Rabindranath. 1961. *Einheit der Menschheit.* Freiburg i. Br.: Hyperion.

Tagore, Rabindranath. 2002. *The English Writings of Rabindranath Tagore.* Sisir Kumar Das (Hrsg.), Bd. 3. New Delhi: Sahitya Academy.

Tagore, Rabindranath. 2005. *Das goldene Boot. Lyrik, Prosa, Dramen,* Martin Kämpchen (Hrsg.). Düsseldorf & Zürich: Patmos, Artemis & Winkler.

Taylor, Charles. 1994. *Quellen des Selbst. Die Entstehung der neuzeitlichen Identität.* Frankfurt a. M.: Suhrkamp.

Taylor, Charles. 2009. *Multikulturalismus und die Politik der Anerkennung.* Frankfurt a. M.: Suhrkamp.

Weber, Max. 1968. *Gesammelte Aufsätze zur Wissenschaftslehre.* Tübingen: Mohr.

Welsch, Wolfgang. 1994. Transkulturalität – die veränderte Verfassung heutiger Kulturen. In *Sichtweisen. Die Vielheit in der Einheit,* Stiftung Weimarer Klassik (Hrsg.), 88–122. Frankfurt a. M.: Edition Weimarer Klassik.

Auf dem Weg in eine achtsame Gesellschaft 5

Zum Phänomen der Kulturverschränkung am Beispiel der Verbreitung des Buddhismus im Westen[1]

Thea D. Boldt

5.1 So habe ich gehört ... oder zur Einführung

Kurz nach dem Tod des historischen Buddha Shakyamuni habe sich die Gemeinschaft seiner Mönche versammelt.[2] Mahākaśyapa, einer der ältesten Schüler, habe das Konzil einberufen, um „den *Dhamma* [die Lehre, TDB] und den *Vinaya* [die

---

1 Der Terminus Kulturverschränkung wird von der Autorin in Folge der Auseinandersetzung mit den Begrifflichkeiten wie etwa Kultur, Interkultur, Multikulturalität, Transkulturalität u. ä. verwendet. S. etwa den Aufsatz von Hans-Georg Soeffner und von der Autorin in diesem Band. Mit Buddhismus im Westen oder auch mit dem Westlichen Buddhismus (eine Differenz, die weiter im Kapitel 5.2 noch diskutiert wird) wird der sich innerhalb der Buddhismusstudien durchgesetzten Terminologie folgend die Verbreitung des Buddhismus in folgenden nicht-asiatischen Staaten bezeichnet: Kanada, Vereinigten Staaten von Amerika, Brasilien, verschiedene Staaten West- und Osteuropas, Israel, Südafrika, Australien, und Neuseeland (Baumann und Prebish 2002: 5). Die Autoren, die den Begriff prägen, betonen, sie möchten den Westen nicht als eine Einheit mit ähnlichen sozio-ökonomischen und politischen Rahmenbedingungen verstanden wissen. In den jeweils auf verschiedene Länder bezogenen Studien werden sowohl die Unterschiede als auch die Gemeinsamkeiten in der Entwicklung von verschiedenen buddhistischen Traditionen in den oben genannten Staaten mitberücksichtigt (s. ebenda).

2 Das exakte Geburts- sowie Sterbedatum von Siddhartha Gautama, der als Buddha Shakyamuni bekannt wurde, ist unklar. So wurde zunächst ein Todesjahr errechnet (im Buddhismus in Sanskrit *Parinirvāṇa* genannt), welches dem Jahr 544 oder 543 v. Chr. entsprechen könnte. Zu einem späteren Zeitpunkt wurde als Geburtsmonat der Mai 563 v. Chr. und nach dem *Parinirvāṇa* der Monat Mai bzw. der Monat April 483 v. Chr. gewählt; Grundlage der Berechnung ist der in Chroniken tradierte Abstand von 218 Jahren zwischen dem *Parinirvāṇa* des Buddha und der Herrscherweihe des buddhistischen Königs Ashoka. In neueren Diskussen werden diese überlieferten Datierungen zugunsten von Datierungsvorschlägen aufgegeben, die insgesamt Jahrzehnte später liegen. Somit schwankt die Zeitspanne des *Parinirvāṇas* zwischen ca. 420 und ca. 368 v. Chr. Daraus folgt, dass der genaue Zeitpunkt des ersten buddhistischen Konzils, welches direkt nach dem *Parinirvāṇa* des Buddha Shakyamuni in Rajagriha in Indien stattgefunden haben soll, nicht eindeutig belegbar ist. S. etwa Bechert (1982:

Verhaltensregeln, TDB] gemeinsam aufzusagen, damit nicht falsche Lehren und Regeln aufkommen und Irrlehrer auftreten während die Sachkenner zu schwach werden" (Cv II,I, 1). Im Laufe der folgenden sieben Monate habe Mahākaśyapa den Mönch Upāli auf die Ordensregeln *(Vinaya)* und den Mönch Ananda, bekannt für sein hervorragendes Gedächtnis, auf die Lehrreden *(Suttas)* des Buddhas abgefragt. Schwieg die Gemeinschaft der Versammelten, habe die von Upāli oder Ananda referierte Äußerung des Buddhas als korrekt wiedergegeben gegolten und sei damit kanonisch anerkannt. Jeder der anwesenden Mönche sei aufgefordert worden, Einwürfe oder Ergänzungen zu machen oder von ihm selber erinnerte Äußerungen des Buddhas zu Protokoll zu geben (Cv II,I,7 ff.). Niedergeschrieben wurde der so festgelegte Kanon erst im I. Jh. v. Chr., d. h. etwa 300 Jahre später, auf Palmblättern in Sri-Lanka. Bis dato wurde er memoriert und von den Mönchen mündlich weitergegeben (s. Schumann 1978: 53 ff.; Gombrich 1984). So fängt jeder *Sutta*-Text (die Lehrreden des Buddhas) des Pāli-Kanons mit den Worten „So habe ich gehört" oder in Pāli *„evam me suttam"* an.

Der Überlieferung des Theravāda – eines der drei großen Strömungen des Buddhismus *(Yānas)*[3] – folgend wurde der in dieser Form in der Pāli Sprache bestehende Kanon durch die weiteren Konzile in den darauffolgenden Jahrhunderten verändert und durch Kommentare ergänzt, was u. a. zur Spaltung der buddhistischen Tradition geführt habe (s. Schumann 1984: 53 ff. und 107 ff.; Gombrich & Obeyesekere 1988; Williams 1989: 7 ff.). „Obgleich es einen Konsensus über die Unterschiede zwischen den Theorien und Praktiken der daraus entstandenen Strömungen und ihren zahlreichen Schulen gibt, [herrschen nach wie vor, TDB] gravierende Unterschiede zwischen den Auffassungen vor, wie es zur Teilung gekommen ist und wie diese stattgefunden hat" (Debiprasad 1970 (1990): 339).

Einige Quellen der Theravādins geben in diesem Zusammenhang an, dass eine Spaltung der Tradition während des zweiten Konzils stattgefunden habe.[4] Es han-

---

29 ff.); Bechert (1986), Bechert (1991–1997); Gombrich (1994: 86 ff.); Hutter (2001: 15 ff.); Lamotte (1984: 33 ff.).

3   In diesem Aufsatz wird die Aufteilung in die drei *Yānas* (Sanskrit „Fahrzeuge") des Buddhismus verfolgt, welche die drei Hauptrichtungen, Strömungen oder Systeme des Buddhismus darstellen – Theravāda (auch als Hinayāna bezeichnet), Mahāyāna und Tantrayāna – und welche sich in den Jahrhunderten nach der Zeit des historischen Buddha Shakyamuni aus dessen Lehre entwickelt haben. Die *Yānas* sind jedoch nicht als einheitliche Schulen zu verstehen, sondern bilden die doktrinäre Grundlage für die verschiedenen Traditionen des Buddhismus. Die Aufteilung in die *Yānas* stellt nur eine Möglichkeit dar, die zahlreichen Strömungen des Buddhismus systematisch darzustellen.

4   Einigen Quellen zufolge wurde das zweite Konzil in Vaishali ca. 383 v. Chr., d. h. ca. einhundert Jahre nach dem *Parinirvāṇa* des Buddhas abgehalten (Schumann 1984). Jedoch lediglich über das Abhalten von zwei ersten Konzilen besteht mittlerweile Einigkeit zwischen den Anhängern der verschiedenen Schulen. Sowohl die Hauptthemen als auch die Daten der beiden

dele sich dabei um ein Schisma, welches sich aus einem Disput über den Verhaltenskodex *(Vinaya)* der Mönche ergeben habe. So hätten einige Mönche gegen die Regeln verstoßen und hätten infolgedessen aus der Gemeinde ausgeschlossen werden sollen. Da sich aber um diese Mönche eine Gruppe Unterstützer gebildet habe, die in der Mehrheit gewesen sei, sei der *Vinaya* – dem neuen Zeitgeist entsprechend – geändert worden, was zur Entstehung von zahlreichen ‚Sekten' geführt habe. Diese könnten grob den zwei großen Strömungen des Buddhismus zugeordnet werden – Sthaviravāda (Pāḷi: „Anhänger der Lehre der Alten"), von welcher sich das Theravāda ableite und Mahāsāṃghika (Sanskrit: die „Große Gemeinde"), aus welcher später, im 1. Jh. v. Chr. in Indien das Mahāyāna entstanden sei.[5]

In den Mahāyāna Überlieferungen werden die Gründe für die Entstehung der beiden *Yānas* jedoch anders wiedergegeben. So wird etwa in den „Fünf Punkten von Mahadeva" festgehalten, dass die Mahāsāṃghikas nicht eine Veränderung der Verhaltensregel angestrebt hätten, sondern teilweise ein anderes Verständnis der Lehre des Buddhas gehabt hätten. Vor allem hätten sie das Ideal des buddhistischen Pfades nicht im Status des *Arhat,* einem ‚erleuchteten Heiligen', gesehen, sondern in dem des *Bodhisattvas,* welcher seine meditative Einsicht nutzt, um in die Welt zu gehen und unendlich vielen Wesen zu helfen, sich aus dem Leiden zu befreien und perfekte Buddhaschaft zu erlangen.[6] So berichtet etwa Paramartha (6. Jh. v. Chr.), dass es Mahadevas Intention gewesen sei, sowohl die Unzulänglichkeit der *Arhats* herauszustellen als auch zusätzliche *Sutras*[7] zum Kanon hinzu-

---

Konzile werden unterschiedlich wiedergegeben (s. etwa Williams 1989 (2009): 18 ff.; Gombrich 1984: 74 ff.).

5   So etwa Schumann (1978: 125). Verschiedene Quellen listen zwischen 4 Haupt- und 18 bis 30 Unterschulen des frühen Buddhismus auf. S. etwa Debiprasad (1970 (1990): 339); Schumann (1984: 108; 2011: 117); Gombrich & Obeyesekere (1988); Oldenberg (1881); Geiger (1901); Sujato (2006: 4); Cox (1995: 23); Hoiberg und Ramchandani (2000: 264); Williams (1989: 6); Nattier (2003: 193 f.); Williams (2008: 4 f.); Xing (2004: 115); Williams und Tribe (2000: 97); Onians (2001: 72); Walser (2005: 41 f.); Irons (2008: 419); Cook (1992: 299); Enziclopedia Britannica (http://www.britannica.com/EBchecked/topic/181227/eighteen-schools).

6   Daraufhin entstand ein Bild des Bodhisattvas sowohl als Mönch- als auch als Laienpraktizierender (Cv12). So wird die Entstehung des Mahāyāna von einigen Buddhologen auch als Laienbewegung im Gegensatz zur monastischen Tradition des Theravāda diskutiert (Lamotte 1984: 93–100). Gleichzeitig belegen etwa Schopen (1985: 25 f.) oder Williams (1989: 22 f.) einen grundlegenden Einsatz der Mönche und Nonnen bei der Verbreitung und Etablierung des Mahāyāna, sie sprechen von etwa 30%-iger Beteiligung der Laien und argumentieren somit gegen das Verständnis des Mahāyāna als Laienbewegung.

7   Da die Theravadins die kanonischen Schriften in der Pāḷi-Sprache verwenden, wohingegen sowohl das Mahāyāna als auch das Tantrayāna ursprünglich in Sanskrit dargelegt wurden, werden die buddhistischen Begrifflichkeiten schon sehr früh in verschiedenen Originalsprachen (und ihren zahlreichen Übersetzungen) angewendet. So werden die Reden des Buddha von Theravadins *Suttas* und im Mahāyāna *Sutras* genannt, die Lehre des Buddha entsprechend als *Dhamma* oder *Dharma* bezeichnet usw.

zufügen. Die *Sutras,* auf die sich die Mahāsāṃghikas dabei berufen hätten, bildeten somit die Grundlagen des Mahāyāna Kanons.[8]

Die Bezeichnung des Theravāda als Hīnayāna (Sanskrit: „Kleines Fahrzeug") und des Mahāsāṃghikas als Mahāyāna ("Großes Fahrzeug") wird von den Vertretern des Mahāyāna verwendet – u. a. dafür, den Unterschied in den beiden Systemen zugrunde liegenden Motivationen herauszustellen. Wo im Hīnayāna die *Arhatschaft,* die individuelle Befreiung vom Kreislauf des Leidens *(Samsara),* das Ideal sei, sei im Mahāyāna vielmehr die vollkommene Buddhaschaft zum Wohl aller Wesen, der Weg des *Bodhisattvas,* anzustreben. Hier sei sowohl das Ziel, die vollkommene Buddhaschaft, gegenüber der *Arhatschaft* ‚größer' als auch die Zahl der zu befreienden Wesen, nämlich die Befreiung aller Wesen und nicht nur die eines Individuums. Obgleich das Hīnayāna als Fundament des buddhistischen Pfades gesehen wird, sei es lediglich ein Bruchteil der Lehre des Buddhas.[9]

Die historische Verortung der Entstehung des dritten *Yānas,* des Tantrayānas (im Sanskrit „das Fahrzeug des Kontinuums", auch als geheimes Mantrayāna, d. h. „Mantra-Fahrzeug", oder Vajrayāna, d. h. „das unzerstörbare Fahrzeug", bezeichnet), gestaltet sich noch problematischer. Von einigen wird der Beginn des Tantrayānas etwa im 2. Jh. v. Chr. in Bengalen und Assam (Schumann 1978: 191), von anderen wiederum im 4. Jh. n. Chr. (Conze 1984: 86) datiert. Einigkeit besteht lediglich über die Datierung der Entdeckung von ersten tantrischen Schriften, „die vom 6. Jh. an in Nordindien in Erscheinung traten, um im 8. Jh. als Lehrgegenstand in die buddhistischen Universitäten einzuziehen" (Schumann 1978: 191)[10]. Trotz der Entstehung von verschiedenen *Yānas* in unterschiedlichen Zeitaltern leitet das Tantrayāna, wie alle buddhistischen Strömungen, seine Lehren direkt von dem historischen Buddha Shakyamuni ab. Dies wird u. a. damit begründet, dass einige Lehren des Buddhas geheim von nur einem Lehrer zu einem Schüler in Form einer sog. ‚Geflüsterten Übertragungslinie' weitergegeben und erst nach und nach verschriftlicht sowie übersetzt worden seien. Die späteren Texte seien als eine direkte Überlieferung des Buddha in ‚transzendenter' Form (sog. *Saṃbhoga-kāya*-Form) an *Siddhas,* verwirklichte tantrische *Yogis* übertragen und von diesen niedergeschrieben worden. Vajrayāna-Lehrer betonen hierzu im-

---

8   S. Williams (1989: 17 ff.). Zur Geschichte von Mahāyāna s. auch Dudjom Rinpoche und Jikdrel Yeshe Dorje (1991), Lodrö Thaye (2012), und Debiprasad (1970 (1990)).

9   So liegt es in der Natur der Sache, dass bis heute der Terminus Hīnayāna von den Theravādins kritisch betrachtet und als Selbstbezeichnung abgelehnt wird (s. etwa Gombrich & Obeyesekere 1988: 113).

10   Zur Geschichte des Tantrayāna s. insbesondere Guenther und Trungpa (1975, 1976) und Guenther (1974). S. auch Debiprasad (1970 (1990): 343 ff.); Snellgrove (1987); Williams et al. (2012: 143 ff.). Zur Entstehung der frühen wissenschaftlichen Perzeption des tantrischen Buddhismus s. auch Wedemeyer (2001).

mer wieder, dass das Wesen des tantrischen Fahrzeuges sich dem intellektuellen Studium der Texte entziehe und nur durch eigene Erfahrung zu verstehen sei. So wie im Theravāda und im Mahāyāna die Schriften und die zugrunde liegende Philosophie einen intellektuellen Einstieg in den buddhistischen Pfad ermöglichen und teilweise auch erfordern, so sei als Grundlage des Vajrayāna die persönliche Erfahrung in Verbindung zu einem Vajrayāna-Meister *(Guru)* und seiner Übertragungslinie unabdingbar. Hinzu kommt noch, dass die Tantra Texte verschlüsselt und in einer Sprache verfasst sind, die sie ohne Anleitung durch einen Meister im besten Fall verwirrend, im schlimmsten als Bild einer mit „Macht und Sex aufgeblähten esoterischen Lehre, die nicht im Geringsten in seiner umfassenderen Bedeutung als erweiterte wissenschaftliche Abhandlung" (Guenther 1974: 12) Bestand hat, erscheinen lässt. Daher ist es schwierig, die Tantras als einen eigenen Kanon, ähnlich dem Pāḷi-Kanon, zu verorten. Dabei haben die ‚westlichen' Rezipienten und Wissenschaftler die hinduistischen Tantra Texte und die buddhistischen über einen längeren Zeitraum undifferenziert miteinander vermischt, wodurch generell ein verzerrtes Bild des tantrischen Buddhismus entstanden ist. Auch hat sich durch die „Europäische Konstruktion des ursprünglichen Buddhismus" (Lopez 1996: 99) die Vorstellung durchgesetzt, Tantrayāna sei eine durch Volksreligion korrumpierte, auf magischen Ritualen beruhende, schamanistische Version des Buddhismus. Welche weiteren Konsequenzen für die gegenwärtigen Typologien des Buddhismus im Westen, die sich zwischen dem ‚traditionellen' und ‚modernen' Buddhismus erstrecken, daraus resultieren, soll später noch in diesem Aufsatz diskutiert werden.

Nicht nur unter den Vertretern verschiedener buddhistischer Traditionen gibt es gravierende Unterschiede in der Überlieferung ihrer eigenen Geschichte bezüglich der Entstehung von anderen Strömungen. Mittlerweile wird auch in den Buddhismusstudien in Frage gestellt, wann es das erste Konzil gegeben und ob es überhaupt stattgefunden hat (Williams 1989: 6). Obwohl in der Gegenwart einige Versuche unternommen worden sind, eine für alle drei *Yānas* verbindliche Geschichte des Buddhismus zu schreiben – ein Unterfangen, das außerhalb ‚abendländischer' Religionswissenschaften bis dato nicht einmal in Erwägung gezogen wurde – scheint die Aufgabe aufgrund der Quellenlage die Kapazitäten der Historiker zu überfordern (s. etwa Bechert und Gombrich 1984; Conze 1953, 1984; Schumann 1978). So schreibt Conze:

> „Für den modernen Historiker ist der Buddhismus ein Phänomen, das ihn in jedem
> Punkt zur Verzweiflung bringen muss, und wir können uns beschwichtigend sagen,
> dass diese Religion nicht zum Nutzen von Historikern gestiftet wurde. Nicht nur, dass
> fundierte Fakten über die Geschichte des Buddhismus in Indien fast völlig fehlen, nicht
> nur, dass die Entstehungszeit, die Verfasser und die geographische Herkunft der meis-

ten Schriften fast völlig unbekannt sind: selbst die buddhistischen Lehren müssen dem Historiker höchst unbefriedigend und schwer fassbar erscheinen. Die Buddhisten neigen dazu, jede Aussage durch eine gegenteilige Aussage aufzuheben. Die Wahrheit erhält man nicht, indem man zwischen zwei kontradiktorischen Aussagen wählt, sondern indem man sie verbindet" (Conze 1984: 12).

Die Verbindung zwischen verschiedenen buddhistischen Schulen zeichnet sich vor allem dadurch aus, dass der Schwerpunkt ihrer Lehren nicht in den philosophischen Abhandlungen zur Betonung ihrer Differenzen liegt, sondern auf der Anwendung zahlreicher Methoden beruht, die zur Erkenntnis der Natur des Geistes und damit zur vollständigen Befreiung aus dem Leiden führen sollen. Somit wird von einigen in Frage gestellt, ob der Buddhismus überhaupt als Religion nachvollziehbar gemacht werden kann, weil er sich mit dem im Okzident entwickelten Begriff der Religion schwer fassen lässt (s. etwa Matthes 1993; Feil 2000).

Die Pluralität der Sichtweisen in der Lehre und die Diversität der Pfade sowohl in Hinblick auf die Interpretation der Lehre als auch auf die Funktion der Lehrer und die Ausführung der Meditationspraxis führen u.a. dazu, dass kaum ahistorisch über *den* Buddhismus geredet werden kann (vgl. Coleman 2002). Präziser wäre es sicherlich, im Plural über die zahlreichen buddhistischen Schulen zu sprechen als generell über *den* Buddhismus. In diesem Kontext lässt sich beobachten, dass die verschiedenen buddhistischen Schulen ihre gegenseitigen Differenzen anzuerkennen, aber auch wertzuschätzen scheinen und dass es keine einzige Schule gibt, die den Anspruch auf die einzig richtige Präsentation der gesamten Lehre des Buddhas erhebt. Es gibt auch keinen buddhistischen Papst, kein Glaubensbekenntnis und trotz des Abhaltens der Synode in den früheren Zeiten der Entwicklung dieser 2500 Jahre alten Lehre, keine Absicht der über die jeweiligen Schulen hinausgehenden Vereinheitlichung der Regeln für die klösterliche oder die Laien-Gemeinschaft (s. Williams 1989 (2009): 1). Einige Schulen, wie etwa das tibetische Mahāyāna, machen gerade die traditionsübergreifende sowie den verschiedenen *Yānas* inhärente Diversität ihrer Unterschulen zum Hauptmerkmal der buddhistischen Lehre und nutzen z.B. das Debattieren als ein pädagogisches Mittel in der Ausbildung ihrer Adepten.[11] So legt die Mahāyāna-Ausbildung beispielsweise keinen großen Wert auf die Texte des Pāli-Kanons, bestreitet jedoch nicht ihre Gültigkeit (s. Gombrich 1984: 79).

Bechert und Gombrich (1984: 10) heben hervor, dass diese Haltung auch das Verhältnis der buddhistischen Schulen zu anderen religiösen und philosophischen

---

11 Hierbei nimmt der Adept die Position einer der vielen buddhistischen Schulen ein und verteidigt diese in einer Debatte unabhängig von der eigenen Zugehörigkeit zu einem Lehrsystem.

Überzeugungen prägt. Da sich die buddhistische Lehre mit der endgültigen Befreiung aus dem Leiden beschäftigt, welche aus dem eigenen Potenzial des Menschen durch die Übung und die daraus resultierende Erkenntnis hervorgerufen werden kann, gerät der Buddhismus „nicht in Widerspruch zu anderen Religionen soweit diese andere Zielsetzung haben" (ebenda). So beschreibt auch T. W. Rhys Davids in der ersten wissenschaftlichen Publikation über Buddhismus in englischer Sprache, die 1877 von der Society for Promoting Christian Knowledge herausgegeben wurde, dass die frühen christlichen Missionare in Ceylon Anstoß daran nahmen, dass „die Buddhisten keine Einwände gegen die christliche Verehrung von Jesus erhoben, sondern nur bestritten, dass man ewig im Himmel leben und dass man durch Gott erlöst werden könne" (ebenda). Diese Haltung bildete die Grundlage für die Verbreitung von buddhistischen Lehren in Zentral-, Süd-, Südost- und Ostasien und ermöglichte ihre Einbettung in die jeweiligen kulturellen Kontexte, was u. a. zur Herausbildung neuer, spezifisch regionaler buddhistischer Schulen geführt hat; ein Prozess, der sich seit kurzem auch in den westlichen Industriegesellschaften vollzieht und der sowohl von Wissenschaftlern als auch von buddhistischen Praktizierenden als ‚Westlicher Buddhismus' bezeichnet wird.

5.2 Westlicher Buddhismus oder Buddhismus im Westen?

„Während die Essenz des Buddhismus sich nicht wandelt, werden sich oberflächliche Aspekte durchaus verändern. Wie allerdings diese Veränderungen am jeweiligen Ort genau ausfallen werden, können wir nicht sagen. Dies entwickelt sich mit der Zeit. Als z. B. der Buddhismus von Indien kommend in Tibet eingeführt wurde, besaß niemand die Autorität zu sagen: ‚Von heute an müssen wir auf diese oder jene Weise praktizieren.' Nur in einer allmählichen Entwicklung entstand im Laufe der Zeit eine einzigartige Tradition. Ähnliches geschieht jetzt auch in Europa und anderswo in der westlichen Welt, und langsam wird sich vielleicht ein Buddhismus entwickeln, der sich mit westlicher Kultur verbunden hat."

Tenzin Gyatso, der 14. Dalai Lama

15. Juli 1992[12]

Im Zuge der Verbreitung von buddhistischen Lehren in ihren verschiedenen Übersetzungen und Ausprägungen in Indien, Nepal, Kaschmir, Sri Lanka, China, Japan, Korea, Sumatra, Java, Siam, Burma, Thailand, Kambodscha, Laos, Vietnam,

---

12 Aus der Grußbotschaft des 14. Dalai Lamas zum Kongress der Europäischen Buddhistischen Union „Einheit in der Vielfalt. Buddhismus im Westen", Berlin, September 1992.

Tibet, und der Mongolei verlor die Frage nach der Essenz des Buddhismus über die Jahrhunderte hinweg nicht an Brisanz, bis sie gegenwärtig in den westlichen Industriestaaten ihren vorläufigen Höhepunkt erlangte. Neben dem Pāḷi- entstanden in Asien auch andere Formen des Kanons, wie etwa Sanskrit-, japanischer, chinesischer und tibetischer (Kan-gyur und Ten-gyur) Kanon, die inhaltlich voneinander abweichen. Nach dem für alle Traditionen verbindlichen Kern des Buddhismus fragten sich in den 1950er- und 1960er-Jahren auch in Deutschland die Pioniere der Entwicklung, die heutzutage als Westlicher Buddhismus bekannt wird. Felix Knobloch, ein Gründungsmitglied des Buddhistischen Vereins Deutschlands in Berlin, schlug damals vor, der „deutsche Buddhismus" sei eine auf Vernunft, Rationalität und wissenschaftlicher Logik basierte Religion, die sich nur auf den ‚reinen' Pāḷi-Kanon verpflichten und die später hinzugefügten Texte außer Acht lassen solle. Der *Majjhima-Nikaya*[13] in der Übersetzung des Berliner Buddhisten Dr. Kurt Schmidt stünde für die ‚Buddhistische Bibel', so wie der Koran im Islam (Baumann 2012: 114).

Zur Festlegung der ‚Bibel des Westlichen Buddhismus' ist es aus diversen Gründen nicht gekommen. Während sich in den jeweiligen Ländern Zentral- Süd-, Südost- und Ostasiens verstärkt eines der drei *Yānas,* entweder Hīnayāna, Mahāyāna oder Tantrayāna, verbreitete, lässt sich dagegen in den jeweiligen westlichen Industriestaaten eine gleichzeitige Übertragung und Weiterentwicklung von allen drei *Yānas* feststellen, die eine regionale sowie übernationale Vereinheitlichung der Texte in Form eines Kanons sinnlos erscheinen lässt. Da keine der buddhistischen Schulen in einem westlichen Industriestaat einen deutlichen Vorrang oder gar eine Exklusivität erlangte, geschweige denn Staatsreligion wurde, wie es in einigen asiatischen Ländern der Fall war (und nach wie vor ist), stand die Entwicklung des Buddhismus im Westen von Anfang an unter dem Zeichen der Pluralität (s. Baumann und Prebish 2002: 4). So lässt sich der Westliche Buddhismus m. E. sowohl durch die Weiterentwicklung und Transformation der bereits in Asien vorhandenen Traditionen als auch durch die Entstehung von neuen buddhistischen Schulen[14] sowie einigen zwar den buddhistischen Grundlagen entstammenden, aber doch ausdrücklich säkular ausgerichteten Methoden[15] definieren, was zusätzlich die These der Pluralität, Heterogenität und Diversität des Westlichen Buddhismus untermauert.

---

13 Der *Majjhima-Nikaya,* die *Mittlere Sammlung* von Buddhas Reden, ist der zweite der fünf *Nikāya* des *Sutta Pitaka.*
14 Hier etwa Arya Maitreya Mandala, Friends of the Western Buddhist Order, Diamond Way.
15 Wie z. B. Mindfulness Based Stress Release (MBSR) oder das Shambhala Training in der Tradition von Chögyam Trungpa Rinpoche.

Die Festlegung der Definition des Westlichen Buddhismus im Vergleich zu dem ‚Asiatischen Buddhismus' scheint jedoch aufgrund der allgemeinen Frage nach den Zwängen und Grenzen des Kulturvergleiches (Matthes 1992; Soeffner 1995, 2000) problematisch zu sein. Wird die Verbreitung der jeweiligen buddhistischen Traditionen und ihrer zahlreichen Unterschulen im Westen mit ihrer Verbreitung in Asien kontrastiert, wie es in den bisherigen Buddhismusstudien tendenziell der Fall ist, müssten die verschiedenen Zeitpunkte der Komparatistik und die damit zusammenhängenden sozio-politischen und ökonomischen Rahmenbedingungen stärker mitberücksichtigt und deutlicher artikuliert werden. Die jeweiligen Traditionen in Asien und diejenigen im Westen befinden sich in einer stetigen Bewegung, durchlaufen diverse Transformationen und lassen sich kaum fixieren. Diese Art des Vergleiches wäre unter Einbeziehung der Bedingungen der Globalisierung im Zeitalter transnationaler (und transkultureller) Mobilität und digitaler Kommunikation äußerst schwierig zu gestalten. Die Bestimmung eines *tertium comparationis,* ein auch in anderen Kontexten umstrittenes Unterfangen, erscheint in diesem Fall des religionssoziologischen Kulturvergleiches besonders problematisch – insbesondere, wenn die von Joachim Matthes (1992) gestellten Fragen nach dem Standort des Vergleichenden, der Grenzziehung zwischen den Kulturen sowie der Verdinglichung von Kulturen (s. auch Soeffner in diesem Band) in den bisherigen Studien zum Westlichen Buddhismus kaum berücksichtigt worden sind.

Es leuchtet ein, dass sich die Verbreitung des Buddhismus im Westen innerhalb einer relativ kurzen Zeitspanne vollzogen hat (s. Baumann und Prebish 2002). Während die Etablierung von spezifischen, regionalen Formen des Buddhismus in Asien mehrere Jahrhunderte dauerte, vollzog sich die bisherige Kulturverschränkung des Buddhismus in Kanada, den Vereinigten Staaten von Amerika, Brasilien, verschiedenen Staaten West-, Ost-, Nord- und Südeuropas, Israel, Südafrika, Australien, und Neuseeland innerhalb von drei bis vier Dekaden. Hingegen, wie Baumann und Prebish hervorheben (2002: 4), dauerte es über 300 Jahre, bis sich der Chinesische Buddhismus mit seinen regionalen Formen, wie z. B. Chinese Pure Land, Tʻien-tʻai oder Chʻan, herausgebildet hatte (zwischen den Jahren 589 und 906 n. Chr., zu Zeiten der Sui und Tʻang Dynastien), und der Japanische Buddhismus benötigte für seine Etablierung ca. 500 Jahre. Wollen wir diese Prozesse vergleichen, werden wir mit extrem unterschiedlichen Zeitaltern und dazugehörigen Rahmenbedingungen sowie mit in allen Fällen nicht abgeschlossenen, fortdauernden Prozessen konfrontiert, deren Ende offen ist. Auch der Buddhismus in Asien war in den letzten Jahrhunderten einem Wandel unterworfen und unterliegt nach wie vor weiteren Transformationen. Alleine der Einfluss des tibetischen Buddhismus auf das heutige China unter den globalen sowie lokalen Rahmenbedingungen lässt sich kaum prognostizieren.

Problematisch erscheint weiterhin die in den amerikanischen Studien zum Westlichen Buddhismus formulierte Typologie von „Two Buddhisms", d.h. zur Differenz zwischen dem ‚ethnischen Buddhismus' der asiatischen Immigranten und dem der ‚westlichen Konvertiten'.[16] Nach Numrich, der Ende der 1980er- Anfang der 1990er-Jahre thailändische und singhalesische Theravāda Gemeinschaften in Chicago und Los Angeles untersuchte, entwickeln sich im Westen parallel zwei Gemeinschaften, die nur selten miteinander in Interaktion treten. Er definiert die Unterschiede zwischen dem ‚ethnischen' und dem ‚Konvertiten-Buddhismus' anhand der Zuwendung zur buddhistischen Praxis. Zudem unterscheidet er einerseits zwischen den kulturellen und sozialen Aspekten der religiösen Handlung sowie der Ausübung von rituellen und altruistischen Aktivitäten, die ein ‚gutes *Karma*' anhäufen lassen, seitens asiatischer Immigranten und ihrer Nachkommen und andererseits dem Interesse an Meditation und Philosophie, das von ‚weißen Buddhisten' (ein in den Buddhismusstudien verwendeter Begriff) entgegengebracht wird. In der Konsequenz der Auseinandersetzung mit den „Two Buddhisms" formulierten einige Buddhologen weitere dreifache Typologien, die unter dem Begriff „Three Buddhisms" firmieren, wobei die ‚ethnischen asiatischen Buddhisten' und deren Nachkommen mit den ‚white Caucasian converts' und einer unterschiedlich aufgefassten Zwischenkategorie kontrastiert werden (s. etwa Prebish 1993; Nattier 1995; Seager 1999). Obwohl der Diskurs aufgrund seiner rassistischen, postkolonialen, parochialistischen und kontinent-zentristischen Befangenheit in die Kritik geriet, hat er weitgehende Konsequenzen für die Konzeptionalisierung des Buddhismus, weil er auch weiterhin impliziert, dass die ‚ethnischen Buddhisten' überwiegend als devote Anhänger des ‚traditionellen Buddhismus' den ‚modernen', ‚weißen', ‚westlichen' Buddhisten, die an Rationalität der philosophischen Lehre und an Meditation interessiert sind, gegenüber gestellt werden (können). Mit Seager (1999: 233),

„the most prominent feature of American Buddhism for the last three or so decades has been the gulf between immigrants and converts, created by a range of deep cultural, linguistic, and social difference. A less obvious but extremely important dimension of this gulf is more strictly religious; here the contrast between tradition and innovation often appears in particularly high relief".

---

16   Die „Two Buddhisms" Typologie wurde von Charles Prebish im Kontext der Stabilität der Institutionalisierung von verschiedenen Formen des Buddhismus im Westen entwickelt (s. Prebish 1978) und später in die ethnischen Kategorien, die mit der Art der Ausübung der buddhistischen Praxis in Verbindung gebracht wurden, übertragen (s. Tworkov 1991; Prebish 1993, 1999; Ames 1994; Numrich 2003). Gregory (2001) erweiterte die Typologie um zwei Subtypen und unterteilte die ‚Konvertiten' in ‚Eliten' und ‚Evangelische' Buddhisten sowie die ‚ethnischen' Buddhisten in ‚Immigranten' und ‚Asian-Americans'.

Infolge dessen wird auch der ‚ethnische Buddhismus' von einigen nicht als eine Form des Westlichen Buddhismus behandelt, sondern als Buddhismus im Westen oder „cultural baggage brought to the United States by Asian immigrants, providing social support and cultural continuity" (Nattier zitiert nach Hickey 2010: 11).

Das Spannungsfeld zwischen dem ‚modernen' und dem ‚traditionellen' Buddhismus bedarf auch einer weiteren Diskussion. Bechert, Tambiah, Bond, Gombrich und Obeyeskere folgend, welche die Geschichte des Buddhismus in Südasien in drei Perioden aufgeteilt haben,[17] hat Baumann (2002a) die Dichotomie zwischen dem ‚traditionellen' und dem ‚modernen' Buddhismus als Idealtypologie zur Charakterisierung des Westlichen Buddhismus vorgeschlagen. Die zwei Idealtypen wurden von Baumann als verschiedene Formen der Zuwendung zur buddhistischen Lehre und Praxis definiert und am Beispiel des Theravāda Buddhismus in den USA herausgearbeitet. Der ‚traditionelle Buddhismus' sei eine Form, welche die Rolle der Rituale hervorhebt und der Hingabe sowie den altruistischen Aktivitäten einen besonderen Stellenwert zuschreibt. Die ‚traditionellen Buddhisten' würden, nach Baumann, eine spezifische kosmologische Weltanschauung pflegen, aus der diese Haltungen und Handlungen resultieren. Obgleich die Typologie des ‚traditionellen' vs. ‚modernen' Buddhismus mit der Typologie des ‚ethnischen' vs. ‚Konvertiten' Buddhismus nicht gleichgesetzt werden sollte, seien es überwiegend ‚ethnische Buddhisten', die diese Form des Buddhismus aufrechterhalten.

„In Western countries, this strand can be found in many ‚ethnic' temples and its carriers are Asian migrants, immigrants, and their descendants. Emphasis is placed on the monk lay hierarchy, in which the monk embodies the ideal of a pious Buddhist life and aspiration. Lay Theravāda Buddhists are engaged in various forms of acquiring merit (Pāḷi: *puñña*) in order to gather good ‚deeds' or ‚actions' to achieve better circumstances in both this and subsequent existences. They donate to the Sangha by giving *dana*, take part in ritualized chanting and *pujas* (worship), and at times participate in meditation. However, ‚(m)editation is not a major component of temple-centred religious activities for the immigrant congregations of these temples,' as Numrich observed in his study of two Theravāda temples in the United States (Numrich 1999: 82). Furthermore, a variety of so-called folk-religious practices are requested from the monks, including palm-reading, fortune-telling, countering evil spells, and preparing protective amulets. These practices and the belief in their right-working, usefulness, and bene-

---

17   Die drei Perioden des Theravāda Buddhismus werden wie folgt charakterisiert: 1) kanonischer oder früher Buddhismus, 2) traditioneller oder historischer Buddhismus, 3) reformatorischer, protestantischer oder moderner Buddhismus (s. Baumann 2002a: 55).

fit are rooted in specific cosmological and ontological views that are taken for grant-
ed" (Baumann 2002a: 57).

Die ‚westlichen Konvertiten' würden dagegen überwiegend den ‚modernen Buddhismus' praktizieren, der sich sowohl aus der reformatorischen asiatischen Bewegung des 19. Jahrhundert als auch aus den ‚modernen' Natur- und Geisteswissenschaften, die bereits damals durch die ersten westlichen Adepten und Interpreten
des Pāḷi-Kanons verbreitet wurden, speise. Die ‚modernen Buddhisten' betonten
somit auch heutzutage die Rationalität der buddhistischen Lehre in Bezug auf die
Pāḷi-Schriften und die Rolle der Meditation sowohl für die Mönche als auch für
die Laien. Aus diesem Umstand heraus wird die Abkehr von ‚magischen Elementen' zu Gunsten der Meditationspraxis als eines der Zeichen des ‚Westlichen Buddhismus' gefeiert, wobei der Anspruch eines ‚modernen Buddhismus' zu einigen
Paradoxien führt, die unter dem Begriff Buddhismus 2.0 den Buddhismus ‚ent-
schlacken' möchten – etwa um einige seiner philosophischen Grundlagen wie das
Karma-Prinzip, die Buddhaschaft oder die Theorie der Wiedergeburt – und für einen dergestalt gerahmten ‚säkularen Buddhismus' plädieren (s. Batchelor 2013).
    Die Idealtypologien von ‚modernem' vs. ‚traditionellem' sowie von ‚ethni-
schem' vs. ‚Konvertiten' Buddhismus entstammen empirischen Untersuchungen
im Feld des Theravāda Buddhismus in den USA und haben sicherlich für diesen einen heuristischen Stellenwert. Gleichzeitig stellt sich die Frage, in welcher
Art und Weise sie mit dem Mahāyāna und/oder Tantrayāna Buddhismus sowohl
im Westen als auch in Asien korrespondieren und demzufolge in wieweit sie als
Erklärungsmodelle des Westlichen Buddhismus insgesamt fungieren können.
Letztendlich sind es auch hauptsächlich tibetische Praktizierende und Meditationsmeister, die sowohl *Pujas* und andere aufwendige Rituale abhalten, die ‚gutes *Karma*' ansammeln, als auch an den neurowissenschaftlichen Untersuchungen zur Auswirkung von Meditationspraktiken teilnehmen. Nicht zuletzt ist es der
14. Dalai Lama, der die Ideen zu dieser Art von interdisziplinären Studien an der
Schnittstelle zwischen dem Buddhismus und der Hirnforschung angestoßen und
in einer Zusammenarbeit mit seinen Schülern, Neurowissenschaftlern und Medi-
zinern verschiedener Herkunft „The Mind Life Institut" gegründet hat, um diese
Forschungsarbeiten voranzubringen. Obgleich sich mit Obadia (2010) argumentieren lässt, der Buddhismus sei sowohl eine traditionelle als auch eine moderne
Religion, erscheint es dem empirischen Material folgend angemessen, nach neuen
Erklärungsmodellen zu suchen, welche aus der ‚Sprache der Fälle' resultieren und
im Einklang mit Erfahrungen und Handlungen der sozialen Akteure, etwa im
Kontext des Phänomens der Kulturverschränkung formuliert werden.
    Die Pilotstudie „Kultur der Achtsamkeit", die am Kulturwissenschaftlichen In-
stitut Essen 2012/2013 zwecks der Vorbereitung einer empirischen Untersuchung

von Kulturverschränkungen im Zuge der Verbreitung des Buddhismus in westlichen Industriegesellschaften durchgeführt wurde, zeigt in diesem Zusammenhang am Beispiel des tantrischen tibetischen Buddhismus in Europa, dass hier Laien sowohl ‚tibetischer' oder ‚asiatischer' Herkunft als auch die ‚westlichen' Adepten sowohl von Mönchen als auch von Laien (beide verschiedener Herkunft) unterrichtet und mit dem *Dharma* (die Lehre des Buddha) bekannt gemacht werden. Auch finden weder getrennte Veranstaltungen für die ‚Tibeter' und für die ‚Westler' statt, noch werden unterschiedliche Veranstaltungen von der ‚ethnischen' Bevölkerung deutlich besser oder schlechter belegt. Gleichzeitig fühlen sich viele ‚Westler' der tibetischen Kultur zugehörig, unterstützen die Solidaritätsbewegung gegen die chinesische Besatzung Tibets, setzen sich gegen die Zerstörung des tibetischen Kulturerbes ein und beschreiben ihre Reisen nach Asien als „Heimreisen". Darüber hinaus können nicht nur etliche Tantra Praktizierende, sondern auch Studierende – im Hinblick auf die Vielfalt des Angebots – entweder an einer buddhistischen Universität in Asien Kurse belegen oder zahlreiche Studiengänge abschließen, welche an den Universitäten in Europa und in den USA anerkannt werden (s. etwa die akademischen Netzwerke des Rangjung Yeshe Instituts, Kathmandu, Nepal). Viele Vajrayāna Praktizierende unterstützen auch finanziell und tatkräftig die Aktivitäten von monastischen und an die Klöster angeschlossenen humanitären Institutionen in Asien und fühlen sich für einen transnationalen Wissenstransfer (etwa in den Bereichen der Medizin, der Entwicklungshilfe, der Wirtschaft und/oder des Aufbaus von Institutionen und Netzwerken) und für einen interkulturellen Austausch verantwortlich. Des Weiteren wird in einigen Schulen des tibetischen Buddhismus ein Tibetischunterricht angeboten und das Erlernen der tibetischen Sprache gefördert, zumal viele der Vajrayāna Meister tibetische Muttersprachler sind, auf Tibetisch ihre eigene buddhistische Ausbildung absolviert haben und in dieser Sprache, unterstützt durch die zahlreichen Übersetzer, lehren. Aber auch in den Klöstern in Asien lernen die Mönche fleißig Englisch, zumal eine staatlich anerkannte Grundschule in der Regel in jede klösterliche Institution (außerhalb des annektierten Tibets) integriert ist. Gleichzeitig werden die Texte für die tantrische Praxis (die in Sanskrit sog. *Sādhanas*) nach wie vor auf Tibetisch verfasst und sowohl in dieser Sprache als auch in den Übersetzungen, etwa auf English, Deutsch, Italienisch, Polnisch u. a. von den ‚westlichen' Praktizierenden ausgeführt. Die in diesem Zusammenhang entstehenden Phänomene, die mit der Übersetzungs-, Interpretations- und Verständigungspraxis, aber auch dem daraus resultierenden Verständnis und der Anwendung des *Dharma* unmittelbar verknüpft sind, blieben bis heute weitestgehend unerforscht.

Im Feld der Buddhismusstudien besteht weiterhin ein Forschungsdesiderat in Hinblick auf die Verbreitung des *Dharma* unter den Bedingungen der Globalisierung, der globalen Mobilität sowie der digitalen Vernetzung, obwohl es offensichtlich erscheint, dass sich in dieser Hinsicht neue Sinnhorizonte für das Verstehen der Prozesse der Zuwendung zu, der Sozialisation in und der Ausübung von buddhistischer Praxis entfalten. Die übernationale Vernetzung, die Konstruktion von transnationalen und -kulturellen Räumen im Zeitalter der globalen Mobilität und digitalen Medialisierung sowie die Erweiterung der Perspektive auf Glokalität unter dem Zeichen der Kulturverschränkung werden in den bisherigen Studien zum Westlichen Buddhismus kaum in Betracht gezogen. Im Zeichen der rasanten technologischen und digitalen Weiterentwicklung müssen die neuen Formen der Teilnahme und Teilhabe an globalen Gemeinschaften mitberücksichtigt werden, zumal die digitalen Life-Übertragungen und Podcasts mittlerweile zu einem festen Bestandteil der buddhistischen Kommunikation geworden sind.[18]

Auch in Hinblick auf die fortschreitende Pluralisierung von Gesellschaften scheint es notwendig zu sein, die bisherigen Typologien des Westlichen Buddhismus zu überdenken und andere Erklärungsmodelle, etwa im Kontext des Konzeptes der Kulturverschränkung, vorzuschlagen. Dass die Zugehörigkeiten zunehmend komplexer werden, müsste m. E. auch in den Studien über den globalen Buddhismus stärker berücksichtigt werden. So kommen wir nicht umhin zu fragen, mit welchen theoretischen und methodologischen Mitteln z. B. der Frage nachgegangen werden kann, *was es bedeutet,* ein bayerischer Zen Buddhist zu sein, der in Korea als Meditationsmeister ausgebildet wurde und in den USA den Buddhismus lehrt (vgl. Soeffner in diesem Band) oder ein französischer Molekularbiologe, der als Mönch im tibetisch-buddhistischen Kloster in Indien ausgebildet wurde, zurzeit in Nepal wohnt und global sowohl vernetzt als auch als Buchautor, Photograph sowie Übersetzer buddhistischer Texte und Lehrer tätig ist (Matthieu Ricard). In diesem Zusammenhang scheint es nötig, die Bedeutung des Begriffes ‚ethnischer Buddhismus‘ insgesamt in Frage zu stellen, zumal seine Grundlagen bedenklich erscheinen. Wenn Numrich (2003: 69) schreibt,

> „for ethnic Asians in the West, it is really not a matter of ‚conversion‘ to Buddhism even if one's family or ethnic group was not Buddhist in Asia in recent times. It is rather a matter of reversion, or of revisioning their Buddhist heritage, even if that heritage has suffered hiatus for some time, or has to be created in response to the social pressure involved in minority group identity formation",

---

18 Bedenken wir beispielsweise den Einfluss der Anwendung der sog. Google-Brille, die Anfang nächsten Jahres auf den Markt kommen soll und einen hautnahen Kontakt eines digitalen Computersystems mit dem Auge impliziert und somit die Simultanität der Teilnahme an der sog. Wirklichkeit und digitalen Realität im Hinblick auf die Teilnahmemöglichkeiten der sozialen Akteure ermöglicht (s. Assheuer 2013).

lässt sich mit Hickney (2010) ausführen, dass auch im Feld von Buddhismusstudien Nationalität nicht mit der Ethnizität und diese wiederum nicht mit der
Religionszugehörigkeit gleichzusetzten ist. In Korea geboren zu werden bedeutet nicht unbedingt, ein Buddhist gewesen zu sein. Viele Koreaner sind praktizierende Christen. Wenn ihre in Amerika geborenen Kinder Buddhisten werden,
können wir nicht quasi automatisch davon ausgehen, dass sie ein ethnisch-reli-
giöses Revival erleben, wie etwa Numrich behauptet, obwohl es sein mag, dass
dies bei einigen von ihnen der Fall ist. Ein koreanischer Austauschstudent, der
in Deutschland anfängt, Zen zu praktizieren, könnte auch zur ersten Generation
von Buddhisten in seiner Familie gezählt werden, falls er sich selbst überhaupt als
Buddhist bezeichnet. Auch die Frage nach denjenigen, die in multikulturellen Familien aufgewachsen sind, müsste in diesem Kontext neu gestellt werden. Gerade
im Kontext der Mobilität sind hier sowohl die generationsspezifischen Tradierun-
gen als auch die Tradierungsbrüche zu berücksichtigen. Diese existieren nicht nur
in Migrationsfamilien. So gibt es mittlerweile eine zweite und dritte Generation
von praktizierenden Buddhisten im Westen, deren Eltern und/oder Großeltern in
den 1960er- und 1970er-Jahren der Generation der ersten westlichen tantrischen
Buddhisten angehörten. Bei den ‚westlichen‘ Buddhisten der zweiten und der dritten Generation kann nicht quasi automatisch von Konvertiten gesprochen werden. Nicht zuletzt deshalb, weil sich der Terminus ‚Konvertit‘ stark am christlichen Wortschatz orientiert und Religiosität impliziert, welche nicht unbedingt
einen Meditierenden ausmacht.

Die bereits erwähnte Pilotstudie „Kultur der Achtsamkeit" zeigt in diesem Zusammenhang empirisch, dass einige Menschen, die sich selbst als Buddhisten bezeichnen, sich auch dem Christentum zugehörig fühlen und sowohl eine Meditationspraxis ausüben als auch an den christlichen Messen und Festen teilnehmen.
Andere wiederum meditieren zwar regelmäßig, sehen sich aber selbst als Atheis-
ten. Gerade wenn den ‚Konvertiten‘ von Numrich (2003) weitere Merkmale zugeschrieben werden, wie etwa eine starke Bezugnahme auf die rationalen und
philosophischen Elemente der buddhistischen Lehre, lässt sich anhand von empirischen Ergebnissen dieser Pilotstudie feststellen, dass für den westlichen Adepten
des tantrischen tibetischen Buddhismus unterschiedliche Aspekte gleichermaßen
eine bedeutungsvolle Rolle spielen: sowohl der Rationalitätsgedanke als auch ein
starker Bezug auf die rituellen Elemente der buddhistischen Praxis (ob in Form
einer *Puja* oder einer *Shine*-Session) und eben auch eine altruistische Haltung
und Handlungen, die das sog. ‚gute *Karma*‘ ansammeln lassen.

Dies bringt mich wiederum zu der Frage nach den Unterschieden zwischen
dem Buddhismus der Laien und dem der Mönche, die von einigen Buddhologen im Hinblick auf die Charakteristika des Westlichen Buddhismus gestellt wird
(s. stellvertretend Baumann 2002a). Wenn auch die Betonung der Meditations-

übung, vor allem für die Laienpraktizierenden, eine ziemlich neue Entwicklung innerhalb der Theravāda Tradition markiert, war diese im tibetischen Buddhismus seit eh und je ein wichtiges Element der buddhistischen Praxis. Die praktizierenden Laien waren in Indien und in Tibet für die tantrische Tradition integral. Einige berühmte *Nagpas* (die sog. „household practitioners") gehören im tibetischen Buddhismus in seinen diversen Ausprägungen sogar zu den sog. Linienhaltern, d. h. zu denjenigen, die die Lehre perfektioniert, verwirklicht und in Form einer bestimmten Tradition, die bis heute aufrechterhalten wird, weitergegeben haben. Dies ist nur eines der Argumente für die Ausdifferenzierung der Abkehr von monastischen Strukturen zu Gunsten der Laienbewegung als eines der Zeichen des Westlichen Buddhismus. Bei der institutionellen Einbettung von buddhistischen Lehren im Westen in die von Laien geleitete Vereine sollten nicht nur die sozialen, politischen und ökonomischen Rahmenbedingungen mitbedacht werden, sondern auch die Rolle von *Lamas* und Mönchen unterschiedlicher Herkunft und verschiedener Traditionen bei der Verbreitung des Buddhismus, sowie die Berücksichtigung transnationaler Netzwerke, die diese begünstigen. Es müsste auch eine neue Definition des ‚Laienpraktizierenden' konzipiert werden, weil viele Buddhisten, sowohl Mahāyāna Praktizierende (z. B. Zen) als auch Tantrikas, zwar keine Mönchsroben tragen, dennoch aber zahlreiche Gelübde ablegen, tagtäglich meditieren und dies in ihren Alltag integrieren, obwohl sie berufstätig sind und nicht selten Familien haben. In diesem Kontext scheint die Bezeichnung ‚household practitioner', die dem buddhistischen Vokabular entstammt, besser geeignet, um die soziale Wirklichkeit dieser Menschen zu erfassen, als der Begriff des Laientums.

Zur Frage nach dem Unterschied zwischen dem ritualisierten ‚traditionellen' Buddhismus und dem vernunft- und meditationsbasierten ‚modernen' Buddhismus lässt sich weiterhin ausführen, dass sowohl die Rezitation von *Sutras* als auch die Meditationsübungen der Theravādins rituell organisiert sind. Die Meditationsübungen in den Mahāyāna Schulen (im Westen vor allem durch die verschiedenen Arten von Zen bekannt) sind rituell streng reguliert, um ein Training des Geistes zu ermöglichen. Dazu gehört die Einnahme einer bestimmten Körperhaltung, das Schlagen des Gongs, manchmal die Rezitation von Texten sowie die klare Einweisung in die Regeln des Umgangs mit den während der Übung (und danach) im Geist auftauchenden Gedanken und Emotionen. Die meisten Missverständnisse der Interpretation der Rituale im Buddhismus werden jedoch in Verbindung mit Tantrayāna (hier vor allem verschiedene Linien des tibetischen Buddhismus) formuliert, indem behauptet wird, die aufwendigen, oft prachtvoll ausgestatteten Rituale seien in ihrer Funktion magisch. Dabei dient die Symbolik einer Tantrayāna Praxis, auch wenn sie komplex sein mag und einem nicht Eingeweihten verwirrend und unlogisch erscheint, ausschließlich einer gleichwohl aufwendigen wie auch wirkungsmächtigen meditativen Übung mit dem eigenen Geist.[19] Da diese Übung in ihrer Komplexität nicht jedem zugänglich ist, wurde Tantrayāna über die Jahrhunderte hinweg geheim gehalten und erst mit der Flucht der Tibeter aus dem besetzten ‚Dach der Welt‘ sowie mit der Entwicklung neuer digitaler Medien öffentlich verbreitet. Jedoch ist die Interpretation von buddhistischen, vor allem tantrischen Ritualen als Aberglaube m. E. ähnlich irreführend, wie die Deutung eines Händedrucks von einem Nichteingeweihten als eine magische Geste anstatt eines Begrüßungsrituals. Die Missverständnisse in der Interpretation der Tantra Texte sowie die mangelnden Kenntnisse über die Kontexte führen oft auf Irrwege der Auslegung, die von der Bedeutung der buddhistischen Pfade ablenken.

5.3   Auf dem Weg von einer fremden Religion in eine achtsame Gesellschaft

Während noch Mitte der 1970er-Jahre im Umfeld von Buddhismusstudien kaum über die Verbreitung des Buddhismus im Westen diskutiert wurde, gehört das Studium des Westlichen Buddhismus mittlerweile zu akademischen Forschungsdisziplinen (s. Prebish und Baumann 2002). Dieser sich rasch entwickelnden Disziplin verdanken wir u. a. die inzwischen historisch zwar nicht lückenlos, aber in ihren Meilensteinen dokumentierte Geschichte der Verbreitung des Buddhismus in verschiedenen ‚westlichen‘ Gesellschaften.[20] In Europa hat vor allem Martin Baumann dazu beigetragen, die Besonderheiten des ‚Westlichen Buddhismus‘, die im Kapitel 5.2 diskutiert wurden, systematisch herauszustellen sowie die Geschichte des Buddhismus in Europa im Allgemeinen, mit der Hervorhebung des deutschsprachigen Raumes insbesondere, die in diesem Kapitel nachgezeichnet werden, zu skizzieren.

Das Interesse am Buddhismus kann sowohl in den USA als auch in Europa einige Jahrhunderte zurückverfolgt werden. Die Anfänge der Rezeption des Buddhismus in Europa sind durch die künstlerische und philosophische Auseinandersetzung mit buddhistischen Motiven, welche bereits im 18. Jahrhundert initiiert wurde, geprägt.[21] Diesen folgten Anfang des 19. Jahrhunderts philologische Arbei-

---

19   Zur Symbolik eines Tantrayāna Rituals s. etwa Trungpa (2003).
20   Zur Geschichte der Entstehung vom Westlichen Buddhismus und seiner Rezeption s. u.a. Gregory (2001); Numrich (1996, 2003); Prebish (1999); Prebish und Tanaka (1998); Seager (1999); Williams und Queen (1999). Für den europäischen Raum sind insbesondere die Arbeiten von Baumann von Bedeutung (s. etwa Baumann 1995, 1997b, 2002a, 2002b).
21   Die ersten Kenntnisse über den Buddhismus im deutschsprachigen Raum entstammen bereits den Berichten von missionierenden Jesuiten im 17. Jahrhundert, die u. a. lateinische

ten, die mit der Gründung von Lehrstühlen für Sanskrit und Indologie in Deutschland, Frankreich und England zu einem festen Bestandteil des ‚abendländischen‘ Wissenschaftssystems wurden.[22] Die anfängliche Faszination von buddhistischen Texten stand unter dem Zeichen der Rezeption der wenigen chinesischen, tibetischen und nepalesichen Manuskripte, die damals als Quellen verfügbar waren. Unter dem Einfluss der von Madame Helena Petrovna Blavatsky und Henry Steel Olcott zuerst in New York 1875, später in England, Deutschland und Österreich gegründeten Theosophischen Gesellschaft, verbreitete sich in der akademischen oberen Mittelschicht vornehmlich die okkultistische Wahrnehmung des ‚Geheimwissens‘ als eine „Neuinterpretation der buddhistischen Lehre von Karma und Wiedergeburt durch die Europäer vor dem Hintergrund moderner wissenschaftlicher Erkenntnisse und des Evolutionsgedankens" (Zotz 1986: 93). Gleichzeitig wuchs das Interesse an den Schriften des Pāḷi-Kanons, die u. a. durch die 1881 von Thomas William Rhys Davids in England gegründete „Pāḷi Text Society" übersetzt wurden. Auch der von Friedrich Zimmermann 1888 auf Deutsch verfasste und in mehrere asiatische und europäische Sprachen übersetzte „Buddhistische Katechismus", womit der Beginn der deutschen buddhistischen Bewegung markiert wurde, basierte auf dem Pāḷi-Kanon. Die Übersetzungen sowie Interpretationen von buddhistischen Schriften erfolgten damals generell stark im Kontext der christlichen Terminologie, was zu weiteren Fehlinterpretationen führte, ein bis heute nicht vollständig abgeschlossenes Kapitel der okzidentalen Auseinandersetzung mit der ‚fremden Religion‘.[23]

Die Jahrhundertwende markiert den Beginn der Erfahrungsansammlung durch die ersten Europäer, die als Theravāda Mönche die Lehre des Buddha in asiatischen Klostergemeinschaften erkunden wollten: der Engländer Gordon Douglas

---

Übersetzungen der konfuzianistischen Schriften verfassten (Batchelor 1994: 161 ff.; Baumann 1995: 44). Die Rezeptionsgeschichte des Buddhismus im deutschsprachigen Raum wurde jedoch maßgeblich durch Gottfried Wilhelm Leibnitz' „Theodizee" (1710) geprägt. Leibnitz' pessimistische Behauptung, Buddhismus sei eine Lehre, in der alle Phänomene „auf das Nichts als das erste Prinzip aller Dinge zurückzuführen" (Baumann 1995: 44) seien, markiert die anfänglichen Missinterpretationen des Buddhismus, die sich auch in den Schriften deutscher Denker und Dichter, etwa bei Schopenhauer, Kant, Herder, Schelling, Hegel oder Nietzsche bis weit ins 20. Jahrhundert fortsetzen.

22 Der erste Lehrstuhl für Sanskrit und Indologie in Deutschland wurde 1818 in Bonn gegründet. Hierzu s. etwa Schumann (1974: 9). Zur philologischen Auseinandersetzung mit buddhistischen Texten zu Beginn des 19. Jahrhundert in Deutschland, Frankreich und England s. etwa Baumann (1995: 46 ff.).

23 Aktuell wurde durch die Khyentse Foundation die Initiative „84 000" ins Leben gerufen, welche alle gegenwärtig zugänglichen tibetischen buddhistischen kanonischen Texte (Kangyur und Ten-gyur) ins Englische übersetzen möchte. S. hierzu genauer http://www.84000. co/. Es gibt aber auch andere Initiativen, die sich mit der Übersetzung von Skripten anderer buddhistischer Traditionen befassen.

in Colombo, der schottische Chemiker Allan Bennett McGregor in Burma, der 1903 die „International Buddhist Society" gründete und einen regen globalen Austausch zwischen den Buddhisten propagierte, sowie der deutsche Musiker Anton W. F. Gueth auf Ceylon, der unter seinem Mönchsnamen Nyānatiloka zahlreiche weitere Europäer ordinierte sowie in der Schweiz eine Mönchsiedlung gründete und durch seine Pāli-Übersetzungen internationale Anerkennung erlangte (s. Baumann 1995: 53; 2012: 119 f.). Mit dem Anfang des 20. Jahrhunderts sind in Europa die ersten Gemeinschaften entstanden, die Laien versammelten, welche die Lehre des Buddhas aktiv praktizieren und in den Alltag integrieren wollten.[24] Durch die Vorträge und Vorlesungen sowie die Herausgabe von Publikationen verfolgten sie den Zweck der „Bekanntmachung und Verbreitung des Buddhismus sowie der Förderung buddhologischer Forschung"[25] in einer vornehmlich rational-kognitiven Zugangs- und protestantischen Denkweise (s. Baumann 1997a; McMahan 2008). Die Bestrebungen nach Gründung erster buddhistischer Lebensgemeinschaften erwiesen sich gleichzeitig kompatibel mit den experimentellen, reformatorischen Ideen des fin-de-siècle, ob anarchistischer, sozialistischer oder kommunistischer Prägung.

„In fields such as education, diet, natural healing, dress, nudism, sexuality, liberation of women, cooperative, community life, arts and culture, religion and spirituality, alternative and at times bizarre cultural forms came into being (Krebs und Reulecke 1998). Many of these attempts related back to ideas of romanticism and its idealisation of nature as against society, simplicity, renunciation, solitude, and heroism. [...] Nyānatiloka and other Buddhists sharing romantic ideals strongly symphatized with the view of a decaying European society and life-reform as a means of healing" (Baumann 2012: 120 f.).

Die Ideen der Erneuerung des ‚europäischen Geistes', vor allem nach den Zerstörungen durch den Ersten Weltkrieg, fanden ihren Anschluss an die kosmopolitischen Diskurse.

„Buddhism round 1900 and in the 1920s clearly formed an international movement with mutual visits, exchanges of letters, and reports on Buddhism in other regions of

---

24 1921 gründeten Georg Grimm und Karl Seidenstücker die „Buddhistische Gemeinde für Deutschland", die sich die „vom Buddha aufgestellte Sittenlehre für westliche Anhänger nachzuleben" (Satzung der Buddhistischen Gemeinde § 2a) als Ziel setzte. 1924 ist durch das Wirken Paul Dahlkes das „Buddhistische Haus" in Berlin-Frohnau entstanden, das zu einer „Stätte buddhistischer Lebensgestaltung" werden sollte (Baumann 1995: 61; s. auch Buttler 1962: 89).
25 Aus dem Programm der Buddhistischen Gesellschaft, 1906, zit. nach Baumann (1995: 54).

the world. This strengthened the endeavors of the numerically small groups and engendered a consciousness of a coherent movement of pioneer Buddhists. Quite a few European Buddhists had visited South Asia, whereas famous Asian modernist Buddhists such as Anagarika Dharmapala and Daisetz T. Suzuki came for speaking tours to Europe. These mutual exchanges and contacts underscored the transnational characteristic of an increasingly global Buddhism. Even more, the supposedly rigid boundaries set up between ‚Europe‘ and ‚the East‘ or ‚the Orient‘ (Said 1978) were being questioned with the idealistic adoption of Orient-Asian ideas, concepts, and ritual practices. Therefore, quite a number of the early Buddhists acted and thought beyond national categories“ (Baumann 2012: 123).

Diese Aktivitäten, die überwiegend durch bildungsbürgerliche, künstlerische und akademische Mittelschichtskreise getragen waren, wurden durch den Zweiten Weltkrieg unterbrochen, um 1945 wieder aufgegriffen und durch die Gründung von neuen buddhistischen Gruppen, nicht nur in Deutschland, Frankreich und England, sondern auch in Österreich, Belgien, Italien, Schweiz, Dänemark, Norwegen, Finnland und Schweden ergänzt zu werden. Gab es vor dem Zweiten Weltkrieg in Europa überwiegend Theravāda-Buddhisten, kam es ab den 1950er-Jahren verstärkt zur Verbreitung des Mahāyāna (vor allem verschiedener Zen-Traditionen) und ab den 1960er-Jahren des Tantrayāna Buddhismus (vornehmlich tibetischer Prägung). Durch den Zen Boom der 1960er- und 1970er-Jahre erreichte die Meditationspraxis breitere Massen von Menschen, die auch erste Erfahrungen mit traditionellen japanischen oder koreanischen Zen-Meistern, die zunehmend häufig in Europa lehrten, machen konnten, gleichzeitig aber auch durch den Erfolg der Übersetzungen von klassischen literarischen Zen-Werken sowie von ‚westlichen‘ Zen Interpretationen, wie z. B. „Zen in der Kunst des Bogenschießens“ (Herrigel 1948), geprägt wurden. Mit der Protestbewegung der 1960er- und 1970er-Jahre kam nicht nur die Opposition gegen den politischen Mainstream und die sexuelle Revolution, sondern auch die Suche nach den alternativen Lebensführungsstilen, erweiterten Sinnes- und Bewusstseinshorizonten sowie einer neuen ‚Spiritualität‘ in Abgrenzung von früheren Generationen. So ist es im Zuge der Beatniks und Hippie-Bewegung zu einer verstärkten Mobilität und dem Erfahrungsaustausch zwischen Europa, USA und etwa Indien, Nepal, Burma und Thailand gekommen. Die Mobilitätswelle Richtung Asien traf auf die Mobilität aus Asien Richtung Westen, welche u. a. durch die Flucht der Tibeter aus den – von China besetzten – Himalaya-Regionen gekennzeichnet wurde. Als die ersten tibetischen *Lamas* Mitte der 1960er-Jahre nach Europa gekommen sind, war ein breites Spektrum der damaligen Protestbewegung offen und bereit, sich durch ihre charismatischen Lehren in eine neue Richtung lenken zu lassen (vgl. Saalfrank 1997). Aus Hippie-Kommunen entstanden die ersten tibetisch-buddhistische Zentren, aus Antikriegsbewegungsaktivisten wurden Mönche, aus Konsumenten von bewusstseinserweiternden Substanzen wurden Tantrikas.

Obgleich die Ausarbeitung der Wechselwirkung zwischen dem Buddhismus und der Protestbewegung der 1960er- und 1970er-Jahre in Europa bis heute ein Forschungsdesideratum darstellt, lässt sich mit Baumann feststellen, dass diese Entwicklung in einem rapiden Wachstum von buddhistischen Organisationen mündete.

> „In Britain, for example, the number of groups and centers quintupled in 20 years from 74 to some 400 (1979–2000, Buddhist Society 1979 ff.). In Germany, interest in Buddhism resulted in an exponential increase from around 40 groups in 1975 to more than 500 meditation circles, groups, centers and societies in 1999 (Baumann 2001: 19). […] Comparable explosive growth rates occurred in other European countries as well, such as Italy, Austria, Switzerland, France, The Netherlands, and Denmark. Also, Eastern European countries witnessed a growing interest in Buddhism following the political changes since 1989" (Baumann 2012: 125 f.).

Auch heutzutage boomt das Interesse an Meditation. In vielen Groß- und Kleinstädten Europas und den USA wächst die Zahl der Meditationszentren stetig. Mittlerweile ist eine Buddhastatue zu einem festen Bestandteil der ‚westlichen' Ästhetik geworden: von Museen und Galerien über die digitalen Medien und Werbung bis hin zur Gestaltung von alltäglichen, privaten und professionellen Räumen, Gärten und Straßen. Auch durch das Wirken charismatischer Persönlichkeiten wie etwa dem Friedensnobelpreisträger, dem 14. Dalai Lama Tenzin Gyatso, Thich Nhat Hanh, aber auch durch die öffentlichen Auftritte von Schauspielern wie etwa Richard Gere gewinnt der Buddhismus zunehmend an Popularität. Die durch Wikipedia geführte Liste von Popstars, die sich zum Buddhismus bekennen, wird immer länger.[26] Auch im Vergleich zu anderen Religionen, scheint es hip, Buddhist zu sein (s. etwa George et al. 1996; Maher et al. 2008).

Die Studie von Wuthnow und Cadge (2004) zeigt, dass mittlerweile jeder achte Amerikaner einen direkten Kontakt mit dem Buddhismus hatte. Für Europa insgesamt und speziell für Deutschland gibt es leider zurzeit keine empirischen Studien, die es einzuschätzen erlauben, wie viele Menschen jährlich an Meditationsveranstaltungen jeglicher Couleur teilnehmen – von traditionell gestalteten Zen *Sesshins* bis hin zu den säkular ausgerichteten Mindfulness Based Stress Release (MBSR) Kursen. Eine entsprechende Umfrage in Deutschland wurde im Pilotprojekt „Kultur der Achtsamkeit" bereits gestartet. Die Ergebnisse werden demnächst auf der Webseite www://mindful-culture.org veröffentlicht. Bei den bisherigen

---

26 http://www.en.wikipedia.org/wiki/List_of_converts_to_Buddhism

Statistiken ist zu berücksichtigen, dass viele Meditierende ihre Meditationspraxis jenseits religiöser Kategorien definieren und in den statistischen Umfragen in der Regel nicht angeben, Buddhist zu sein. So wird die Zahl der Buddhisten im Westen zurzeit ziemlich gering auf etwa sechs Millionen in den USA und etwa drei Millionen in Europa, vor allem in Deutschland, Frankreich und England, geschätzt.[27] Die Beweggründe, eine Meditationsmethode zu erlernen, sind dabei recht unterschiedlich.[28] Einige betrachten Meditation als einen einfachen Weg zur effektiven Entspannung, andere greifen die Übung als eine therapeutische Methode auf, weitere suchen nach der Möglichkeit, ihre Konzentrationsfähigkeiten zu steigern, um damit eine höhere berufliche Leistung erbringen zu können. Es gibt aber auch solche, die sich nach der ursprünglichen Verwendung der Meditationsübung richten und damit nach der ultimativen Befreiung aus dem Leidenskreis, dem *Samsara*, streben. Der fließende Übergang zwischen den religiösen, humanistischen und psychotherapeutischen Aspekten der Ausübung einer Meditationspraxis lässt die Frage nach dem, was einen Meditierenden zu einem Buddhisten macht, offen (vgl. Nattier 1995; Tweed 2002; s. auch Khyentse 2008).

Die fortschreitende Institutionalisierung verschiedener Schulen des Westlichen Buddhismus sowie ihre starke Bezugnahme auf die traditionellen, kanonischen Schriften geben jedoch einige Hinweise darauf, dass sich der Westliche Buddhismus kaum als eine neue New-Age-Ausformung einer „unsichtbaren Religion" (Luckmann 1991) entschlüsseln lässt (s. Vogd 2012). Vielmehr lässt sich fragen, welche Erfahrungen die Meditierenden machen und unter Berücksichtigung der Diskrepanzen zwischen den Narrationen sowie den Dokumentationen über die Erfahrungen und den Erfahrungen selbst (Yamane 2000) nach neuen Ethnokategorien zur Ausdifferenzierung der theoretischen Ansätze zur Soziologie der religiösen Erfahrung zu suchen (etwa in Anlehnung an Csikszentmihalyi 1985; Neitz und Spickard 1990), die zum Teil auf Spiritualität als eine Vergesellschaftungsform hinweisen könnten (Knoblauch 2006, 2009). Die Soziologie der Spiritualität bietet jedoch bis dato nur einige wenige Einblicke in die Erfahrungswelten von Meditierenden, die sowohl verbale als auch nonverbale, ästhetische, rituell-symbolische als auch handlungspraktische, selbstreflexive als auch interaktive Komponenten in einen Sinnzusammenhang miteinander verbinden (vgl. Pagis 2009; 2010a, 2010b; Prohl 2004).

---

27 S. http://www.thedhamma.com/buddhists_in_the_world.htm. Als Vergleich s. die Angaben von Baumann zur Zahl der Buddhisten in Europa und in Deutschland in den 1990er-Jahren (Baumann 1995).

28 S. etwa die empirische Studie von Inken und Prohl (2008), welche die buddhistisch inspirierten Praktiken und Vorstellungen im Raum Berlins untersuchte.

Nun gibt es mittlerweile eine Reihe von interdisziplinären Anwendungen von Meditationstechniken, die das Forschungsspektrum erweitern. Die neurowissenschaftlichen Untersuchungen, die aus dem Dialog zwischen Hirnforschern und buddhistischen Meditationsmeistern resultieren, setzen neue Maßstäbe im Bereich der Erforschung von Gehirnaktivität (z.B. Neuroplastizität) und zeigen, dass das Gehirn durch die Übung des Geistes weitgehend beeinflusst werden kann.[29] Meditation ist erfolgreich innerhalb medizinischer und psychotherapeutischer Handlungspraxis verankert – von Stressbewältigung, Schmerztherapie bis hin zur Behandlung chronischer Krankheiten.[30] Weiterhin findet sie in der Sozialarbeit und der Sozialpädagogik Anwendung, beispielsweise in der Arbeit mit Jugendlichen (Forbes 2005; Miller 1994; Orr 2002) oder mit Strafgefangenen (Scott-Whitney 2002).

In diesem Zusammenhang fällt auf, dass der Fokus der interdisziplinären Forschung zur Meditation auf den Aspekt der sog. Achtsamkeit (Sanskrit: *smṛti*; Pāḷi: *sati*; Tibetisch: *drenpa*) gelegt wird. Die meditative Übung in Achtsamkeit bildet das Herzstück aller kontemplativen buddhistischen Traditionen. Einleitend kann zunächst angenommen werden, dass für jeden buddhistischen Praktizierenden die Achtsamkeit ein ständiges sich Vergegenwärtigen der eigenen mentalen Vorgänge sowie der eigenen Worte und Taten ist. Dies ist mit einer ethischen Haltung und Handlung verbunden. Je mehr der Praktizierende zur Achtsamkeit fähig ist, umso mehr ist es ihm möglich, sein Leben seiner ethischen Vorstellung gemäß zu führen.

Die Achtsamkeit wird auf dem ‚Pfad' ständig durch die Meditationspraxis kultiviert. Zwei meditative Praktiken lassen sich in verschiedenen Formen in allen Yanas identifizieren. Dies sind die Praxis des ruhigen Verweilens, auch als Meditation der inneren Ruhe bekannt (Sanskrit: *Śamatha*, Pāḷi: *Samatha*, Tibetisch: *Shine*), und die Praxis der Einsichtsmeditation (Sanskrit: *Vipaśyanā*, Pāḷi: *Vipassanā*, Tibetisch: *Lhaktong*). In der Praxis des ruhigen Verweilens wird durch die Ausrichtung des Geistes auf externe oder interne Objekte, wie z.B. das Ausströmen und Wiederkehren des Atems, ein visuelles Objekt, wie eine Statue, ein visualisiertes mentales Objekt, wie die Form eines Buddha, aber auch Geräusche, Klänge etc. die Achtsamkeit geschärft. Dies geschieht, indem der Praktizierende versucht, sich auf das Objekt zu konzentrieren und sobald er durch men-

---

29 S. Begley (2007); Hölzel et al. (2010); Davidson (2012). Im deutschsprachigen Raum sind vor allem die Arbeiten von Wolf und Tania Singer, u. a. am Max-Planck-Institut für Kognitions- und Neurowissenschaften in Leipzig von Bedeutung.

30 S. u. a. Acceptance and Commitment Therapy (Hayes 1990); Dialektisch-Behaviorale Therapie (Linehan 1996); Mindful Based Cognitive Therapy (Teasdale et al. 2002); Mindfulness Based Relapse Prevention (Chawla et al. 2010); Mindfulness Based Stress Reduction (Kabat-Zinn 2005a, 2005b). S. auch Shapiro et al. (2006).

tale Vorgänge (diskursives Denken, Emotionen etc.) abgelenkt wird, dies erkennt, sich seiner meditativen Übung erinnert und den Geist auf das Objekt der Meditation zurück lenkt. In diesem Kontext kann Achtsamkeit als das Erkennen und das Erinnern verstanden werden. Durch die kontinuierliche Anwendung dieser Übung wird der Geist im Laufe der Zeit ruhiger, stabiler und klarer. Fußend auf dem ruhigen Verweilen widmet sich der Praktizierende der Entwicklung von Einsicht, *Vipaśyanā*. Diese Einsicht ist je nach buddhistischer Schule anders definiert und wird unterschiedlich trainiert. So finden sich verschiedene Formen der *Vipaśyanā*-Meditation, z. B. die Analyse des eigenen Geistes und der äußeren Phänomene, die Kontemplation von Vergänglichkeit oder auch das sog. Verweilen in der Natur des Geistes.

Während in den Buddhismusstudien kontrovers über die Bedeutung von Achtsamkeit in verschiedenen buddhistischen Traditionen diskutiert wird,[31] gibt es mittlerweile eine umfangreiche Auswahl an Literatur über Achtsamkeitsübungen, vor allem aufgrund ihrer interdisziplinären Anwendung.[32] Dabei fällt auf, dass der Begriff Achtsamkeit durch seine Übersetzung in die europäischen Sprachen, aber auch durch seine säkularen Anwendungs- und Nutzungsweisen einer Wandlung unterliegt. Gethin (2012) macht darauf aufmerksam, dass das Wort Achtsamkeit sich der ersten englischen Übersetzung des buddhistischen Pāḷi-Begriffes *sati* als „mindfulness" (Rhys Davids 1881: 145) folgend eingebürgert hat und so überwiegend auf die Aspekte des sich „im Moment vollständig gegenwärtig zu sein(s), während man sich dieser Gegenwärtigkeit bewusst ist und die Aufmerksamkeit darauf richtet"[33] verweist. Er sieht darin „ein Ergebnis des Prozesses der kulturellen Übertragung alter indischer Ideen und Praktiken in die Ausdrucksweise der modernen westlichen Psychotherapie" (Rhys Davids 1881: 37), welcher sich u. a. unter den Bedingungen der Säkularisierung des Westlichen Buddhismus vollzieht. Jon Kabat-Zinn, ein Meditierender und Forscher am Institut für Mikrobiologe der Universität Massachusetts, der die Grundlagen der achtsamkeitsbasierten Stress-Therapie entwickelte, beschreibt die Achtsamkeit folgendermaßen:

> „In der Übung von Achtsamkeit macht man anfangs Gebrauch von einer einsgerichteten Aufmerksamkeit, um Ruhe und Beständigkeit zu kultivieren, doch anschließend geht man darüber hinaus, indem man die Objekte der Beobachtung erweitert, sowie ein Element des Erforschens einbringt. Wenn Gedanken oder Gefühle entstehen, igno-

---

31 S. etwa Anālayo (2003); Arnold (2010); Bodhi (2011); Thanissaro (2010); Coseru (2009); Dreyfus (2011); Dreyfus und Thompson (2007); Dunne (2006, 2011); Fasching (2008); Gethin (2011); Goldstein (2002); Higgins (2006); Lutz et. al. (2007); Olendzki (2011); Schmidt-Glintzer (2005: 16 f.); Schumann (1997: 103 ff.); Teasdale und Chaskalson (2011); Williams (2010).
32 S. etwa Zimmermann et al. (2012).
33 S. mindfulness im Oxford English Dictionary (2002).

riert man sie nicht, noch unterdrückt man sie, noch analysiert oder beurteilt man ihren Inhalt. Stattdessen betrachtet man sie, absichtlich und so gut man kann, ohne sie zu bewerten, wie sie von Moment zu Moment als Ereignisse im Feld des Gewahrseins entstehen".[34]

In diesem Kontext lässt sich generell sagen, dass der Begriff Achtsamkeit eine komplexe Verflechtung von Bewusstsein, Aufmerksamkeit und Wahrnehmung umfasst, die in einer Fähigkeit, jeden Augenblick möglichst bewusst, unabgelenkt und urteilsfrei zu erleben, münden kann.

Während der Nutzen der Achtsamkeitspraxis traditionsübergreifend in einem direkten Weg zur Befreiung aus dem Kreis des Leidens (Sanskrit: *Saṃsāra*) gesehen wird, wird in der Öffentlichkeit auf der Grundlage medizinischer Untersuchungen geradezu enthusiastisch von den positiven Auswirkungen des Achtsamkeitstrainings auf die Probanden berichtet. Diese zeigen, dass die Achtsamkeitsübungen in einer „inhaltsneutralen Fähigkeit zum bewussten Beobachten" (Schmidthausen 1976: 264) münden und damit die kognitiven Fähigkeiten steigern. Unter den zahlreichen Studien, die in den Neuro- und Kognitionswissenschaften in diesem Bereich in den letzten Jahren durchgeführt wurden, beweisen etwa Zeidan et al. (2010), dass bereits 20 Minuten andauernde Übungen ausreichend sein können, um Müdigkeit und Angstzustände zu mindern, die Leistungsfähigkeit unter Zeitdruck und Stress zu steigern sowie die Aufmerksamkeit und Konzentrationsfähigkeit zu optimieren.

Im Gegensatz zu den Studien über Meditation im Allgemeinen und der Achtsamkeit im Speziellen im Bereich der Medizin und Psychotherapie, sind die Auswirkungen der Meditationspraxis auf die Alltagspraxis der sozialen Akteure bis jetzt kaum untersucht. Aus der Perspektive sinn- und handlungsorientierter Sozialwissenschaften lässt sich an dieser Stelle fragen, welche Habitusformen sich im Prozess der Sozialisation durch die buddhistischen Lehren, mit einem besonderen Fokus auf das Achtsamkeitstraining, herausbilden und wie sich diese auf die verschiedenen Ebenen der alltäglichen Handlung der sozialen Akteure auswirken. In dieser Art und Weise wäre es dann auch möglich, die Frage nach der Essenz der Meditationspraxis für die jeweiligen buddhistischen Schulen sowie traditionsübergreifend anders als bisher zu stellen.

Die vorläufigen empirischen Ergebnisse der bereits oben genannten Pilotstudie „Kultur der Achtsamkeit" zeigen, dass die Meditationsübung sich vor allem bei Langzeitpraktizierenden prägend auf eine breite Palette von verschiedenen Lebensbereichen auswirkt: die Bewältigung der Vergangenheit und Herausbildung von neuen Zukunftsvorstellungen, die Veränderung der Berufswahl und -aus-

---

34 Jon Kabat-Zinn, http://www.arbor-seminare.de/was-achtsamkeit-ist.

übung, das Konsumverhalten, die Partnerwahl, den Umgang mit Familienangehörigen, die alltägliche Kommunikation bis hin zum sozialen und ökologischen Engagement sowie zur Einstellung zu Gesundheit und Krankheit, zu Leben und Tod. Im Zuge der Anwendung von Meditationspraxis im Alltag kann Achtsamkeit als soziale Kompetenz betrachtet werden, die sowohl die reflexive Zuwendung zu sich selbst als auch den Umgang mit den Anderen offener und toleranter gestalten, aber auch die Optimierung der Konzentration und damit der Leistung von Individuen und Gruppen steigern lässt. Die Vorschläge, die Achtsamkeitsübungen in den Bildungsprogrammen für Schulen und Hochschulen sowie bei der Ausbildung von Fachkräften in verschiedenen professionellen Bereichen zu integrieren (etwa Elsholz und Keuffer 2012; Kaltwasser 2012; Weare 2012; Dauben 2012), lassen vermuten, dass diese Kompetenz, ähnlich der interkulturellen Kompetenz, zunehmend gefragt sein wird. Ob im Zuge dessen aus einer flexiblen Gesellschaft (Sennet) eine achtsame Gesellschaft wird, muss an dieser Stelle aufgrund der Datenlage offen bleiben.

Literatur

Ames, Daniel P. (Hrsg.). 1994. *The Wider Shin Buddhist Fellowship Newsletter*. Berkeley, CA.

Anālayo. 2003. *Satipaṭṭhāna. The direct path to realization*. Birmingham: Windhorse Publications.

Arnold, Dan. 2010. Self-Awareness and Related Doctrines of Buddhists Following Dignaga: Philosophical Characterizations of Some of the Main Issues. *Journal of Indian Philosophy* 38: 323–378.

Assheuer, Thomas. 2013. Gottes neuster Streich. *Die Zeit* 19, 2. Mai 2013.

Batchelor, Stephen. 2013. Buddhismus 2.0. *Buddhismus aktuell* 2: 20–25.

Baumann, Martin. 1995. *Deutsche Buddhisten. Geschichte und Gemeinschaften*. Marburg: diagonal-Verlag.

Baumann, Martin. 1997a. Culture Contact and Valuation: Early German Buddhists and the Creation of a ‚Buddhism in Protestant Shape‘. *Numen* 44: 270–295.

Baumann, Martin. 1997b. The Dharma has come West. A Survey of Recent Studies and Sources. *Journal of Buddhist Ethics* 4: 194–211.

Baumann, Martin. 2001. Global Buddhism: Developmental Periods, Regional Histories, and a New Analytical Perspective. *Journal of Global Buddhism* 2: 1–43.

Baumann, Martin. 2002a. Protective Amulets and Awareness Techniques, or How to Make Sense of Buddhism in the West. In *Westward Dharma. Buddhism beyond Asia*, Charles S. Prebish & Martin Baumann (Hrsg.), 51–65. Berkeley, Los Angeles & London: University of California Press.

Baumann, Martin. 2002b. Buddhism in Europe: Past, Present, Prospects. In *Westward Dharma. Buddhism beyond Asia*, Charles S. Prebish & Martin Baumann (Hrsg.), 85–105. Berkeley, Los Angeles & London: University of California Press.

Baumann, Martin. 2012. Modernist Interpretations of Buddhism in Europe. In *Buddhism in the Modern World*, David L. McMahan (Hrsg.), 113–136. London & New York: Routledge.

Baumann, Martin & Charles S. Prebish. 2002. Introduction: Paying Homage to the Buddha in the West. In *Westward Dharma. Buddhism beyond Asia*, Charles S. Prebish & Martin Baumann (Hrsg.), 1–13. Berkeley, Los Angeles & London: University of California Press.

Bechert, Heinz. 1982. The Date of the Buddha Reconsidered. *Indologica Taurinensia* 10: 29–36.

Bechert, Heinz. 1986. *Die Lebenszeit des Buddha – das älteste feststehende Datum der indischen Geschichte?* Nachrichten der Akademie der Wissenschaften in Göttingen. Philologisch-Historische Klasse 4. Göttingen: Vandenhoeck & Ruprecht.

Bechert, Heinz (Hrsg.). 1991–1997. *The Dating of the Historical Buddha*, 3 Bände. Göttingen: Vandenhoek & Ruprecht.

Bechert, Heinz & Richard Gombrich (Hrsg.). 1984. *Der Buddhismus. Geschichte und Gegenwart*. München: C. H. Beck.

Begley, Sharon. 2007. *Train Your Mind, Change Your Brain: How a New Science Reveals Our Extraordinary Potential to Transform Ourselves*, Mind and Life, Bd. 12. New York: Ballantine Books.

Bitter, Klaus. 1988. *Konversionen zum tibetischen Buddhismus: Eine Analyse religiöser Biographien*. Göttingen: E. Oberdieck Verlag.

Bodhi, Bhikkhu. 2011. What does mindfulness really mean? A canonical perspective. *Contemporary Buddhism* 12 (01): 19–39.

Buttler, Paul-Gerhardt. 1962. Die buddhistische Bewegung in Deutschland. In *Asien missioniert im Abendland*, Kurt Hutten & Siegfried von Kortzfleisch (Hrsg.), 73–120. Stuttgart: Kreuz-Verlag.

Chawla, Neha, Susan Collins, Sarah Bowen, Sharon Hsu, Joel Grow, Anne Douglass & Alan Marlatt. 2010. The Mindfulness-Based Relapse Prevention Adherence and Competence Scale: Development, Interrater Reliability and Validity. *Psychotherapy Research*, Bd. 20 (4): 388–397.

Coleman, James William. 2002. *The New Buddhism: The Western Transformation of an Ancient Tradition*. Oxford & New York: Oxford University Press.

Conze, Edward. 1953. *Der Buddhismus. Wesen und Entwicklung*. Stuttgart: W. Kohlhammer Verlag.

Conze, Edward. 1984. *Eine kurze Geschichte des Buddhismus*. Frankfurt a. M.: Insel Verlag.

Cook, Elizabeth. 1992. *Light of Liberation: A History of Buddhism in India*. Berkeley: Dharma Publishing.

Coseru, Christian. 2009. Naturalism and Intentionality: A Buddhist Epistemological Approach. *Asian Philosophy* 19 (3): 239–264.

Cox, Collett. 1995. *Vasumitra. Disputed Dharmas: Early Buddhist Theories on Existence. An Annotated Translation of the Section on Factors Dissociated from Thought from Saṅghabhadra's Nyāyānusāra*. Tokyo: The International Institute for Buddhist Studies.

Csikszentmihalyi, Mihaly.1985. *Das Flow-Erlebnis: Jenseits von Angst und Langeweile im Tun aufgehen*. Stuttgart: Klett-Cotta.

Dauben, Heinrich. 2012. Fallstricke und Chancen von Achtsamkeitspraxis in pädagogischen Kontexten. In *Achtsamkeit. Ein buddhistisches Konzept erobert die Wissenschaft*, Micheal Zimmermann, Christof Spitz & Stefan Schmidt (Hrsg.), 197–210. Bern: Verlag Hans Huber.

Davidson, Richard J. 2012. Change your brain by transforming your mind – Neuroscientific studies of meditation. Festvortrag bei der Tagung Meditation & Wissenschaft 2012: *Der interdisziplinäre Kongress zur Meditations- und Bewusstseinsforschung am 16./17. November 2012 in Berlin*. DVD.

Debiprasad, Chattopadhyaya (Hrsg.). 1970 (1990). *Taranatha's History of Buddhism in India*. Kalkutta: K P Bagchi & Company.

Dreyfus, Georges. 2011. Is mindfulness present-centred and non-judgmental? A discussion of the cognitive dimension of mindfulness. *Contemporary Buddhism* 12 (01): 41–54.

Dreyfus, Georges & Evan Thompson. 2007. Asian Perspectives: Indian Theories of Mind. In *Cambridge Handbook of Consciousness*, P. D. Zelazo, M. Moscovitsch & E. Thompson (Hrsg.), 89–114. Cambridge: Cambridge University Press.

Dunne, John D. 2006. Realizing the unreal: Dharmakirti's theory of yogic perception. *Journal of Indian Philosophy* 34: 497–519.

Dunne, John, D. 2011. Towards an understanding of non-dual mindfulness. *Contemporary Buddhism* 12 (01): 77–88.

Elsholz, Jürgen & Josef Keuffer. 2012. Achtsamkeit im Bildungssystem. In *Achtsamkeit. Ein buddhistisches Konzept erobert die Wissenschaft*, Michael Zimmermann, Christof Spitz & Stefan Schmidt (Hrsg.), 149–164. Bern: Verlag Hans Huber.

Fasching, Wolfram. 2008. Consciousness, self-consciousness, and meditation. *Phenomenology and the Cognitive Sciences* 7: 463–483.

Feil, Ernst (Hrsg.). 2000. *Streitfall „Religion"*. Münster, Hamburg & London: Lit.

Forbes, David. 2005. In da zone: Meditation, masculinity, and a meaningful life. In *Holistic learning: Breaking new ground*, John Miller, Selia Karsten, Diana Denton, Deborah Orr & Isabelle Colalillo Kates (Hrsg.), 153–160. New York: University Press of New York.

Geiger, Wilhelm. 1901. *Dīpavaṁsa und Mahāvaṁsa, die beiden Chroniken der Insel Ceylon*. Erlangen & Leipzig: Deichert.

George, Kirsten, Matthias Kaufmann, Guenter Kehrer, Natalie Kuczera, Anke Spieth & Daniel Sturm. 1996. Das Bild des Islam und des Buddhismus. Eine empirische Untersuchung. *Zeitschrift für Religionswissenschaft* 4: 55–82.

Gethin, Rupert. 2011. On some definitions of mindfulness. *Contemporary Buddhism* 12 (01): 263–279.

Gethin, Rupert. 2012. Achtsamkeit, Meditation und Therapie. In *Achtsamkeit. Ein buddhistisches Konzept erobert die Wissenschaft*, Micheal Zimmermann, Christof Spitz & Stefan Schmidt (Hrsg.), 37–48. Bern: Verlag Hans Huber.

Goldstein, Joseph. 2002. *One Dharma: the emerging Western Buddhism*. San Francisco: Harper.

Gombrich, Richard. 1984. Der Buddhismus im alten und mittelalterlichen Indien. In *Der Buddhismus. Geschichte und Gegenwart,* Heinz Bechert & Richard Gombrich (Hrsg.), 72–107. München: C. H. Beck.

Gombrich, Richard. 1994. Rezension von Heinz Bechert: Die Lebenszeit des Buddha. *Göttingische gelehrte Anzeigen* 246, (1/2): 86–96.

Gombrich, Richard & Gananath Obeyesekere. 1988. *Buddhism transformed.* Princeton: Princeton University Press.

Gregory, Peter N. 2001. Describing the Elephant: Buddhism in America. *Religion and American Culture: a Journal of Interpretation* 11 (2): 233–263.

Grußbotschaft Seiner Heiligkeit des 14. Dalai Lamas zum Kongress der Europäischen Buddhistischen Union „Einheit in der Vielfalt. Buddhismus in Westen", Berlin, September 1992.

Guenther, Herbert V. 1974. *Tantra als Lebensanschauung.* Bern, München & Wien: Scherz Verlag.

Guenther, Herbert V. & Chögyam Trungpa. 1975. *The Dawn of Tantra.* London: Routledge.

Guenther, Herbert V. & Chögyam Trungpa. 1976. *Tantra im Licht der Wirklichkeit. Wissen und praktische Anwendung.* Freiburg i. Br.: Aurum Verlag.

Hayes, Steven C. 1990. *Acceptance and Commitment Therapy: An experimental approach to behavior change.* New York: Guilford Publication.

Herrigel, Eugen. 1948. *Zen in der Kunst des Bogenschießens.* Bern, München, Wien: Barth.

Hickey, Wakoh Shannon. 2010. Two Buddhisms, Three Buddhisms, and Racism. *Journal on Global Buddhism* 11: 1–26.

Higgins, David. 2006. On the Development of the non-mentation doctrine in Indio-Tibetan Buddhism. *Journal of the International Association of Buddhist Studies* 29 (2): 255–304.

Hölzel, Britta K., James Carmody, Mark Vangel, Christina Congleton, Sita M. Yerramsetti, Tim Gard & Sara W. Lazar. 2010. Mindfulness practice leads to increases in regional brain gray matter density. *Psychiatry Research* Bd. 191 (1): 36–43.

Hoiberg, Dale & Indu Ramchandani. 2000. Early Buddhist schools. *Students' Britannica India:* 264. Popular Prakashan.

Hutter, Manfred. 2001. *Das ewige Rad. Religion und Kultur des Buddhismus.* Graz: Styria.

Irons, Edward A. 2008. *Encyclopedia of Buddhism.* New York: Checkmark Books.

Kabat-Zinn, Jon. 2005a. *Coming to our senses: Healing Ourselves and the world through mindfulness.* New York: Hyperion.

Kabat-Zinn, Jon. 2005b. *Full Catastrophe Living.* New York: Bantam Dell.

Kaltwasser, Vera. 2012. Achtsamkeit in der Schule. In *Achtsamkeit. Ein buddhistisches Konzept erobert die Wissenschaft,* Michael Zimmermann, Christof Spitz & Stefan Schmidt (Hrsg.), 165–180. Bern: Verlag Hans Huber.

Khyentse, Dzongsar Jamyang. 2008. *What Makes You not a Buddhist.* Boston: Shambhala Publications.

Knoblauch, Hubert. 2006. Soziologie der Spiritualität. In *Handbuch der Spiritualität. Zugänge, Traditionen, interreligiöse Prozesse*, Karl Baier (Hrsg.), 91–111. Darmstadt: Wissenschaftliche Buchgesellschaft.

Knoblauch, Hubert. 2009. *Populäre Religion. Auf dem Weg in eine spirituelle Gesellschaft*. Frankfurt a. M.: Campus.

Krebs, Diethart & Jürgen Reulecke (Hrsg.). 1998. *Handbuch der deutschen Reformbewegungen 1880–1933*. Wuppertal: Hammer.

Lamotte, Ètienne. 1984. Der Buddha, Seine Lehre und Seine Gemeinde. In *Der Buddhismus. Geschichte und Gegenwart*, Heinz Bechert & Richard Gombrich (Hrsg.), 33–67. München: C. H. Beck.

Linehan, Marsha M. 1996. *Dialektisch-Behaviorale Therapie der Borderline-Persönlichkeitsstörung*. München: CIP-Medien.

Lodrö Thaye. 2012. *The Treasury of Knowledge*. Boston & London: Snow Lion Publications.

Lopez, David S. 1996. *Elaborations on Emptiness: Uses of the Heart Sutra*. Princeton: Princeton University Press.

Luckmann, Thomas. 1991. *Die unsichtbare Religion*. Frankfurt a. M.: Suhrkamp.

Lutz, Antoine, John D. Dunne, Richard J. Davidson. 2007. Meditation and Neuroscience of Consciousness: An Introduction. In *Cambridge Handbook of Consciousness*, P. D. Zelazo, M. Moscovitvh, E. Thompson (Hrsg.), 497–550. Cambridge: Cambridge University Press.

Maher, Derek, David Knox, Angela DeCuzzi. 2008. College Student Attitudes Toward Buddhism and Islam. *Journal of College & Character* 10: 1–23.

Matthes, Joachim. 1992. The Operation called „Vergleichen" In *Zwischen den Kulturen? Die Sozialwissenschaften vor dem Problem des Kulturvergleichs*, Joachim Matthes (Hrsg.), Soziale Welt, Sonderband 8, 75–102. Göttingen: Schwartz.

Matthes, Joachim. 1993. Was ist anders an anderen Religionen? Anmerkungen zur zentristischen Organisation des religionssoziologischen Denkens. *Kölner Zeitschrift für Soziologie und Sozialpsychologie* 33: 16–30.

McMahan, David L. 2008. *The Making of Buddhist Modernism*. Oxford, New York: Oxford University Press.

Miller, John P. 1994. *The Contemplative Practitioner: Meditation in Education and the Professions*. London & Westport: Bergin and Garvey.

Nattier, Jan. 1995. Who is a Buddhist? Charting the Landscape of Buddhist America. In *The Faces of Buddhism in America*, Charles S. Prebish & Kenneth T. Tanaka (Hrsg.), 183–195. Berkley: University of California Press.

Nattier, Jan. 2003. *A few good men: the Bodhisattva path according to the Inquiry of Ugra (Ugrapariprcchā)*. Honolulu: University of Hawai'i Press.

Neitz, Mary Jo & James V. Spickard. 1990. Steps Toward a Sociology of Religious Experience: The Theories of Mihaly Csikszentmihalyi and Alfred Schütz. *Sociological Analysis* 51: 15–33.

Numrich, Paul David. 1996. *Old Wisdom in the New World: Americanization in Two Immigrant Theravāda Buddhist*. Knoxville: University of Tennessee Press.

Numrich, Paul David. 1999. *Old Wisdom in the New World: Americanization in Two Immigrant Theravāda Buddhist.* 2nd edition. Knoxville: University of Tennessee Press.

Numrich, Paul David. 2003. Two Buddhismus Further Considered. *Contemporary Buddhism* 4 (1): 55–78.

Obadia, Lionel. 2010. *Buddhism and Modernity.* Oxford: Wiley-Blackwell.

Oldenberg, Hermann. 1881. *Buddha: Sein Leben – Seine Lehre – Seine Gemeinde.* Berlin: W. Hertz.

Olendzki, Andrew. 2011. The construction of mindfulness. *Contemporary Buddhism* 12 (1): 55–70.

Onians, Isabelle. 2001. *Tantric Buddhist Apologetics, or Antinomianism as a Norm.* D. Phil. dissertation, Oxford: Trinity Term.

Orr, Deborah. 2002. The Uses of Mindfulness in Anti-oppressive Pedagogies – Philosophy and Praxis. *Canadian Journal of Education.* Bd. 27 (4): 477–490.

Oxford English Dictionary. 2002. 10th Revised edition. Oxford University Press.

Pagis, Michal. 2009. Embodied Self-Reflexivity. *Social Psychology Quarterly* 62: 265–283.

Pagis, Michal. 2010a. From Abstract Concepts to Experimental Knowledge: Embodying Enlightenment in a Meditation Center. *Qualitative Sociology* 33: 469–489.

Pagis, Michal. 2010b. Producing intersubjectivity in silence: An ethnographic study of meditation practise. *Ethnography* 11: 309–328.

Prebish, Charles S. 1978. Reflections on the Transmission of Buddhism to America. In *Understanding the New Religions,* Jacob Needleman & George Baker (Hrsg.), 153–172. New York: Seabury Press.

Prebish, Charles S. 1993. Two Buddhisms Reconsidered. *Buddhist Studies Review* 10 (2): 187–206.

Prebish, Charles S. 1999. *Luminous Passage: The Practice and Study of Buddhism in America.* Berkeley: University of California Press.

Prebish, Charles S. & Martin Baumann (Hrsg.). 2002. *Westward Dharma. Buddhism beyond Asia.* Berkeley, Los Angeles, London: University of California Press.

Prebish, Charles S. & Kenneth T. Tanaka. 1998. *The Faces of Buddhism in America.* Berkeley: University of California Press.

Prohl, Inken. 2004. Zur methodischen Umsetzung religionsästhetischer Fragestellungen am Beispiel zen-buddhistischer Praxis in Deutschland. *Münchener Theologische Zeitschrift* 55: 291–299.

Rhys Davids, T. W. 1881. *Buddhist Suttas.* Oxford: Clarendon Press.

Rinpoche, Dudjom & Jikdrel Yeshe Dorje. 1991. *The Nyingma School of Tibetan Buddhism. Its Fundamentals and History.* Boston: Wisdom Publications.

Saalfrank, Eva Sabine. 1997. *Geistige Heimat im Buddhismus aus Tibet. Eine empirische Studie am Beispiel der Kagyüpas in Deutschland.* Ulm: Fabri Verlag.

Said, Edward W. 1978. *Orientalism.* London: Routledge & Kegan Paul Ltd.

Schmidt-Glintzer, Helwig. 2005. *Der Buddhismus.* München: C. H. Beck.

Schmidthausen, L. 1976. Die Vier Konzentrationen der Aufmerksamkeit. Zur geschichtlichen Entwicklung einer spirituellen Praxis des Buddhismus. *Zeitschrift für Missionswissenschaft und Religionswissenschaft* 60: 241–266.

Schopen, Gregory. 1985. Two problems in the history of Indian Buddhism: the layman/ monk distinction and the doctrines of the transference of merit. *Studien zur Indologie und Iranistik* 10: 9–47.

Schumann, Hans Wolfgang. 1974. Buddhismus und Buddhismusforschung in Deutschland. Wien: Octopus Verlag.

Schumann, Hans Wolfgang. 1978. *Buddhismus. Stifter, Schulen und Systeme.* Olten & Freiburg im Breisgau: Walter-Verlag.

Schumann, Hans Wolfgang. 1984. *Der historische Buddha.* Diederichs Gelbe Reihe Nr. 73. München: E. Diederichs.

Schumann, Hans Wolfgang. 1997. *Buddhismus: Stifter, Schulen und Systeme.* München: Walter-Verlag.

Scott-Whitney, Kobai. 2002. *Sitting Inside: Buddhist Practice in American Prisons.* Boulder: Prison Dharma Network.

Seager, Richard Hughes. 1999. *Buddhism in America.* New York: Columbia University Press.

Shapiro, Shauna L., Linda E. Carlson, John A. Austin, & Benedict Freedman. 2006. Mechanisms of Mindfulness. *Journal of Clinical Psychology* 62 (3): 373–386.

Snellgrove, David. 1987. *Indo-Tibetan Buddhism. Indian Buddhists and Their Tibetan Successors.* Boston: Shambhala.

Soeffner, Hans-Georg. 1995. Kultursoziologie zwischen Kulturwelten und Weltkultur: Symposion zu Joachim Matthes (Hrsg.), Zwischen den Kulturen? Die Sozialwissenschaften vor dem Problem des Kulturvergleichs. *Soziologische Revue* 1/1995: 10–19.

Soeffner, Hans-Georg. 2000. *Gesellschaft ohne Baldachin.* Weilerswist: Velbrück.

Sujato, Bhikkhu. 2006. *Sects & Sectarianism: The Origins of Buddhist Schools.* Taiwan: The Corporate Body of the Buddha Education Foundation.

Teasdale, John D. & Michael Chaskalson. 2011. How Does Mindfulness Transform Suffering? I: The Nature and Origins of *Dukkha. Contemporary Buddhism* 12 (1): 103–124.

Teasdale, John D., J. Mark G. Williams & Zindel V. Segal. 2002. *Mindfulness-based cognitive therapy for depression: a new approach to preventing relapse.* New York: Guilford Publishing.

Tweed, Thomas T. 2002. Whi Is a Buddhist? Night-Stand Buddhists and Other Creatures. In *Westward Dharma. Buddhism beyond Asia,* Charles S. Prebish & Martin Baumann (Hrsg.), 17–33. Berkeley, Los Angeles & London: University of California Press.

Tworkov, Helen. 1991. Many is More. *Tricycle: the Buddhist Review* 1 (2): 4.

Vogd, Werner. 2012. *Buddhismus im Westen: eine praxistheoretisch informierte Rekonstruktion buddhistischer Schulungsinstitutionen im deutschsprachigen Raum.* Manuskript.

Walser, Joseph. 2005. *Nagarjuna in Context: Mahāyāna Buddhism and Early Indian Culture.* New York: Columbia University Press.

Weare, Katherine. 2012. Achtsamkeitspraxis bei Kindern und Jugendlichen. In *Achtsamkeit. Ein buddhistisches Konzept erobert die Wissenschaft,* Michael Zimmermann, Christof Spitz & Stefan Schmidt (Hrsg.), 181–196. Bern: Verlag Hans Huber.

Wedemeyer, Christian K. 2001. Tropes, typologies, and turnarounds: A brief genealogy of the historiography of Tantric Buddhism. *History of Religions* 40 (3): 223–259.

Williams, Duncan Ryuken & Christopher S. Queen (Hrsg.). 1999. *American Buddhism. Methods and Findings in Recent Scholarship.* Richmond: Curzon.

Williams, J. Mark G. 2010. Mindfulness and Psychological Process. *Emotion* 10 (1): 1–7.

Williams, Paul. 1989. *Mahāyāna Buddhism. The Doctrinal Foundations.* London & New York: Routledge.

Williams, Paul. 2008. *Mahāyāna Buddhism: The Doctrinal Foundations.* 2nd edition. London & New York: Routledge.

Williams, Paul & Antony Tribe. 2000. *Buddhist Thought: A Complete Introduction to the Indian Tradition.* London & New York: Routledge.

Williams, Paul, Antony Tribe & Alexander Wynne. 2012. *Buddhist Thought: A Complete Introduction to the Indian Tradition.* 2nd edition. London & New York: Routledge.

Wuthnow, Robert & Wendy Cadge. 2004. Buddhist and Buddhism in the United States. The Scope of Influence. *Journal of the Scientific Study of Religion* 43: 363–380.

Xing, Guang. 2004. *The Concept of the Buddha: Its Evolution from Early Buddhism to the Trikaya Theory.* New York: Routledge Curzon.

Yamane, David. 2000. Narrative and Religious Experience. *Sociology of Religion* 61 (2): 171–189.

Zeidan, Fadel, Susan K. Johnson, Bruce J. Diamond, David Zhanna, Paula Goolkasian. 2010. Mindfulness meditation improves cognition: Evidence of brief mental training. *Consciousness and Cognition* 19 (2): 597–605.

Zimmermann, Michael, Christof Spitz & Stefan Schmidt (Hrsg.). 2012. *Achtsamkeit. Ein buddhistisches Konzept erobert die Wissenschaft.* Bern: Verlag Hans Huber.

Zotz, Volker. 1986. *Zur Rezeption, Interpretation und Kritik des Buddhismus im deutschen Sprachraum vom Fin de Siécle bis 1930.* Dissertation. Wien.

Internetquellen

84 000 Translating the words of the Buddha. http://www.84000.co/. Zugegriffen: 10. April 2013.

Buddhists around the world. http://www.thedhamma.com/buddhists_in_the_world. htm. Zugegriffen: 16. April 2013.

Enziclopedia Britannica. http://www.britannica.com/EBchecked/topic/181227/eighteen-schools. Zugegriffen: 21. Mai 2013.

Kabat-Zinn, Jon. Was Achtsamkeit ist. http://www.arbor-seminare.de/was-achtsamkeit-ist. Zugegriffen: 10. April 2013.

List of converts to Buddhism. http://www.en.wikipedia.org/wiki/List_of_converts_to_Buddhism. Zugegriffen: 16. April 2013.

Mindful-culture. Blog of the Research Project „Culture of Mindfulness" by Thea D. Boldt. http://www.mindful-culture.org/. Zugegriffen: 21. August 2013.

Thanissaro, Bhikkhu. 2010. Satipatthana Sutta: Frames of reference. *Access to Insight.* http://www.accesstoinsight.org/tipitaka/mn/mn.010.than.html. Zugegriffen: 02. April 2012.

Faszinierungsprozesse

Wie attraktiv sind Prediger des Islam
für in Deutschland lebende Jugendliche?

Kamal El Guennouni, Saliha Kubilay, Jo Reichertz

6.1 Einleitung

Empirisch gesichert ist der Befund, dass sich eine als bedeutsam eingeschätzte Anzahl von in Deutschland lebenden weiblichen wie männlichen Jugendlichen (mit unterschiedlicher transkultureller[1], schwerpunktmäßig deutscher, arabischer und türkischer Sozialisationserfahrung) von Predigern des Islam faszinieren lassen und teilweise auch bereit sind, ihr Handeln ganz oder zeitweise nach islamischer Glaubenslehre und -praxis auszurichten (vgl. hierzu: Roy 2006; Kandel 2011; Tibi 2007; Clement und Jöris 2010; Musharbasch 2006; Schiffauer 2010).

Über das Feld muslimischer Prediger und deren Faszinierungskraft in Deutschland ist allerdings in der Sozialwissenschaft vergleichsweise wenig bekannt. Aus dem Wenigen, das man weiß, ergibt sich, dass das Feld sehr unübersichtlich und

---

1   Der Begriff der „Interkultur" als auch der Begriff „Migrationshintergrund" werden im Projekt kritisch hinterfragt. Um sich der Untersuchungsgruppe empirisch angemessen zu nähern und sowohl die kulturellen als religiösen Einflüsse berücksichtigen zu können, wird als erste Heuristik der Begriff „transkultur" herangezogen. Anlehnend an den „transgender"-Begriff der Genderforschung, wird der Begriff „transkultur" als analytische Kategorie betrachtet. Ebenso werden die Theorieansätze zur „Transkulturellen Gesellschaft" von Wolfgang Welsch (2010) herangezogen (http://www2.uni-jena.de/welsch/tk-1.pdf). Denn Personen erfahren mehrere kulturelle Einflüsse, ganz besonders, wenn sie selbst oder ihre Vorfahren Migrationserfahrung aufweisen. Die Verwendung des Begriffs ‚Migrationshintergrund' wird vermieden, weil die Untersuchungsgruppe zum größten Teil keine eigene Migrationserfahrung aufweist und der Begriff an sich als überholt betrachtet wird. Der Begriff ‚Interkultur' hingegen wird vermieden, da er eine Gradwanderung zwischen zwei starren Kulturen suggeriert. Dabei ist Kultur ebenfalls als ein dynamischer Prozess zu verstehen. Die Bezeichnungen „Transkultur" und „transkulturell" dagegen lassen nicht nur den Wandel zwischen mehreren Kulturen (und Subkulturen) zu, sondern ermöglichen auch die Etablierung einer eigenen hybriden deutsch-türkischen, deutsch-türkisch-kurdischen oder deutsch-arabischen Kultur.

äußerst dynamisch ist und dass es sich in der Regel nicht oder nur sehr begrenzt für eine sozialwissenschaftliche Untersuchung öffnet.

Um zu klären, ob eine Feldforschung zu diesen Fragen möglich ist, wird eine auf neun Monate angelegte Vorstudie durchgeführt.[2]

Ziel der Vorstudie ist die Ausarbeitung und theoretische, methodische wie praktische Vorbereitung eines interdisziplinären Verbundprojektes zum Thema ‚Religiöse Faszinierungsprozesse bei Jugendlichen durch Prediger des Islam'. Der Fokus des Hauptprojektes soll dabei ausdrücklich auf den Jugendlichen liegen, die von den Ansprachen islamischer und sogenannter salafistischer Prediger und deren Umfeld fasziniert und auch bereit sind oder waren, ihr Handeln ganz oder zeitweise danach auszurichten.

Bei den Forschungsarbeiten geht es dabei nicht um Ursachenforschung für Radikalisierungsprozesse, sondern um die Klärung der letztlich religionssoziologischen Frage, wie sich diese (religiös eingekleideten) Eiferungsprozesse für den Islam (statt z. B. für den Katholizismus etc.) bei Jugendlichen verstehen und erklären lassen.

Da aus der bislang nur spärlich vorliegenden Fachliteratur wenig zum Thema ‚Religiöse Faszinierungsprozesse bei Jugendlichen durch Prediger des Islam' zu entnehmen ist, soll im Weiteren hier relevante Literatur genutzt werden, um erste Heuristiken zur Forschungsfrage zu entwickeln. Die Auswahl der Literatur ist dabei hoch selektiv und thematisiert nicht alle für die Fragestellung relevanten Bereiche.

6.2   Forschungsstand zum Themenfeld ‚Islam' und ‚Salafismus'

In der klassischen Religionssoziologie (z. B. Durkheim 1977: 210 f. oder auch Weber 1956) wird davon ausgegangen, dass die Faszination der Religion und insbesondere die des Islam in der funktional differenzierten Gesellschaft abnimmt. Im Gegensatz dazu argumentieren Berger und Luckmann (1967) in „Aspects Sociologiques du Pluralisme", dass gerade aufgrund der Hegemonieabnahme der christlichen Religion in der Moderne andere Religionen im sozialen Raum sichtbar werden. Diese These lässt sich im Falle des Islam anhand der medialen Berichterstattung und der zunehmenden Anzahl wissenschaftlicher Publikationen

---

2   Bei dem hier vorgelegten Papier handelt es sich um den Arbeitsplan für diese Vorstudie, welcher im April 2012 im Rahmen der KWI Tagung vorgestellt wurde. Die Vorstudie fand in der Zeit vom 01.03. bis 31.12.2012 in Zusammenarbeit mit den KollegInnen aus Berlin (Prof. Dr. Schirin Amir-Moazami, Melanie Kamp, Amir Fahim) im Auftrag des BMFSFJ statt. Zum 01.01.2013 wurde eine auf 21 Monate angelegte Hauptstudie bewilligt.

belegen. Die Bandbreite der Islamstudien reicht von der Kopftuchdebatte (Nökel 2002) über den Moscheenbau (Sammet 2007) und islamischen Schulunterricht (Mohr 2006; Dietrich 2006) bis hin zum Verhältnis von Islam und Demokratie (Nagel 2001, 2005) und religiös motivierter Gewalt (Brettfeld und Wetzels 2003; Schweer 2010). Im Bemühen um wissenschaftliche Erklärungen der zunehmenden Faszination des Islam in der westlichen Moderne konkurrieren gegenwärtig verschiedene Erklärungsansätze, wobei sich die Argumentationslinien oft diskursiv überschneiden. Sie rekurrieren zum einen auf globale Entwicklungen und stellen die gegenwärtigen islamischen Strömungen in den Zusammenhang von Säkularisierung und der daraus resultierenden kulturellen Entwurzelung. Es wird angenommen, dass mit der kulturellen Entfremdung die Muslime einen Individualisierungszwang pluralistischer Gesellschaften durchlaufen und sich verstärkt wieder ihren religiösen Gemeinschaften anschließen (Roy 2006: 48; Kepel 1991).

Dieser Erklärungsansatz kann u. a. nicht erklären, weshalb auch in Deutschland geborene Christen zunehmend zum Islam konvertieren (vgl. Zschoch 1994; Wohlrab-Sahr 1999; Landau 2008; Verfassungsschutz NRW 2011). Zum anderen werden vertikale sozialstrukturelle Faktoren herangezogen, wie die niedrigen Bildungs- und Ausbildungsabschlüsse der Muslime und die damit verbundene sozioökonomische Lage unter dem bestimmenden Einfluss der Schichtzugehörigkeit. Diese sozialen und ökonomischen Exklusionserfahrungen können allgemeine Lebensunzufriedenheit auslösen und Religiosität als Ressource verstärken (vgl. Tietze 2004). Dieser Ansatz kann nicht erklären, warum gut ausgebildete und wohlhabende Akteure sich islamisch ereifern und strenge religiöse Handlungen inkorporieren. Im dritten und letzten Mehr-Faktoren-Ansatz stellen die sozioökonomische Situation und die kulturelle Entwurzelung in der Aufnahmegesellschaft Indikatoren unter vielen im Ursachenkatalog dar. In diesem Ansatz werden auch psychologische Dispositionen bzw. Einstellungen oder auch kollektive Marginalisierungswahrnehmungen thematisiert. Das Zusammenspiel der o. g. Faktoren kann laut diesem Ansatz sowohl Integrations- als auch Islamisierungsprozesse beeinflussen (vgl. Frindte et al. 2012).

Insgesamt fällt auf, dass die sozialwissenschaftlichen Erklärungsansätze zur Faszination des Islam in der Gegenwart weitgehend vom öffentlichen sicherheits- und integrationspolitischen Diskurs geprägt sind und nach den allgemeinen Ursachen von Faszinierung oder Radikalisierung fragen. Somit kann die herkömmliche Ursachenforschung in den Islamstudien die Rolle, die bei Prozessen religiöser Faszinierung zum einen den Predigern des Islam und zum anderen den Peers zukommt, nicht erklären. Zweifelsohne spielen Faktoren wie Exklusionserfahrungen bei der religiösen Faszinierung eine Rolle, allerdings können sie weder die religiöse Kommunikation noch das religiöse Handeln der weiblichen und männlichen Akteure ausreichend erklären. Des Weiteren werden für diese Verstehensprozesse unverzichtbare, analytische Kategorien wie Jugend, Ethnizität, aber vor allem der Geschlechteraspekt unzureichend in ihrem Zusammenhang untersucht. Im Folgenden wird der bisherige Erkenntnisstand zu den oben genannten analytischen Kategorien (Jugend, soziales Geschlecht und Ethnizität) erörtert und somit ihre Relevanz zur Untersuchung von Faszinierungsprozessen von weiblichen und männlichen muslimischen Jugendlichen deutlich gemacht.

6.2.1 Jugend und Jugendlichkeit als soziale Kategorie

Die Jugendforschung erlebt seit den 1970er-Jahren durch die Shell-Studien eine Renaissance der qualitativen (ethnographischen und biographischen) Methodik. Anders als in den Jahrzehnten zuvor wird der Fokus mehr und mehr auf Jugendkulturen und Jugendszenen gelegt, d. h. die Jugend wird auch aus wissenschaftlicher Perspektive individualisiert und enthomogenisiert. Ab den 1990er-Jahren werden nun auch vermehrt Längsschnittstudien, Vergleichsstudien (internationale Bildungsvergleiche etc.) und die Triangulation qualitativer und quantitativer Methoden als wichtige Erkenntnisinstrumente in der breit angelegten Jugendforschung angesehen. Bei dieser Entwicklung erhält der Aspekt der Religion in der Jugendforschung ebenfalls eine bedeutende Rolle. Im Zusammenhang mit der vergleichenden Religionsforschung (Christentum und Islam) sind die Studien von Thonak (2003), Ziebertz et al. (2003) und Streib und Gennerich (2011) erwähnenswert. Besonders die sekundäranalytischen Einzelfallanalysen, u. a. auch zu Formen individueller oder privater Religion von Thonak „Religion in der Jugendforschung", können für die geplante Analyse fruchtbar gemacht werden. Eine kritische Analyse der Shell Jugendstudien in religionspädagogischer Absicht stellt zwar sowohl christlich als auch muslimisch sozialisierte Jugendliche vor, bleibt jedoch stark deskriptiv und zu wenig analytisch vergleichend. Die Studie von Ziebertz, Kalbheim und Riegel „Religiöse Signaturen heute. Ein religionspädagogischer Beitrag zur empirischen Jugendforschung" ist stark fokussiert auf das Christentum, wodurch ein Vergleich dieser quantitativen Erhebung mit muslimisch sozialisierten Jugendlichen kaum möglich ist. Durch die detaillierte Analyse wird jedoch die Heterogenität des Christentums widergespiegelt und somit förderliche Analyseansätze für eine dynamisch-heterogene sowie islamisch geprägte Jugendkultur geboten.

Auch die umfangreiche Studie von Streib und Gennerich „Jugend und Religion. Bestandsaufnahmen, Analysen und Fallstudien zur Religiosität Jugendlicher" bietet mit ihren exemplarischen Einzelfallanalysen und der Typenbildung der Religiosität von Jugendlichen in religiösen und nicht-religiösen Milieus durchaus förderliche Untersuchungsansätze einer vergleichenden Jugendforschung. Streib und Gennerich konstatieren Parallelen, aber auch deutliche Unterschiede, zwischen christlichen und muslimischen Jugendlichen und kritisieren gleichzeitig, dass der Diskurs um muslimische Jugendliche im Fokus der Kriminalitäts- und Präventionsforschung steht (vgl. Streib und Gennereich 2011: 113–128).

Festzuhalten ist jedoch, dass der starke Zusammenhang der analytischen Kategorien Ethnie, Geschlecht und Religion (aufgrund der Einzelfallanalysen oder rein quantitativen Studien mit dem Fokus auf nur eine oder höchstens zwei der oben genannten Kategorien) vernachlässigt wird. Vor diesem Hintergrund ist es erforderlich, die Perspektive der muslimischen Jugendlichen in den Mittelpunkt zu rücken und ihr geschlechtsbezogenes Handeln als jugendliche Praxis aus ihrer Lebenssituation heraus zu verstehen.

6.2.2 Das soziale Geschlecht als analytische Kategorie

Wie in der bisherigen Jugendforschung wurde in der Forschungsliteratur, die sich im weiteren Sinne mit dem Islam und muslimischem Leben in Deutschland befasst, die religionssoziologische Perspektive kaum in Verbindung mit Fragen und Erkenntnissen der kritischen Männer- und Frauenforschung untersucht. Es ist jedoch allgemein bekannt, dass das islamische Feld – wie etwa das christlich-katholische – männlich dominiert ist und lediglich das männliche Geschlecht befugt ist, im öffentlichen Raum zu predigen und eine legitime religiöse Auslegung der sakralen Texte zu praktizieren. Zudem fallen unweigerlich die geschlechtsspezifische Teilung der religiösen Arbeit und die im religiösen Habitus der Akteure inkorporierte Geschlechtertrennung auf. Jede Person, die einer Moschee einen Besuch abstattet oder an einer religiösen Veranstaltung teilnimmt, kann offensichtlich feststellen, dass im islamischen Feld das soziale Geschlecht eine Strukturkategorie und ein systemimmanentes Inklusions- und Exklusionsmerkmal ist (z. B. der lediglich den Männern vorbehaltene Teeraum der Moschee oder der Ausschluss des weiblichen Geschlechts von bestimmten Religionsberufen und -räumen). In diesem Sinne weisen die meisten einschlägigen wissenschaftlichen Untersuchungen zum Islam in Deutschland mindestens einen großen Mangel auf. Sie blenden die analytische Bedeutung des männlichen Geschlechts als einen wichtigen makro- und mikroanalytischen Rahmen der Analyse völlig aus; wie z. B. die Studie Schiffauers „Die Gottesmänner" (2000), in der über die symbolische und strukturelle Dimension vom sozialen Geschlecht im islamischen Feld kaum reflektiert wird. Gerade im dritten Teil dieses Buches mit der Überschrift „Erfahrungen", in dem es um die „islamistischen" Selbstbeschreibungen geht, ist eine geschlechtsbezogene Analyse nicht nur möglich, sondern gewissermaßen auch notwendig. Auch der Titel der Untersuchung von Tietze „Formen der Religiosität junger männlicher Muslime in Deutschland und Frankreich" (2004) legt die Vermutung nahe, dass die Religiosität von Jugendlichen geschlechterbezogen analysiert wird. Diesem Anspruch wurde Tietze kaum gerecht, da in ihrem Text lediglich ein Aspekt im Vordergrund steht, nämlich die Analyse von sozioökonomisch marginalisierten Muslimen in Deutschland und Frankreich im jeweiligen öffentlichen Raum. Gleiches gilt für die im Auftrag des Bundesministeriums des Innern im Jahr 2012 veröffentlichte interdisziplinäre empirische Studie „Lebenswelten junger Muslime in Deutschland". Auch diese Studie sagt sehr wenig über den Zusammenhang von sozialem Geschlecht bzw. Männlichkeit und den Ursachen radikaler Einstellungen und Verhaltensweisen junger Muslime aus. Das soziale Geschlecht wurde als soziodemographisches bzw. statistisches Merkmal im Fragebogen zum Ausdruck gebracht, um lediglich unter den Befragten zwischen männlich und weiblich zu differenzieren (Frindte et al. 2012: 53 f.). Insgesamt wird ersichtlich, dass die bisherigen Islamstudien die kritische Männerforschung kaum als Hauptansatz herangezogen haben.

Wie in der männerzentrierten Islamforschung in Bezug auf Radikalisierung und Kriminalität liegt der Forschungsschwerpunkt zum Thema Frau im Islam entweder auf der Opferrolle (Unterdrückung der Frau im Namen des Islam) oder aber nimmt Bezug auf Integrationsfragen. Das führt dazu, dass die in der Dominanzkultur (Rommelspacher 1995) diskutierte Geschlechtertrennung im Islam bzw. Islambild nicht analytisch in ihrem Zusammenhang untersucht wird, sondern Stereotypisierungen (Frau = Opfer, Mann = Täter) lediglich (populär-)wissenschaftlich verifiziert oder gar verschärft werden. Eine 2008 vom Institut für Demoskopie Allensbach in Auftrag gegebene Studie belegt, dass 91 % der Deutschen den Islam mit der Unterdrückung der Frau in Zusammenhang bringen. Dieser Forschungsschwerpunkt spiegelt sich auch in den (sozial-)wissenschaftlichen Studien wider. So existiert eine Vielzahl an quantitativen, qualitativen als auch (politik-)wissenschaftlichen Untersuchungen zum Themenfeld Frau im Islam. Auffällig dabei ist jedoch die Reduktion auf den Zusammenhang zwischen religiöser Praxis und Integrationsbereitschaft, die bei muslimischen Frauen vermehrt anhand des islamischen Kopftuches ausgehandelt wird (vgl. Göle 1995; Klein-Hessling et al. 1999; Karakasoglu 2000; Klinkhammer 2000; Nökel 2002; Höglinger 2002; Oestreich 2005; Jessen und Wilamowitz-Moellendorf 2006; Rommelspacher 2007; Amir-Moazami 2007; Haddad 2011). Trotz feiner Unterschiede in ihren Ergebnissen sind die Untersuchungen fokussiert auf die Befragung nach dem Religionsverständnis, den Motiven des Kopftuchtragens, dem Integrationswillen oder der Selbstwahrnehmung innerhalb der Islam- bzw. Kopftuchdebatte.

Von diesem Erkenntnisstand ausgehend wird das soziale Geschlecht in der geplanten Studie als analytisches Strukturmerkmal verwendet, da das soziale Geschlecht die Interaktionsordnung und die gesamte soziale und religiöse Praxis strukturiert. In Anlehnung an die kritische Männerforschung (Walter 1996; Connell 1999; Connell und Wedgwood 2004) und an die Frauenforschung (Wetterer

2004; Gildemeister 2004; Villa 2004) wird in der Studie das soziale Geschlecht als
unumgängliche analytische Kategorie herangezogen.

6.2.3 Ethnizität als soziale Konstruktion von Differenzen

Die Mehrzahl der Untersuchungen befasst sich nach wie vor mit türkischstämmigen, sunnitischen MuslimInnen. In der Regel wird der Fokus auf die Religiosität
junger türkischer oder türkischstämmiger Frauen (vgl. Nökel 2000; Tezcan 2003)
gelegt. Sofern die Religiosität männlicher Muslime berücksichtigt wird, wird sie
weitgehend in Zusammenhang mit Gewalterfahrungen und -einstellungen erforscht (vgl. Brettfeld und Wetzels 2003; Pisoiu 2012) und unter dem sogenannten Salafismus subsumiert. Dabei werden ethnische Zugehörigkeiten und unterschiedliche transkulturelle Sozialisationserfahrungen außer Acht gelassen. Jedoch
erweist sich das Feld der muslimischen Jugendlichen als äußerst dynamisch und
heterogen und erfordert daher eine systematische Untersuchung der unterschiedlichen transkulturellen Sozialisationserfahrungen. Nicht nur die steigende Anzahl
der deutschen Konvertiten und Konvertitinnen oder die steigende Präsenz an ara-
bischstämmigen Muslimen und Musliminnen, sondern auch die gegenseitige Be-
einflussung unterschiedlicher, islamisch geprägter Gruppierungen verlangt die
Berücksichtigung einer mehrdimensionalen, europäisch geprägten islamischen
Jugendkultur. Neuere Untersuchungen (Herding 2012; von Wensierski und Lübke
2010, 2012) bestätigen, dass das Zusammentreffen unterschiedlicher Ethnien zu
neuen religiösen Praktiken und Handlungen gerade bei weiblichen und männlichen Jugendlichen im islamischen Feld führen (können). Weiterhin wird der
Einfluss der dominierenden Ethnizität in diversen islamischen Gruppierungen
berücksichtigt, wie z. B. der türkisch-islamische Einfluss in etablierten Moschee-
gemeinden oder der arabisch-islamische Einfluss in bestimmten sogenannten
salafistischen Milieus. Dabei wird Ethnizität durchgehend als soziale Konstruktion begriffen und keineswegs als Reproduktion von Stereotypen verstanden. In
Anlehnung an Max Weber (1956: 234 ff.) wird der Ethnizitätsbegriff als ein „subjektiv empfundener" (irrational gefärbter) Glaube von Menschen an gemeinsame
Merkmale, die zur Bildung einer „Gruppenidentität" führen, verstanden: Dies betrifft beispielsweise die Idee einer gemeinsamen Herkunft oder einer gemeinsamen Geschichte. Wichtig ist in diesem Zusammenhang, die verschiedenen Eth-
nisierungspraktiken als soziale Prozesse zu betrachten. Denn nicht selten werden
die Fremdzuschreibungen als Selbstzuschreibung aufgenommen, akzeptiert, modifiziert oder aber auch komplett inkorporiert (Cornell und Douglas 2010: 69).

   Abschließend ist festzuhalten, dass der bisherige Forschungsstand die oben
eingeführten analytischen Kategorien betreffend unzureichend ist, das aber diese

Kategorien für das Forschungsprojekt ein wichtiges Begriffsinstrumentarium bereitstellen, um die Religiosität von weiblichen und männlichen Jugendlichen in diesem heterogen-dynamischen Feld des Islam in Deutschland systematisch zu analysieren.

6.3   Heuristiken

Im Folgenden werden nun einige Heuristiken und Konzepte, die aus unserer Sicht zur Erfassung von Faszinierungsprozessen besonders relevant sind, vorgestellt. Gewiss sind noch weitere Konzepte von Bedeutung, diese sollen jedoch zu einem späteren Zeitpunkt ausgearbeitet werden.

Die hier nun vorgestellten Begrifflichkeiten und manchmal auch die damit verbundenen Ansätze sind unterschiedlichen Theorien entlehnt (z. B. den Theorien von Weber, Durkheim, Bourdieu, Berger, Luckmann und Soeffner). Diese Begriffe und Ansätze werden benutzt, weil sie uns in dieser Phase der Forschung als hilfreich erscheinen, das Feld begrifflich aufzuschließen. Keinesfalls soll damit eine Verpflichtung auf einen bestimmten Theorieansatz zum Ausdruck gebracht oder gar eingegangen werden.

6.3.1   Der Begriff der Faszinierung

In dem hier interessierenden Feld werden oft auch politisch aufgeladene Begriffe verwendet, welche die Diskussion eher erschweren als erleichtern. Deshalb verwenden wir bewusst einen – den bislang nicht aufgeladenen – Begriff der *Faszinierung,* um den Prozess zu benennen, aufgrund dessen Menschen bereit sind, ihr Handeln ganz oder zeitweise nach einer bestimmten Glaubenslehre und -praxis auszurichten.

Die Faszinierung wird hier nicht als ein linearer Prozess verstanden. Es handelt sich vielmehr um eine soziale Entwicklung, die (a) nicht monologisch abläuft (in der ein Individuum mit sich selbst in Kommunikation von Stufe zu Stufe springt), sondern um einen dynamischen Ablauf, an dem sowohl die In-Group als auch die Out-Group teilhaben (wie Polizei oder Medien). Dieser gesamte Prozess ist zudem nicht als innerer Reifungsprozess eines Individuums zu begreifen, sondern ein sozial gebahnter, vorbereiteter und gestützter Prozess, aus dem die Individuen aussteigen können, der aber auch durch Druck beschleunigt werden kann.

Bei dem Prozess der Faszinierung lassen sich analytisch verschiedene Phasen unterscheiden: (a) die Öffnung für einen (neuen oder alten) Glauben; (b) die Hinwendung zu der Gruppe der Glaubensanhänger; (c) die Übernahme zentraler Glaubenssätze; (d) das Bekenntnis zu dem Glauben (privat vor der Familie oder Freunden); (e) das öffentliche Bekenntnis; (f) Religion als zentrale Kategorie des Handelns; (g) Erosion der Familienbindung bei gleichzeitigem Aufbau von Bindungen zu der Glaubensgruppe; (h) aktives Vertreten der Glaubenspraxis sowohl innerhalb als auch außerhalb der normativen Ordnung der jeweiligen Gesellschaft. Man kann weitere Unterscheidungen hinzufügen, jedoch sind das die primären analytischen Stufen eines Faszinierungsprozesses auf der Handlungsebene. Man kann diesen Prozess auf der Einstellungsebene, d. h. auf der Ebene des Denkens, als inneren geistigen Prozess erfassen. Das Ziel des Forschungsprojektes ist jedoch nicht die Analyse dieses geistigen Prozesses, sondern die Analyse und Erfassung von religiösen Faszinierungsprozessen auf der Handlungsebene.

Die hier aufgeführten unterschiedlichen Stufen der Faszinierung werden als ein interaktiver Prozess zwischen diversen Akteuren und Akteurinnen verstanden, in dem auch Stufen übersprungen oder auf bestimmte Stufen zurückgekehrt werden kann. Faszinierung ist im Kern offen.

6.3.2 Der Begriff des Charisma

Eine theoretische Prämisse des Projektes ist die Annahme, dass bei religiösen Faszinierungsprozessen dem (interaktiv zugeschriebenen) Charisma des Predigers und den Inszenierungspraktiken des Charismaträgers eine wesentliche Rolle zukommt.

Auch wenn religiös motivierten Faszinierungsprozessen eine allgemeine Logik zugrunde liegt, so ergeben sich die konkreten Handlungen der Faszinierten jedoch aus dem jeweiligen Inhalt der religiösen Botschaften – weshalb (wie Weber gezeigt hat – Weber 1956) auch die Inhalte der Religion und die sich jeweils daraus ergebende Lebensführung Gegenstände der Analyse sein müssen. Da Charisma das Ergebnis von Gruppenprozessen ist, müssen bei der Erklärung von religiöser Faszinierung neben der Botschaft immer auch die Kommunikation und Interaktion in der Gruppe und hier vor allem die Bedeutung der öffentlichen Predigt, die Formen und die Dynamik des Zusammentreffens, die Besonderheit des Events, die Interaktion und Kommunikation der Anhänger und die Inszenierungspraktiken im Zentrum der Untersuchung stehen (ausführlich dazu Reichertz 2010).

Charisma muss als Begriff eingeführt werden, wenn man erklären will, weshalb religiöse, politische oder auch wirtschaftliche Herrschaft ohne Gewalt möglich ist. Charisma erklärt, weshalb Menschen einem anderen Menschen in außerordentlichem Maße folgen, ihr Leben verändern und im Namen des Charismaträgers und/oder in dessen Auftrag außerordentliche Handlungen ausführen – manchmal auch ohne Rücksicht auf das eigene Leben oder das Leben anderer.

Charisma wird oft (so der zu enge essentialistische Ansatz) als besondere Gabe Gottes an einen bestimmten Menschen angesehen, die er den Menschen in unterschiedlicher Weise angedeihen lässt. Diese Erklärung ist jedoch unzureichend, da Charisma zum großen Teil (und hier ist sich die Literatur im Anschluss an die Arbeiten von Max Weber einig – Weber 1956) ein Interaktions- und Kommunikationsprodukt bzw. Produkt gesellschaftlicher Zuschreibung durch die jeweiligen Anhänger (Jünger) ist (ausführlich dazu: Gebhardt et al. 1993; Lenze 2002). Charisma und auch ‚Aura‘ werden bestimmten Menschen von der jeweils sie umgebenden und ihr freiwillig und mit Enthusiasmus und Eifer nachfolgenden Interaktionsgemeinschaft zugeschrieben. Die Gruppe schafft sich einen Charismaträger, denn ohne diese konstruierte Gruppenzuschreibung kann man nicht von Charisma sprechen. Hier versichert sich eine bestimmte Interaktionsgemeinschaft gegenseitig (und deshalb spielt die Kommunikation eine so große Rolle), dass eine bestimmte Person ein Wissen zur Lösung der von ihr (der Gemeinschaft) als relevant erachteten Krise hat, das ihn von allen unterscheidet und vor allen auszeichnet und dass dies Grund genug ist, ihm und damit der Gemeinschaft freiwillig zu folgen und eigene Interessen hintenan zu stellen. Der Charismaträger vermag immer wieder den Eindruck zu vermitteln, dass er Zugang zu einem bestimmten Wissen hat, das den anderen entweder immer verborgen bleibt oder nicht von selbst zugänglich ist.

Allerdings geschieht die interaktive Zuschreibung von Charisma nicht willkürlich – und es ist das Verdienst von Weber, darauf nachdrücklich hingewiesen zu haben –, sondern der Charismatisierte muss zwingend eine besondere Leistung für die Gruppe, die ihn mit Charisma ausstattet, erbringen: Diese besondere Leistung des Charismatikers besteht (bei aller Verschiedenheit der konkreten Ausgestaltung) darin, dass er in einer Krisensituation nicht nur die Stimmen der Gegenwart hört, sondern auch die Stimmen der Vergangenheit und die der Zukunft und sie alle miteinander verbinden kann – also Tradition, gegenwärtige Krise und das zukünftige Glück (Mead 1969: 211; ähnlich auch Joas 1996: 73). Aufgrund dieser Multiperspektivität kann er die augenblickliche Gegenwart sowohl an die Vergangenheit anschließen als auch auf einen Zukunftsentwurf hin orientieren. Jeder Charismatiker äußert Zweifel an der Selbstverständlichkeit des Gegenwärtigen. Er ‚weiß‘, dass es jenseits der Gegenwart eine andere Zukunft geben wird und dass diese anders aussehen wird als die Gegenwart. Er glaubt auch zu wissen, wie das Zukünftige aussehen wird und wie der Weg vom Gegenwärtigen zum Zukünftigen zu absolvieren ist. Diese besondere Leistung erbringt einen mächtigen Handlungsgewinn: Eine solche Deutung der Gegenwart ordnet jeweiliges Handeln in die Vergangenheit und die Zukunft ein und gibt damit dem Handeln einen ‚transzendenten‘ Sinn. Der Charismatiker kann also verstanden werden als „generalized other“, der die jeweilige Gruppenperspektive und deren Zukunft umfassend deuten und auf den Punkt bringen kann, also in Begriffe fassen kann.

6.3.3 Der Begriff des Feldes

Nach wie vor ist die klassisch-europäische Religionssoziologie „meistens eine Soziologie der Kirchen" (Berger 1970: 17). Beispielsweise beschreibt Luhmann die gesellschaftliche Ausdifferenzierung der Religion in Europa auf Grundlage der Genese und Struktur des Christentums (vgl. Luhmann 1997: 707 f., 1982: 40 f.). Von daher ist es notwendig für das Forschungsprojekt, die Faszination des Islam in Deutschland zwar auf fundierte soziologische Theorien zu beziehen, diese aber zu modifizieren und weiterzuentwickeln. Dies soll in Anlehnung an die Theorie des religiösen Feldes von Bourdieu (1971a, 1971b) geschehen. Die Religionssoziologie Bourdieus hat für das Forschungsanliegen deshalb einen heuristischen Stellenwert, da sie auf Grundlage der westlichen Gesellschaftsstruktur konzipiert wurde und explizit den Zusammenhang von charismatischen Predigern und religiösen Akteuren fokussiert. Bei der Ausarbeitung des konzeptionellen Rahmens für die Erforschung streng religiöser Prediger und Faszinierungsprozesse für Jugendliche wird daher in Anlehnung an Bourdieu von relationalen und strukturellen Bedingungen ausgegangen: Die religiöse Kommunikation und die soziale Praxis sogenannter salafistischer Strömungen können nur systematisch analysiert werden, wenn das System der Beziehungen charakterisiert wird, das sie zu anderen islamischen Bewegungen unterhalten und aus denen ihre Funktion und ihr religiös motiviertes Handeln innerhalb des islamischen Feldes in Deutschland resultiert. Von Bedeutung ist hier einerseits die Beziehung zur islamischen Orthodoxie im Zentrum des Feldes, die das religiöse Kapital monopolisiert, und andererseits seine Beziehung zum peripheren, primär an der Mystik orientierten Sufismus. Der sogenannte Salafismus ist eine strukturelle Variante im islamischen Feld, und seine gesamte Bestimmtheit lässt sich nur aus seiner Beziehung zu anderen islamischen Strömungen und aus seiner Positionierung gegenüber diesen erklären. In diesem Sinne werden weibliche und männliche Jugendliche aus einem nach „außen gerichteten Islam" (die salafistische Strömung) und aus dem „etabliert-organisierten und dominanten orthodoxen Islam" (ausschnittweise der türkisch-islamischen Organisationen IGMG) sowie aus einem „nach innen gerichteten Islam" (sufistische Strömung) begleitet und interviewt. Auf der Grundlage der Grounded Theory soll mit dem daraus gewonnenen Datenmaterial ein Mini-Max-Vergleich erstellt werden, der (oder) was im folgenden Kapitel näher erläutert wird.

6.4 Empirische Vorgehensweise

In Anbetracht des bisherigen lückenhaften Forschungsstandes zum Themenfeld Islam und muslimische Jugendliche und um die Prozesse der religiösen Ereiferung bei weiblichen und männlichen Jugendlichen religionssoziologisch systematisch zu erfassen, ist es auch von großem Interesse, die oben vorgestellten Heuristiken und theoretischen Vorüberlegungen, basierend auf empirischen Daten, weiterzuentwickeln. Denn der Vergleich von Faszinationsstrategien der Prediger in unterschiedlichen Teilfeldern und ihr Einfluss auf weibliche als auch auf männliche Jugendliche im öffentlichen Raum (z. B. Moschee, Internet, Events) und im privaten (häuslichen) Bereich (Hausprediger) tragen dazu bei, empirisch gesicherte Ergebnisse zu liefern. Hierzu werden bedeutsame Muster von Faszinierungskarrieren in Deutschland untersucht. Im Sinne des Maximalkontrastes werden am Beispiel eines Sufi-Ordens weibliche und männliche Jugendliche eines „nach innen gerichteten Islam" untersucht, streng gläubige Prediger und Jugendliche lose organisierter „Hauskreise" eines „nach außen gerichteten Islam" und schließlich Prediger und Jugendliche des „etabliert-organisierten" Islam, so vor allem die mitgliederstarke Islamische Gemeinschaft Milli Görüş.

Anhand einer einundzwanzigmonatigen Panelstudie sollen die leitenden Forschungsfragen beantwortet werden. Insgesamt werden dabei jeweils 16 ausgewählte weibliche und männliche Jugendliche (mit unterschiedlichen transkulturellen, schwerpunktmäßig deutschen, arabischen und türkischen Sozialisationserfahrungen) zwischen 12 und maximal 25 Jahren, die sich für Prediger des Islam interessieren, (a) wiederholt zu den religiösen Versammlungen begleitet und (b) in zwei Wellen im Abstand von ca. sechs Monaten mit Hilfe offener Interviews zu ihrer persönlichen Entwicklung und ihrer Bewertung des Predigerangebots befragt. Parallel dazu werden die Predigten, Broschüren etc. und die im Internet zirkulierenden Aufnahmen der für die befragten Jugendlichen relevanten Predigten hermeneutisch darauf hin analysiert, mit welchen Mitteln sie Faszinierungsprozesse nahelegen, beschleunigen oder unterlaufen. Eine längsschnittlich angelegte Untersuchung ist notwendig, weil einige Jugendliche sich oft in kurzer Zeit von einem bestimmten Prediger faszinieren lassen, sich dann aber durchaus auch wieder umorientieren, andere Prediger aufsuchen oder sich im Internet und sozialen Netzwerken Videos mit Predigten anhören, sich möglicherweise ganz abwenden oder aber sich verstärkt faszinieren lassen und ihr religiöses Engagement entsprechend anpassen. Um dieses Hin- und Herchangieren erfassen zu können, ist es notwendig, eine feste Gruppe von weiblichen und männlichen Jugendlichen wiederholt zu begleiten und zu befragen. Der Zeitraum ist angesichts der schnellen Umorientierungen der Jugendlichen im Feld durchaus angemessen.

Das Forschungsdesign folgt dem Konzept der Grounded Theory (Glaser und Strauss); dabei wird bei der Zusammenstellung der Stichprobe mit minimalen und maximalen Kontrasten bei der Auswahl der zu befragenden Jugendlichen gearbeitet: Ziel ist es, erste heuristische Typisierungen vornehmen zu können, die gemäß den Standards der ethnografischen Feldforschung im Laufe der Panelstudie erwei-

tert und modifiziert werden. Um die daraus resultierenden Forschungsfragen klären zu können, wird der Ansatz der qualitativen und wissenssoziologisch orientierten Sozialforschung verfolgt (Hitzler et al. 2005; Reichertz 2007; Soeffner 1989).
Denn gerade die Erforschung bisher kaum empirisch erforschter religiöser Phänomene oder komplexer sozialer Zusammenhänge erfordert eine methodologische
Offenheit gegenüber dem Untersuchungsgegenstand – sowohl gegenüber den Un-
tersuchungspersonen als auch gegenüber der Untersuchungssituation. Diese Offenheit orientiert sich konsequent am Forschungsgegenstand und erlaubt auch die
Erfassung unerwarteter Informationen (Reichertz 2013). Gerade in Bezug auf die
Erfassung und Analyse von religiösen Faszinierungsprozessen sollte es möglich
sein, – ohne reduzierende Vorannahmen – auf verschiedenste analytische Ebenen
(wie soziales Geschlecht, Ethnizität, Schichtzugehörigkeit, Religiosität in der Familie etc.) eingehen zu können.

Das qualitative Interpretationsverfahren ermöglicht dabei die Detailanalyse
von Einzelfällen und Standpunkten der männlichen und weiblichen Jugendlichen.
Ihre Wahrnehmungen, ihre individuellen religiösen Erlebnisse und subjektiven
Handlungsstrategien stehen im Fokus des Interesses und bilden die Grundlage,
um relevante soziale Zusammenhänge und Strukturmerkmale für die religiösen
Faszinierungsprozesse zu analysieren. Ausgehend von den subjektiven Interpretationen der religiösen männlichen und weiblichen Akteure werden die Hypothesen im Laufe der Forschung (Erhebung, Kodierung und Analyse) systematisch unter Bezugnahme auf die erhobenen empirischen Daten und die Theorie erarbeitet
(vgl. Strauss 1991; Glaser und Strauss 1998; Bryant und Charmaz 2010). Die Theo-
rie-Generierung ist hier als ständiger Prozess zu verstehen (vgl. Glaser und Strauss
1967). Im Gegensatz zu logisch-deduzierten Theorien werden in der Grounded
Theory Daten also nicht als Belege für (bereits vorhandene) Annahmen und Theorien betrachtet, sondern sie dienen vielmehr zur Theoriebildung (vgl. Reichertz
2013; Brüsemeister 2000: 194). Gerade die Interpretation von hybriden Kulturen
und der Umgang mit Daten in anderen Sprachen, erfordert den Einsatz qualitativer Methoden, und die Grounded Theory bietet durch ihre prinzipielle Offenheit
gegenüber dem Untersuchungsgegenstand geeignete Ansätze zum Erhalt qualitativer Gütekriterien (Reichertz 2007). Um sowohl die Feldforschung als auch die
Interviews (auf Arabisch, Türkisch, Deutsch) angemessen durchführen zu können, werden die Forschungsarbeiten (auch das ist innerhalb dieses Forschungsfel-
des neu) von sowohl kultur- als auch sprachvertrauten Wissenschaftler/innen mit
transkulturellen Sozialisationserfahrungen durchgeführt.

Literatur

Amir-Moazami, S. 2007. *Politisierte Religion. Der Kopftuchstreit in Deutschland und Frankreich*. Bielefeld: transcript.

Berger, P. 1970. *Auf den Spuren der Engel. Die moderne Gesellschaft und die Wiederentdeckung der Transzendenz*. Frankfurt a. M.: S. Fischer Verlag.

Berger, P. & T. Luckmann. 1967. Aspects sociologiques du pluralisme. *Archives des sciences sociales des Religion* 23 (2): 117–127.

Bourdieu, P. 1971a. Genèse et structure du champ religieux. *Revue française de sociologie* 12 (3): 295–343.

Bourdieu, P. 1971b. Une interprétation de la théorie de la religion selon Max Weber. *Archives Européennes de Sociologie* XII: 3–21.

Brettfeld, K. & P. Wetzels. 2003. Junge Muslime in Deutschland: Eine kriminologische Analyse zur Alltagsrelevanz von Religion und Zusammenhängen von individueller Religiosität mit Gewalterfahrungen, -einstellungen und -handeln. In *Islamismus – Texte zur inneren Sicherheit*, Bundesministerium des Innern (Hrsg.), 254–372. Berlin: Bundesministerium des Innern.

Brüsemeister, T. 2000. *Qualitative Forschung. Ein Überblick*. Wiesbaden: Westdeutscher Verlag.

Bryant, A. & K. Charmaz (Hrsg.). 2010. *The Sage Handbook of Grounded Theory*. Paperback. London: Sage.

Clement, R. & P. E. Jöris. 2010. *Die Terroristen von nebenan – Gotteskrieger aus Deutschland*. München: Piper.

Connell, R. W. 1999. *Der gemachte Mann. Konstruktion und Krise von Männlichkeiten. Herausgegeben und mit einem Geleitwort versehen von Ursula Müller*. Opladen: Leske + Budrich.

Connell, R. W. & N. Wedgwood. 2004. Männlichkeitsforschung: Männer und Männlichkeiten im internationalen Forschungskontext. In *Handbuch Frauen- und Geschlechterforschung. Theorie, Methoden, Empirie*, R. Becker & B. Kortendiek (Hrsg.), 112–121. Wiesbaden: VS Verlag für Sozialwissenschaften.

Cornell, S. & D. Hartmann. 2010. Ethnizität und Rasse: Ein konstruktivistischer Ansatz. In *Ethnowissen. Soziologische Beiträge zu ethnischer Differenzierung und Migration*, M. Müller & D. Zifonun (Hrsg.), 61–98. Wiesbaden: VS Verlag.

Dietrich, M. 2006. *Islamischer Religionsunterricht. Rechtliche Perspektiven*. Frankfurt a. M.: Peter Lang GmbH Internationaler Verlag der Wissenschaften.

Durkheim, É. 1977. *Über die Teilung der sozialen Arbeit*. Frankfurt a. M.: Suhrkamp.

Frindte, W., K. Boehnke, H. Kreikerbom u. a. 2012. *Lebenswelten junger Muslime in Deutschland. Ein sozial- und medienwissenschaftliches System zur Analyse, Bewertung und Prävention islamistischer Radikalisierungsprozesse junger Menschen in Deutschland*. Veröffentlichungen des Bundesministeriums des Innern.

Gebhardt, W. 1994. *Charisma als Lebensform. Zur Soziologie des alternativen Lebens*. Berlin & New York: de Gruyter.

Gebhardt, W., A. Zingerle & M. Ebertz (Hrsg.). 1993. *Charisma. Theorie. Religion. Politik*. Berlin & New York: de Gruyter.

Gildemeister, R. 2004. Doing Gender: Soziale Praktiken der Geschlechterunterscheidung. In *Handbuch Frauen- und Geschlechterforschung. Theorie, Methoden, Empirie*, R. Becker & B. Kortendiek (Hrsg.), 132–140. Wiesbaden: VS Verlag.

Glaser, B. & A. L. Strauss. 1967. *The discovery of grounded theory. Strategies for qualitative research*. Chicago: Aldine.

Glaser, B. & A. L. Strauss. 1998. *Grounded Theory. Strategien qualitativer Forschung*. Bern: Huber.

Göle, N. 1995. *Republik und Schleier. Die muslimische Frau in der modernen Türkei*. Berlin: Babel.

Haddad, L. 2011. *Verschleierte Mode? Zur Bedeutung von Kopftuch und Kleidung bei jungen Musliminnen in Deutschland*. Münster: Lit.

Herding, M. 2012. *Inventing the Muslim Cool: Islamic Youth Culture in Western Europe*. Doctoral Dissertation. Cambridge: University of Cambridge.

Hitzler, R., J. Reichertz & N. Schröer (Hrsg.). 1999. *Hermeneutische Wissenssoziologie. Standpunkte zur Theorie der Interpretation*. Konstanz: Universitätsverlag Konstanz.

Höglinger, M. 2002. *Verschleierte Lebenswelten. Zur Bedeutung des Kopftuchs für muslimische Frauen*. Maria Enzersdorf: Roesner.

Jessen, F. & U. von Wilamowitz-Moellendorf. 2006. *Das Kopftuch – Entschleierung eines Symbols?* Broschürenreihe der Konrad-Adenauer-Stiftung (Hrsg.). Sankt Augustin & Berlin.

Joas, H. 1996. *Die Kreativität des Handelns*. Frankfurt a. M.: Suhrkamp.

Kandel, J. 2011. *Islamismus in Deutschland – Zwischen Panikmache und Naivität*. Freiburg: Herder-Verlag.

Karakaşoğlu, Y. 2002. *Muslimische Religiosität und Erziehungsvorstellungen. Eine empirische Untersuchung zur Orientierung bei türkischen Lehramt- und Pädagogik-Studentinnen in Deutschland*. Frankfurt a. M.

Kepel, G. 1991. *La revanche de dieu: chrétiens, juifs et musulmans à la reconquête du monde*. Paris: Edition du Seuil.

Klein-Hessling, R., S. Nökel & K. Werner (Hrsg.). 1999. *Der neue Islam der Frauen. Weibliche Lebenspraxis in der globalisierten Moderne – Fallstudien aus Afrika, Asien und Europa*. Bielefeld: transcript.

Klinkhammer, G. 2000. *Moderne Formen islamischer Lebensführung. Eine qualitativ-empirische Untersuchung zur Religiosität sunnitisch geprägter Türkinnen in Deutschland*. Marburg: Diagonal.

Landau, P. 2008. *Pour Allah jusqu'à la mort. Enquête sur les convertis à l'islam radical*. Monaco: Rocher.

Lenze, M. 2002. *Postmodernes Charisma*. Wiesbaden: Deutscher Universitäts-Verlag.

Luhmann, N. 1982. *Funktion der Religion*. Frankfurt a. M.: Suhrkamp.

Luhmann, N. 1997. *Die Gesellschaft der Gesellschaft*. Frankfurt a. M.: Suhrkamp.

Mead, G. H. 1969. *Geist, Identität und Gesellschaft*. Frankfurt a. M.: Suhrkamp.

Mohr, I.-Ch. 2006. *Islamischer Religionsunterricht in Europa. Lehrtexte als Instrumente muslimischer Selbstverortung im Vergleich*. Bielefeld: transcript.

Musharbash, Y. 2006. *Die neue Al Qaida*. Köln: Kiepenheuer & Witch.

Nagel, T. 2001. Kann es einen säkularisierten Islam geben? In *Die islamische Herausforderung – eine kritische Bestandsaufnahme von Konfliktpotenzialen. Aktuelle Analysen 26*, R. C. Meier-Walser & R. Glasgow (Hrsg.), 9–20. München: Hanns Seidel-Stiftung.

Nagel, T. 2005. Gewalt gegen Andersgläubige – Über die Dynamik des Radikalismus im Islam. *Neue Züricher Zeitung*, 25. 11. 2005.

Nökel, S. 2000. Migration, Islamisierung und Identitätspolitiken: Zur Bedeutung der Religiosität junger Frauen in Deutschland. In *Religion und Geschlechterverhältnisse*, R. Lukatis & Ch. Wolf (Hrsg.), 261–270. Opladen: Leske + Budrich.

Nökel, S. 2002. *Die Töchter der Gastarbeiter und der Islam. Zur Soziologie alltagsweltlicher Anerkennungspolitiken. Eine Fallstudie*. Bielefeld: transcript.

Oestreich, H. 2005. *Der Kopftuch-Streit. Das Abendland und ein Quadratmeter Islam.* Frankfurt a. M.: Brandes & Apsel.

Pisoiu, D. 2012. *Islamist Radicalisation in Europe. An occupational change process.* London & New York: Routledge.

Reichertz, J. 2007. *Die Macht der Worte und der Medien.* Wiesbaden: VS Verlag.

Reichertz, J. 2010. *Kommunikationsmacht. Was ist Kommunikation und was kann sie?* Wiesbaden: VS Verlag.

Reichertz, J. 2013. *Die Bedeutung der Abduktion in der Sozialforschung.* Wiesbaden: Springer Verlag.

Rommelspacher, B. 1995. *Dominanzkultur. Texte zu Fremdheit und Macht.* Berlin: Orlanda.

Rommelspacher, B. 2007. Dominante Diskurse. Zur Popularität von ‚Kultur‘ in der aktuellen Islam-Debatte. In *Orient- und IslamBilder. Interdisziplinäre Beiträge zu Orientalismus und antimuslimischem Rassismus*, Iman Attia (Hrsg.), 245–266. Münster: Unrast.

Roy, O. 2006. *Der Islamische Weg nach Westen. Globalisierung, Entwurzelung und Radikalisierung.* München: Pantheon Verlag.

Sammet, K. 2007. Religion oder Kultur? Positionierungen zum Islam in Gruppendiskussionen über Moscheebauten. In *Konfliktfeld Islam in Europa*, M. Wohlrab-Sahr & L. Tezcan (Hrsg.), 179–200. Baden-Baden: Nomos.

Schiffauer, W. 2000. *Die Gottesmänner. Türkische Islamisten in Deutschland. Eine Studie zur Herstellung religiöser Evidenz.* Frankfurt a. M.: Suhrkamp.

Schiffauer, W. 2010. *Nach dem Islamismus.* Frankfurt a. M.: Suhrkamp.

Schweer, T. 2010. Spurensuche – Lebensläufe von Mitgliedern extremistischer Milieus: Feldforschung im Rahmen der Studie „Extremismen in biographischer Perspektive". In *Die Sicht der Anderen: Eine qualitative Studie zu Biographien von Extremisten und Terroristen*, S. Lützinger (Hrsg.), 93–104. Köln: Luchterhand.

Soeffner, H.-G. 1989. *Auslegung des Alltags – Der Alltag der Auslegung. Zur wissenssoziologischen Konzeption einer sozialwissenschaftlichen Hermeneutik.* Frankfurt a. M.: Suhrkamp.

Soeffner, H.-G. 1993. Geborgtes Charisma. Populistische Inszenierungen. In *Charisma – Theorie, Religion, Politik*, W. Gebhardt, A. Zingerle & M. N. Ebertz (Hrsg.), 201–220. Berlin: de Gruyter.

Soeffner, H.-G. & D. Tänzler (Hrsg.). 2002. *Figurative Politik. Zur Performanz der Macht in der modernen Gesellschaft.* Opladen: Leske + Budrich.

Strauss, A. 1991. *Grundlagen qualitativer Sozialforschung. Datenanalyse und Theoriebildung in der empirischen soziologischen Forschung.* München: Wilhelm Fink Verlag.

Streib, H. & C. Gennerich. 2011. *Jugend und Religion. Bestandsaufnahmen, Analysen und Fallstudien zur Religiosität Jugendlicher.* Weinheim & München: Juventa.

Tezcan, L. 2003. Das Islamische in den Studien zu Muslimen in Deutschland. *Zeitschrift für Soziologie* 32 (3): 237–261.

Thonak, S. 2003. *Religion in der Jugendforschung. Eine kritische Analyse der Shell Jugendstudien in religionspädagogischer Absicht.* Münster: Lit.

Tibi, Bassam. 2007. *Die islamische Herausforderung.* Darmstadt: Primus Verlag.

Tietze, N. 2004. Formen der Religiosität junger männlicher Muslime in Deutschland und Frankreich. In *Islam in Sicht. Der Auftritt von Muslimen im öffentlichen Raum,* N. Göle & L. Ammann (Hrsg.), 239–264. Bielefeld: transcript.

Verfassungsschutz Nordrhein-Westfalen (Hrsg.). 2011. *Konvertiten – im Fokus des Verfassungsschutzes.* Düsseldorf.

Villa, P.-I. 2004. (De)Konstruktion und Diskurs-Genealogie: Zur Position und Rezeption von Judith Butler. In *Handbuch Frauen- und Geschlechterforschung. Theorie, Methoden, Empirie,* R. Becker & B. Kortendiek (Hrsg.), 141–152. Wiesbaden: VS Verlag.

Walter, W. 1996. Männer entdecken ihr Geschlecht. Zu Inhalten, Zielen, Fragen und Motiven von Kritischer Männerforschung. In *Kritische Männerforschung: neue Ansätze in der Geschlechtertheorie,* BauSteine Männer (Hrsg.), 13–26. Hamburg: Argument Verlag Berlin.

Weber, M. 1956. *Wirtschaft und Gesellschaft. Grundriss der verstehenden Soziologie.* Tübingen: Mohr.

Welsch, W. 2010. Was ist eigentlich Transkulturalität? In *Hochschule als transkultureller Raum? Kultur, Bildung und Differenz in der Universität,* Lucyna Darowska u. a. (Hrsg.), 39–66. Bielefeld: transcript. http://www2.uni-jena.de/welsch/tk-1.pdf. Zugegriffen:

Wensierski, H.-J. von & C. Lübcke. 2010. HipHop, Kopftuch und Familie – Jugendphase und Jugendkulturen junger Muslime in Deutschland. In *Kindheit und Jugend in muslimischen Lebenswelten. Aufwachsen und Bildung in deutscher und internationaler Perspektive,* Ch. Hunner-Kreisel (Hrsg.), 157–175, Wiesbaden: VS Verlag.

Wensierski, H.-J. von & C. Lübcke. 2012. *Als Moslem fühlt man sich hier auch zu Hause. Biographien und Alltagskulturen junger Muslime in Deutschland.* Opladen: Barbara Budrich.

Wetterer, A. 2004. Konstruktion von Geschlecht: Reproduktionsweisen der Zweigeschlechtlichkeit. In *Handbuch Frauen- und Geschlechterforschung. Theorie, Methoden, Empirie,* R. Becker & B. Kortendiek (Hrsg.), 122–131. Wiesbaden: VS Verlag.

Wohlrab-Sahr, M. 1999. *Konversion zum Islam in Deutschland und den USA.* Frankfurt a. M.: Campus.

Ziebertz, H.-G., B. Kalbheim & U. Riegel. 2003. *Religiöse Signaturen heute. Ein religionspädagogischer Beitrag zur empirischen Jugendforschung*. Gütersloh: Herder.
Zschoch, B. 1994. *Deutsche Muslime. Biographische Erzählungen über die Konversion zum fundamentalistischen Islam*. Magisterarbeit. Bonn.

Organisational disziplinierte ‚Interkultur' 7

Zur interkulturellen Verständigung und transkulturellen
Identitätsarbeit am Beispiel eines indisch-deutschen
Interaktionsfeldes – ein Zwischenbericht

Richard Bettmann, Norbert Schröer, Anandita Sharma

Im Globalisierungsdiskurs hat sich die Einsicht durchgesetzt, dass die „Vergesellschaftung im Weltmaßstab" nicht hinlänglich im Rahmen makrosystemischer und sozioökonomischer Analysen (Wallerstein 1987; zusammenfassend Becker 2001) beschrieben werden kann. Die Vielschichtigkeit, die innere Widersprüchlichkeit und die Kontingenz des Prozesses weisen darauf hin, dass der konstruierten kulturellen Sphäre und vor allem dem handelnden Subjekt weit mehr Beachtung zu schenken sind (Robertson 1992; Giddens 1995; Beck 1997). Im Anschluss an den gängigen Diskurs müssten sich für die Identitätsarbeit des um Orientierung und um Handlungsfähigkeit bemühten Subjekts einschneidende Veränderungen ergeben. Ins Zentrum rückt die permanente Ausdifferenzierung des Eigenen in Anbetracht des allpräsenten, eingreifenden und dabei immer wieder von neuem irritierenden Fremden. Der prozessuale und sozialkonstruktivistische Charakter der Identitätsarbeit (zusammenfassend Keupp u. a. 1999: 63–109) und damit das Bemühen der Subjekte um eine lokalspezifisch transkulturelle Diskursbildung (Robertson 1998) gewinnen dabei in der beruflichen Praxis in unternehmerischen Kontexten zunehmend gesellschaftlich an Bedeutung. Als zentral und auf die handlungspraktische Ebene des Subjekts übersetzt wird im Zuge dieses Spannungsverhältnisses nicht selten die Ausbildung einer ‚transkulturellen' (Welsch 1999) Identitätsformation angenommen.

Am deutlichsten müsste sich der Gestaltwandel hin zu einer transkulturellen Identität demnach in der Identitätsarbeit der Subjekte empirisch aufzeigen lassen, die die mit dem Globalisierungsprozess entstehenden transnationalen sozialen Räume (Pries 1996) direkt bevölkern. Appadurai begreift diese Räume als enträumlichte Landschaften, in denen die Subjekte in einem „translokalen Dialog" (1998: 37) stehen, der zu einer Vermischung der Kulturen und damit einhergehend zur Herausbildung von „entterritorialisierten Identitäten" (1996: 48) führt. Die Vermischung kommt laut Albrow (1996) dadurch zustande, dass Menschen in transnationalen Räumen gleichzeitig in verschiedenen kulturellen Wirklichkeiten leben und sich aus dem entsprechenden Dialog heraus die für sie brauchbaren Elemente aneignen. Die Beschreibung dieser translokalen Hybridisierungen als Prozess bleibt aber bei den eben genannten Autoren recht großflächig. Plausibilisiert werden sie über exemplarische und anekdotische Illustrationen, so dass der Prozess der Entwicklung und die Charakteristik transkultureller Identitäten im Einzelnen noch empirisch weitgehend unbelegt sind. Es mangelt immer noch an empirischen Analysen, die den Wandel der Erfahrung des Eigenen in der Begegnung mit dem Fremden in ihren Folgen für die Herausbildung ‚transkultureller Diskurse und Praktiken‘ und der in ihnen zum Ausdruck kommenden modifizierten Identitätsstrategien mikroanalytisch, wirklichkeitsnah und lokalspezifisch aus der Akteursperspektive beschreiben und so empirisch sensibilisiert an eine theoretische Aufarbeitung herangehen. Der empirische Bezug ist bislang eher illustrativ geblieben (vgl. Robertson 1998; Appadurai 1998).

Mit unserem von der DFG geförderten Forschungsprojekt „Fremde Eigenheiten und eigene Fremdheiten" verfolgen wir das Ziel, typische Aspekte interkultureller Verständigung und transkultureller Identitätsarbeit in globalisierten Arbeitskontexten an einem Fall in einer qualitativ wissenssoziologischen Untersuchung (Soeffner 1989; Schröer 1997; Hitzler et al. 1999) herauszuarbeiten. Exemplarisch wird die Interaktion von indischen und deutschen Flugbegleiter/innen, die in Teams auf Flügen der ‚German-Air‘ zusammenarbeiten, untersucht. Materiale Basis hierfür sind über narrative Interviews gewonnene fallbezogene Beschreibungen des interkulturell angelegten Services an Bord sowie Experteninterviews mit den relevanten Managern und Managerinnen der Serviceabteilung ‚Kabine‘. Die erhobenen Interviewgespräche wurden und werden fallanalytisch ausgewertet.

Bei unseren Vorüberlegungen zur Auswahl eines geeigneten Feldes gingen wir, auch geleitet von dem oben kurz aufgerissenen Diskurs zum Thema interkulturelle Verständigung und transkulturelle Identitätsarbeit, von einer mehr oder weniger diffusen Verständigungs- und Kooperationslage innerhalb der indisch-deutschen Servicecrews aus. Sensibilisiert durch die Beschäftigung mit den bereits angeführten theoretischen Diskurssträngen waren wir vor der Datenerhebung gespannt darauf zu erfahren, in welcher Weise sich die indischen, aber auch die deutschen Flugbegleiter/innen über die Bildung gemeinsamer Arbeitspraktiken interkulturell verständigen und in welcher Form sie dieses Engagement in der Herausbildung modifizierter Identitäten ‚abstützen‘.

Schon während der Durchführung unserer Interviews stellten wir allerdings fest, dass die indischen wie die deutschen Interviewees – anders als bei der Antragstellung erwartet – kaum von Koordinations- und Verständigungsproblemen bei der Zusammenarbeit berichteten. Erst recht sprachen sie nicht von der Aushandlung gemeinsamer Interkultur-Praktiken. Der Service gehe – so die Interviewees – entlang der Serviceregelungen der German Air von vornherein recht routinisiert und abgestimmt vonstatten. So irritiert kamen wir also bereits bei der ersten fallanalytischen Durchsicht zu einem signifikant abweichenden Blick auf unser Feld. Eine Umgestaltung des Untersuchungsprogramms wurde unausweichlich. Es schien erforderlich, zunächst einen genaueren Eindruck von dem von der Suborganisation „Kabine" vorgegebenen Handlungsrahmen zu gewinnen. Die hermeneutische Analyse der wenigen konfliktär angelegten offenen Aushandlungssituationen, die wir nun erst einmal anstrengten, öffnete uns dann den Blick für eine uns überraschende von der Organisation getragene ‚Einsozialisierungstechnologie'. Im Zuge dessen wurde uns deutlich, über welche Nivellierungsstrategien seitens der Organisation zumindest antizipierte ‚interkulturelle Dynamiken' im Prozess des Organisierens (Weick 1998) – wenn man so sagen darf – aus Sicht der Organisation bereits ‚vorab gebändigt' werden. Über die anschließende Auswertung der Experteninterviews und unserer teilnehmenden Beobachtungen beim Einstieg ins Feld ist die Analyse der organisationalen Ausdifferenzierung mittlerweile zum Abschluss gekommen.

Im Zentrum unseres Zwischenberichts steht dann auch die Präsentation dieses Zwischenergebnisses. Wir werden zunächst die in den Fallanalysen entdeckten organisationellen Vorkehrungen beschreiben, die die German Air getroffen hat, um auch die indischen Flugbegleiter/innen ‚reibungslos' in die Arbeitsroutinen an Bord einzupassen (1). Daran anschließend verweisen wir auf die lokalspezifischen Rekrutierungsbedingungen für Flugbegleiter/innen in Indien. Dabei wird exemplarisch deutlich, dass die Einpassung internationaler Flugbegleiter/innen aus dem Spannungsfeld von organisationalen Vorkehrungen und spezifischen sozialstrukturellen Bedingungen der Herkunftsgesellschaft (2) zu verstehen ist. „Glokalisierung" (Robertson 1998) wird hier anschaulich. Abschließen möchten wir mit einer kurzen Präsentation unserer vorläufigen Ergebnisse sowie mit einer Aussicht auf den weiteren Verlauf unserer Untersuchung (3).

7.1 Organisationale Disziplinierung

Eine indische Flugbegleiterin erzählte uns in einem Interviewgespräch von einer interkulturellen Konfliktsituation an Bord, die wir hier zu Illustrationszwecken wiedergeben möchten. Sie kam auf eine Aushandlungssituation mit einer Purserette, der operativen Führungskraft der Flugbegleiter und Flugbegleiterinnen an Bord, zu sprechen. Dabei ging es um die Durchführung von Serviceabläufen an Bord. Während die Purserette den Ablaufplan zur Handreichung von Kaffee und Masalla Tee den Regeln des Servicehandbuchs entsprechend durchführen lassen wollte, gab die indische Flugbegleiterin von sich aus zu bedenken, dass es für einen indischen Fluggast aus ihrer Perspektive ausgeschlossen sei, den Tee oder den Kaffee zum Essen zu trinken. Den Vorschlag, den Tee erst nach dem Essen zu reichen, hat die Purserette – laut der Aussagen der Flugbegleiterin – ignoriert. Da die indische Flugbegleiterin auf anderen Strecken aber schon die Erfahrung gemacht hatte, dass der Service anders durchgeführt wurde, verwies sie auf diese Erfahrung und zeigte der Purserette damit an, dass aus ihrer Sicht durchaus die Möglichkeit bestehe, den Service abweichend durchzuführen. Die Purserette lehnte ihre Serviceänderungsvorschläge dennoch ab. Auf die Frage der indischen Flugbegleiterin, warum man den Service denn nicht entsprechend umstellen könne, wenn doch niemand den Tee oder den Kaffee zum Essen trinken wolle, antwortete die Purserette, dass es nun mal von der Organisation nicht erwünscht sei, den Service abzuändern. Dabei verwies sie auf die Regelvorgaben, die von der German Air zur Durchführung dieses Servicemoduls vorgegeben sind. Die indische Flugbegleiterin setzte sich mit ihren Vorschlägen also nicht durch und das obwohl sie sich aus ihrer Sicht als kulturkompetente regionale Flugbegleiterin einbrachte und sie auf die durchaus bestehende Möglichkeit einer Abweichung vom Regelservice verweisen konnte. Die indische Flugbegleiterin machte sich dann mit dem Tee während der Mahlzeit auf den Weg. Innerhalb ihrer Darstellung der Situation war es für sie dann nicht verwunderlich, dass sie mit einer vollen Kanne Tee von ihrer Servicerunde zurückkehrte.

Zwei Fragen drängten sich uns nach der Lektüre auf:

1) Warum nimmt die Purserette die Vorschläge der aus ihrer so wahrgenommenen und kommunizierten Mitgliedschaftsrolle als Kulturexpertin argumentierenden indischen Flugbegleiterin zur Verbesserung eines kulturadäquaten Service nicht an und setzt ‚ihre' Vorstellungen durch?

2) Warum opponierte die indische Flugbegleiterin nicht offensiver gegen die Zurückweisung ihres Vorschlags durch die Purserette? Warum zog sie sich stattdessen geordnet zurück? Immerhin kommt aus Sicht der indischen Flugbegleiterin, die sich selbst nicht nur als Flugbegleiterin, sondern als ‚kulturkompetente Flugbegleiterin' für die Arbeit am indischen Gast begreift, diese Aktion einer Statusdegradierung gleich.

In der Beantwortung dieser beiden Fragen gestaltete sich unsere Untersuchung zunächst als Organisationsanalyse.

7.1.1 Die Motivlage der Purserette oder:
die Zielvorgabe der Suborganisation ‚Kabine'

Die geschilderte Situation repräsentiert einen Rollenkonflikt innerhalb der Crew und weniger ein Problem interkultureller Verständigung. Während die Purserette sich an den Regelvorgaben der Organisation zum Ablauf von Servicehandlungen orientiert, widerspricht ihr die indische Flugbegleiterin mit Bezug auf ihre selbst so wahrgenommene Rolle als Kulturexpertin. Beide beanspruchen demnach für die zu lösende Situation eine rollengebundene Deutungshoheit. Dies führt allerdings nicht zu einem Handlungsstau bzw. zum Abbruch der Arbeitskooperation. Die Pattsituation wird durch die Entscheidung der Purserette zugunsten der Regelvorgaben aufgelöst. Die Purserette macht damit die ihr von der German Air verliehene Autorität als operative Führungskraft an Bord geltend. Die indische Flugbegleiterin fügt sich und wahrt ihre Selbstachtung über eine nach innen genommene Überlegenheitsgeste: *„She didn't really accept it ((Interviewte lacht beim Sprechen)), so ya but, that is it, so some don't know and then say this, and others say, oh ya, sorry next time I remember, to do it the other way round, so there are different kinds of people, I can't really generalize"* (Priya, Z. 86–90, S. 3). Deutlich wird in der angesetzten Kommentierung der von ihr geschilderten Situation auch, dass die indische Flugbegleiterin den Konflikt nicht über eine Divergenz kultureller Deutungsmuster erklärt. Die Zusammenstellung des Teams unter der nur vage formulierten Mitgliedschaftsrolle der indischen Flugbegleiterin gibt hier den Rahmen ab für entsprechende Aushandlungsprozesse an Bord[1]. In Frage steht aber weiterhin, warum die Purserette ihre Position dazu nutzt, um die Serviceregeln so rigide durchzusetzen?

Nach Aussagen des Managements und belegt durch entsprechende Befragungen verfügt die German Air über ein qualitativ hochwertiges und sehr gut am Markt etabliertes Serviceprodukt. Aus betriebswirtschaftlichen Gründen hat die German Air erst einmal kein Interesse daran, dieses Produkt und damit Marktanteile aufs Spiel zu setzen. Im Gegenteil: Die Flotte soll entsprechend den hiesigen Marktexpansionen auch in den Schwellenländern expandieren. Das entspricht der Logik betriebswirtschaftlichen Denkens und ist von daher keinesfalls verwunderlich.

---

1   Unklar ist nämlich, ob die indische Flugbegleiterin aus Sicht der German Air ‚nur' eine normale Flugbegleiterin wie ihre deutschen Kollegen und Kolleginnen ist, oder ob sie aus Sicht der Organisation eine ‚kulturkompetente Flugbegleiterin' ist und damit über eine entsprechende Weisungsbefugnis für die Arbeit am indischen Gast verfügt und wenn ja, in welchem Rahmen das der Fall ist.

Mit der Analyse der Interviews, die wir mit den deutschen und den indischen Flugbegleiter/innen und mit den Managern und Managerinnen der Abteilung ‚Kabine' sowohl in Deutschland als auch in Indien geführt haben, wurde deutlich, dass die ‚Beibehaltung der Einheit des Serviceproduktes' für alle Flugbegleiter/innen handlungsleitend sein soll. Unter ‚Einheit des Produktes' versteht die German Air, dass der Service auf allen weltweiten Routen grundsätzlich gleich abläuft. Ziel ist es, den Kunden auf allen Flügen ein *„durchgängiges German Air-Produkt"* (Moser, Z. 309, S. 10) zu bieten. Der Kunde soll auf dem Flug zwischen Frankfurt und Rio de Janeiro kein grundsätzlich anderes Produkt bekommen als auf den Flügen zwischen Frankfurt und Delhi. Die Analysen der Interviews, die wir mit den deutschen Pursern/Purserettes geführt haben, machten deutlich, dass eventuelle Abweichungen von dieser Servicemaxime bei den verantwortlichen Pursern/Purserettes einen erheblichen Rechtfertigungsdruck auslösen. Allein schon wegen dieses Rechtfertigungsdrucks, so die Purser/Purserettes, würden sie Änderungen im Serviceablauf im Normalfall tunlichst vermeiden, auch wenn die Änderungsvorschläge in entsprechenden Arbeitszusammenhängen durchaus Sinn machen könnten. Dementsprechend sehen die Purser/Purserettes ihre Aufgabe auch nicht einfach in der situativen Führung eines Teams, sondern auch in der Gewährleistung des einheitlichen Serviceprodukts, so wie es ihnen durch die instruktiven Vorgaben in dem ‚Cabine Service Manual Handbook' und durch betriebsinterne, instruktive Arbeitsanweisungen vorgegeben wird. Auch die mit Darstellung der Konfliktsituation seitens der indischen Flugbegleiterin ins Spiel gebrachte Purserette dürfte sich also dafür verantwortlich sehen, erst einmal die Einheit des Produktes sicherzustellen. Sie sieht sich in der Pflicht und lehnt von daher den aus Sicht der indischen Flugbegleiterin als sinnvoll erachteten Änderungsvorschlag ab.

Für die indische Flugbegleiterin bleibt diese Lage allerdings unbefriedigend. Immerhin ist sie aus ihrer Sicht *auch* als Kulturexpertin eingestellt. Zu klären ist also, warum die indische Flugbegleiterin in der geschilderten Situation nicht doch vehementer gegen die aus ihrer Sicht unsinnige Servicedurchführungsvorgabe opponiert. Warum ist sie bereit, sich zu fügen, sich aus der Situation lächelnd zurückzuziehen und damit ihren subjektiv zumindest so kommunizierten, rollengebundenen Status als Kulturexpertin für den Service am indischen Gast aufzugeben?

In Bezug auf diese Frage haben wir in der Auswertung v. a. unserer Managerinterviews einen Eindruck davon gewinnen können, wie die indischen Flugbegleiter/innen in die Organisation eingeführt werden, sodass sie für entsprechende Zurückweisungen eine gewisse Akzeptanz entwickeln. Wir haben in unserer ersten Forschungsphase zuerst einmal eine spezifische Form der organisationalen Ausdifferenzierung für die Einbindung der fremdkulturellen (hier indischen) Flugbegleiter/innen herauspräparieren können. Die so sichtbar werdende Führungs-

form macht die registrierte ‚Fügsamkeit' der indischen Flugbegleiterin zumindest
in Teilen plausibel.

7.1.2 Die Führung der indischen FlugbegleiterInnen durch die German Air

In Sorge um die Einheit des Produkts und um die teaminterne Arbeitskooperation der ‚interkulturellen', hier deutsch-indischen Crews sicherzustellen, hat sich
die German Air organisational angepasst. Die German Air ist darum bemüht, die
indischen Flugbegleiter/innen in das Unternehmen so zu integrieren, dass das am
Markt etablierte Serviceprodukt im Kern nicht verändert wird. Die Organisation
vollführt einen Balanceakt. Sie bindet einerseits die indischen Flugbegleiter/in-
nen ein, um den Service zumindest folkloristisch kulturnah einzufärben. Gleichzeitig trägt die Organisation in Anbetracht der eigenen Verkaufsphilosophie dafür Sorge, ihr auf dem Markt gut etabliertes Produkt beizubehalten, um damit
ihre Serviceidentität zu wahren. Die Frage ist nun, mit welchen Maßnahmen die
German Air auf die Einstellung der indischen Flugbegleiter/innen reagiert, wie
sie es also schafft, die aus ihrer Organisationslogik heraus betrachtete ‚interkulturelle Zusammenarbeit' in diesen Teams so weit zu kontrollieren, dass die ‚interkulturelle Zusammensetzung' der Teams und die damit unterstellten ‚Interkultur-
dynamiken' aus Sicht der Organisation erst gar nicht zu einem die Serviceidentität
erschütternden Einfluss führen. Wie schafft es also die Abteilung die indischen
Flugbegleiter/innen so in die Serviceorganisation zu integrieren, dass die Zusammenarbeit in diesen Teams entlang der Vorgaben relativ reibungslos gelingen kann?

7.1.2.1 Rekrutierung

Die indischen Flugbegleiter/innen werden in Indien über Zeitungsannoncen (z. B.
in der Times of India) und über das Internet angeworben. Für einen Lehrgang
von ca. 40 Bewerbern benötigt die German Air ca. 60 Kandidaten, die sie unter
220–240 Interviewees auswählt. Nachdem diese Auswahl getroffen wurde, fährt
der Rekrutierungsstab, bestehend aus den Managern/Managerinnen und Psycho-
logen/Psychologinnen aus der Personalabteilung, nach Indien, um dort vor Ort
die Auswahl zu treffen. Dabei hat der Rekrutierungsstab, der aus fünf deutschen
und einem/einer indischen Mitarbeiter/in besteht, die Aufgabe zu bewältigen, aus
einer Vielzahl von Bewerbungen die ‚richtigen' Kandidaten für den dann später
stattfindenden Lehrgang zum/zur Flugbegleiter/in der German Air in Deutschland auszuwählen. Bevor die Bewerber allerdings zu dem Stab kommen, müs-

sen sie ,an den indischen Flugbegleitern vorbei', die zur Unterstützung des Teams zur Auswahl neuer Mitarbeiter mitangereist sind. In einzelnen Fällen *„führen die* [mit angereisten: d. Verf.] *indischen Kollegen/innen[…]ein Kurzinterview in Hindi und manchmal in Tamil, wenn wir tamilsprechende Kollegen dabei haben"* (Hoffmann, Z. 127–130, S. 3). Zuerst werden fünf Tage lang teilstandardisierte Interviews geführt. Die dabei stattfindende psychologische Diagnostik soll helfen zu prüfen, wer für den Beruf des/der Flugbegleiters/in geeignet ist und ob diese Person zur German Air passt. Da die Stellenausschreibung in Englisch verfasst ist und über die Zeitung und über das Internet öffentlich gemacht wird, richtet sich die Ausschreibung de facto an die englischsprachige, und damit weitestgehend urban lebende Bevölkerungsgruppe der indischen Gesellschaft. Bei den Bewerbungsgesprächen legen die Rekrutierungsmitarbeiter/innen einen *„besonderen Wert darauf, dass der Mitarbeiter auch diese Kultur weitertragen möchte, dass er nicht zu westlich eingestellt ist. Ich mein in Indien geht auch der Trend Richtung Westen total, wenn man sich Bombay anschaut vor zehn Jahren dann ist das alles sehr westlich ausgerichtet. Und das geht natürlich auch auf die Menschen die dort leben, besonders auf junge Menschen macht das natürlich n Einfluss und wenn dann jemand zu westlich agiert, dann würde er in unser Bild auch nicht mehr so ganz passen. Wir wollen aber auch nicht das super Traditionelle haben, weil dann ist die Anpassung mit der Crew und mit den westlichen Passagieren, für den Menschen, den wir einstellen, schwierig und nach den Kriterien haben wir das immer ausgelotet für wen wir uns entscheiden"* (Bolten, Z. 72–80, S. 3). Wie modern diese Inder/innen sind und ob sie in die Organisation eingepasst werden können, wird in entsprechenden Rollenspielen eruiert. Dabei testen die Psychologen/Psychologinnen, wie die potentiellen, indischen Mitarbeiter/innen in simulierten Konfliktsituationen reagieren und welche Lösungsvorschläge sie entwerfen. Auch die kommunikativen Kompetenzen spielen eine zentrale Rolle. Wichtig ist es, in schwierigen Situationen Ruhe zu bewahren, um die bei der Arbeit eines/einer Flugbegleiters/ Flugbegleiterin potentiell anfallenden Sicherheitshandlungen ruhig und besonnen durchführen zu können. Darüber hinaus entscheiden auch ästhetische Gesichtspunkte. Die indischen Flugbegleiter/innen dürfen nicht zu klein sein und sollten den mitteleuropäischen Schönheitsidealen in Bezug auf indische Menschen entsprechen. Diese Schönheitsideale dienen schon beim Paperscreening als relevante Auswahlkriterien. Vorteilhaft für die Bewerber/innen ist es, wenn sie aus anderen serviceorientierten Berufsfeldern bereits Serviceerfahrungen mitbringen.

Im Grunde genommen sucht die German Air Inder/innen, die sich zwar eine Bindung an ihre ,Herkunftskultur' bewahrt haben, zugleich aber schon deutlich eine Affinität zur mitteleuropäischen Kultur aus Sicht der relevanten Rekrutierungsmitarbeiter/innen der German Air erkennen lassen. So wird klar, dass bereits die Rekrutierung als „[…]Performanz des Setzens-als, des Enactment, der

Erzeugung von Geltung, einschließlich des agenda setting, der Ausübung von Definitionsmacht über Themen und Relevanzen[…]" (Ortmann 2011: 238) ganz wesentlich der Reproduktion der bewährten Serviceidentität und so der Wahrung der Einheit des Produktes dient.

Ohne es im Rahmen dieses Zwischenberichtes weiter ausführen zu können, muss betont werden, dass natürlich auch bei der Auswahl deutscher Bewerber/innen auf spezifische Merkmale wie z. B. Körpergröße und eine ausgeprägte englische Sprachkompetenz geachtet wird.

7.1.2.2 Training

Sowohl die deutschen als auch die indischen Berufsanwärter/innen zum/zur Flugbegleiter/in werden nach erfolgreicher Bewerbungsphase in Trainingsmaßnahmen auf ihren Beruf vorbereitet. Die indischen Berufsanwärter/innen werden zu einem eigens für sie zusammengestellten Training nach Deutschland einberufen, um dort innerhalb von neun Wochen das Basistraining zu absolvieren. Der Leiter der Trainingsabteilung der German Air berichtete uns von den Praktiken, die er zum Einsatz bringt, um die indischen Flugbegleiter/innen auf ihren Berufsalltag – ähnlich wie ihre potentiellen deutschen Kollegen und Kolleginnen – nach der Rekrutierung vorzubereiten. Es ist das erklärte Ziel der Trainer/innen, den Trainees hochgradig routinierte Handlungsmuster anzuerziehen, sowohl für den Bereich Sicherheit als auch für die Durchführung von Servicehandlungen an Bord. Die Anwärter/innen lernen entlang des *„[…]Cabine Service Manuals und entlang des Flight Safety Manuals, wo ich ganz strikt hab das und das und das, wenn ich ein Sicherheitsfall hab dann muss ich mich dran halten. Es gibt auch bei uns im Service, es gibt für jeden Service Schritt, gibt's das Cabine Service Manual, da steht drin wie viel ich in so n Glas einschenke, wie ich das einreiche, wie ich die Flasche dem Gast halte, es ist alles bis ins letzte Detail beschrieben"* (Krause, Z. 785–789, S. 24). Da die deutschen und die indischen Flugbegleiter/innen aber getrennt voneinander trainiert werden, stellt sich für sie auf den Flügen die Aufgabe, ihre gelernten Handlungsschritte soweit miteinander zu synchronisieren, dass gemeinsame Service- und Sicherheitshandlungen am Fluggast möglich werden. Für Trainingszwecke werden die indischen und deutschen Flugbegleiter/innen als Trainees mit in die bestehenden Teams eingebaut. Dort haben sie die Möglichkeit, die im Training erlernten Handlungsroutinen ‚on the job' zum Einsatz zu bringen.

Diese Trainings haben für die Einpassung in das Unternehmen eine enorme Bedeutung. Indem die routinierten Vorgaben des ‚Cabine Service Manual Handbook' eintrainiert werden, wird den indischen Berufsanwärter/innen deutlich gemacht, dass sie sich, ebenso wie ihre deutschen Kollegen/innen, strikt an die in diesem Handbuch formulierten Vorgaben zu halten haben. Dabei wird ihnen auch vermittelt, welche Anpassungsleistungen die Organisation ihnen nach der Rekrutierung abverlangt und wie sie seitens der Organisation in ihren organisationskulturellen Rahmen eingepasst werden (zum Begriff der Organisationskultur vgl. Schein 2003 sowie Franzpötter 1997). Während es sich bei der Rekrutierung erst einmal um die Feststellung oberflächlicher Passfähigkeit handelt, geht es bei dem Training, sowohl bei den deutschen als auch bei den indischen Anwärtern, um die Anerziehung repetitiver Praktiken „[...]und routinisierter Handlungsmuster, durch die – in einer Art Wiederholungszwang – die Sinnstrukturen [der Organisation: die Verf.] stabil bleiben und sich reproduzieren" (Moebius 2009: 124; vgl. zu dieser Thematik Malmendier 2003). Indem den indischen und deutschen Flugbegleitern und Flugbegleiterinnen routinisierte Handlungsmuster für ihren Job eintrainiert werden, wird die Handlungspraktik, aber eben auch die Servicephilosophie von den potentiellen neuen Mitarbeitern und Mitarbeiterinnen verinnerlicht. So sorgt die German Air durch das Servicetraining dafür, dass ihre Servicephilosophie für die neu eingestellten Mitarbeiter/innen handlungspraktisch relevant und intrinsisch bindend wird. Im Idealfall fühlen sich die Flugbegleiter/innen der Einheit des Serviceprodukts verpflichtet.

7.1.2.3 Teamleitersystem

Nachdem die indischen Flugbegleiter/innen die Selektion der Rekrutierung und die Einübung in die Serviceroutinen im Training durchlaufen haben, werden sie in die operative Ablaufplanung der Organisation unter einem eigens für sie zugeschnittenen Betreuungssystem eingebunden. Seit etwa 1995 wurden für die Betreuung *aller* Flugbegleiter/innen sogenannte Teamleiterflugbegleiterstellen (TLFB) geschaffen. Zur Betreuung der regionalen Flugbegleiter/innen, hier der indischen, hat die German Air die internen, personalen Verwaltungsstrukturen ausdifferenziert und eigene Teamleiterstellen eingerichtet. Das Personal auf diesen Stellen ist sowohl im operativen Geschäft des Fliegens tätig als auch in die administrative und disziplinarische Verwaltung und Betreuung der indischen Kollegen und Kolleginnen am Boden eingebunden. Davon gibt es zwei Personen, auf die die ca. 240 indischen Mitarbeiter/innen aufgeteilt werden. Sie übernehmen eine Scharnierfunktion zwischen dem Management und dem operativen Geschäft an Bord. Das strukturelle Problem ihres Arbeitsauftrages ist, dass sie sowohl Kollegen und Kolleginnen als auch Vorgesetzte der indischen Flugbegleiter/innen sind. Die organisationsinterne Etablierung dieser Personalstellen geschah, um das ‚kulturelle Kapital' der indischen Flugbegleiter/innen für die Internationalisierung des Service fruchtbar zu machen, ohne jedoch die am Markt etablierte Qualität des Produktes zu schädigen. Ziel dieses Systems ist es zum einen, die Führung und die disziplinarische Kontrolle über die indischen Flugbegleiter/innen zu effektivieren

und zum anderen, über dieses organisationale Scharnier bzw. diese Handlungs-
spielräume für die ‚kulturadäquaten Inputs' der indischen Flugbegleiter/innen of-
fenzuhalten. Die indischen Flugbegleiter/innen haben über diese Stellen jederzeit
die Möglichkeit, sich über die aus ihrer Sicht nicht angebrachten Arbeitsanweisungen der Purser/Purserettes bei den TLFB zu beschweren. Diese Beschwerden
werden dann in weiteren Gesprächen mit dem Management und mit den Pursern/
Purserettes aufgegriffen und abgewogen. Dieses System nimmt an der Oberfläche
durchaus familiäre Züge an: so wissen die Teamleiterflugbegleiter/innen aus ihrem ständigen Kontakt mit den indischen Flugbegleitern und Flugbegleiterinnen
heraus nicht nur, wann sich wer wo aufhält. Sie wissen auch, wie es um die familiäre Situation der indischen Flugbegleiter/innen steht, welche Sorgen und Nöte
sie plagen und mit welchen weiteren privaten Schwierigkeiten sie zu kämpfen haben. Mit dieser fürsorglich reaktiven Ausdifferenzierung der Organisation baut
die German Air über die Rekrutierung und das Training hinaus eine personale
Beziehung zu den indischen Flugbegleiter/innen auf, die erforderlichenfalls auch
instruktiv genutzt werden kann. Über diese Stellen schafft es die German Air, die
hochgradig dezentralisierte Belegschaft der indischen Flugbegleiter/innen personal enger an die Organisation zu binden und zugleich angemahnte Änderungsvorschläge der ‚fremdkulturellen' Mitarbeiter/innen kontrolliert im ‚Prozess des
Organisierens' (Weick 1998) aufzugreifen. Die TLFB haben zu ihnen ein *„sehr sehr
vertrauensvolles Verhältnis"* (Strübing, Z. 435, S. 9) gerade weil die etwa 240 Personen starke Gruppe relativ überschaubar ist. *„[I]ch kenne sie alle, ich kenne sie alle
mit Namen, ich kenne sie alle mit den Gesichtern auch, und das ist mir auch wichtig,
es sind verschiedene Individuen, und ich würde fast sagen es ist ein familiäres Verhältnis[...]"* (Strübing, Z. 436–438, S. 9). Über diese fürsorglich reaktive Ausdifferenzierung der Organisation und über den Aufbau familienähnlicher Betreuungs-
strukturen baut die German Air über die Rekrutierung und das Training hinaus
eine personale Beziehung zu den indischen Flugbegleiter/innen auf. Diese Beziehung kann dann auch instruktiv genutzt werden. Die Macht der Organisation verlegt sich hier – durch die enge Betreuung – auf eine personale Ebene (vgl. Bettmann und Schröer 2013).

Wir fassen zusammen: Der German Air geht es mit dem Einsatz der sogenannten regionalen Flugbegleiter/innen darum, für ihren Service an Bord den Kunden
zumindest einen kulturnah eingefärbten Service zu bieten. Wichtiger aber ist ihr,
die ‚Einheit ihres Serviceproduktes' zu bewahren und zu gewährleisten. Von daher ist es ihr Ziel, sie, die regionalen Flugbegleiter/innen, in unserem Fall die indischen, so an das Unternehmen heranzuführen und in das Unternehmen einzupassen, dass eine interkulturbedingte Störanfälligkeit für die Ablauforganisation
(vgl. Abraham und Büschges 2004: 46 ff.) des Service eingeschränkt wird und die
Mitarbeit der indischen Flugbegleiter/innen eben nicht zu einer Erschütterung

der Serviceidentität führt. Über die beschriebenen organisationsinternen Ausdifferenzierungen wird ein bestimmter organisationaler Führungstyp für die Einbindung der indischen Flugbegleiter/innen in das Unternehmen sichtbar. Orientiert an den von der German Air vorgegebenen Ablaufschemata für Service- und Sicherheitshandlungen im operativen Geschäft, über deren Einhaltung der/die Purser/Purserette wacht, wurden spezielle Rekrutierungs-, Trainings- und Betreuungstechnologien entwickelt, über deren Verinnerlichung die indischen Flugbegleiter/innen so diszipliniert werden, dass die virulenten Dynamiken der Interkultur an Bord eingedämmt sind. Mit einer so ‚gezähmten Interkultur' soll, befreit von interkulturellen Aushandlungsprozessen an Bord, die Einheitlichkeit des am Markt etablierten Service abgesichert werden.

Diese für alle regionalen Flugbegleiter/innen geltenden Rekrutierungs- und Disziplinierungsstrategien für die Einbindung in den Bordservice der German Air waren im Falle der indischen Flugbegleiter/innen recht erfolgreich. Die Gruppe der indischen Flugbegleiter/innen gilt zwar als recht betreuungsintensiv, ernsthafte Konflikte würden aber kaum auftreten. So lässt sich ja auch die Flugbegleiterin in unserem Beispiel letztlich ohne großes Aufsehen auf die aus ihrer Sicht eher unpassenden Vorgaben der Purserette ein. In den Interviews wurden die indischen Flugbegleiter/innen immer wieder als *„unheimlich flexibel"* (Strübing, Z. 1320, S. 2) und als *„relativ locker und gelassen"* (Strübing, Z. 1334, S. 3) beschrieben.

Allerdings war im Falle von Flugbegleiter/innen aus anderen asiatischen Ländern der Einsatz der beschriebenen Einpassungsstrategien nicht immer so erfolgreich. So kam es mit den thailändischen Flugbegleiter/innen zu ernsthaften und anhaltenden Auseinandersetzungen (Leifeld 2002). Und auch die betriebliche Einsozialisierung der japanischen Flugbegleiter/innen verlief immer wieder konflikthaft. Es kam sogar zu Eklats an Bord (Leifeld/Schröer 2006). Diese Kontrastfälle verweisen darauf, dass die in Anschlag gebrachten Disziplinierungstechnologien allein nicht zu einer erfolgreichen Einpassung der indischen Flugbegleiter/innen in den Bordservice der German Air geführt haben können. So angeregt sind wir dann dazu übergegangen, unser Analysespektrum zu erweitern.

7.2   Sozialstrukturelle Passung

Auf der Suche nach den die angedeuteten Eingliederungsdifferenzen verständlich machenden Bedingungsrahmen sind wir zunächst der Frage nachgegangen, über welchen sozialstrukturellen Background die rekrutierten indischen Flugbegleiter/innen verfügen und wie dieser Background zu dem Engagement bei der German Air passt. Da Indien ein in jeder Beziehung ungemein heterogenes Land ist, stellte sich uns die Frage, welche sozialstrukturelle Selektion das Anforderungsprofil der German Air bei der Einstellung von indischen Flugbegleiter/innen nach sich zieht und welche Folgen diese Selektion dann für die Eingliederung bei der German Air hat.

Der soziale Hintergrund der von uns befragten indischen Flugbegleiter/innen gibt einen deutlichen Hinweis. Alle unsere Interviewees gehören der indischen New Middle Class an. Die zehn befragten Personen stammen aus traditionellen urbanen Mittelschichtfamilien und haben eine englischsprachige Schulausbildung genossen. Keine/r von ihnen ist in der Region groß geworden, aus der die Familie ursprünglich stammt. Eine besondere regionale oder ethnische Zugehörigkeit konnte man bei keiner der Befragten feststellen. Eine in Jeans, T-Shirt und Lederjacke gekleidete Flugbegleiterin antwortete auf die Interview-Frage *„tell me where you come from"* mit der folgenden Erklärung: *„I am from Delhi[...], I am a mix, my father is Punjabi Rajput, he is a Rajput, and my mother is a Bengali[...] I went to Airforce school[...]"* (Priya, Z. 1351 ff., S. 40). Obwohl sie der Generation der Eltern eine klare regionale und eine kastengebundene Identität zuschreibt, identifiziert sie ihre eigene Herkunft mit der Großstadt Delhi, in der sie in gemischtkulturellen Verhältnissen aufgewachsen ist – der Vater ist aus dem Punjab im Nordwesten Indiens und die Mutter kommt aus dem östlichen Bundesland, Bengal. Fernab von den zwei unterschiedlichen regionalen (Sprach-)Kulturen der Eltern ist sie in der Großstadt aufgewachsen. Für ihre eigene Identität ist es wichtig, dass sie eine gute englischsprachige Schule besucht hat, die sie als Teil ihrer Antwort auf die Frage „where you come from" erwähnt.

Ursprünglich bestand die indische Mittelschicht aus Regierungsangestellten, Fachpersonal, Kleinunternehmern und Firmenangestellten. Sie war überwiegend in großen Metropolen, aber auch in mittelgroßen bis kleineren Städten Indiens ansässig und lokal gebunden. Englischsprachige Schul- und Hochschulausbildung zeichnet diese Schicht bis heute noch aus. Anfang der 1990er-Jahre wurde die indische Wirtschaft liberalisiert und für ausländische Investoren zugänglich. Die Öffnung der indischen Märkte und eine damit einhergehende, fortschreitende Privatisierung der lokalen Industrie veränderten den Arbeitsmarkt und letztlich die indische Gesellschaft nachhaltig. Es kam zur Öffnung des indischen Arbeitsmarktes für transnational operierende Konzerne. In den 1990er-Jahren gab es eine rasante Entwicklung im privaten Dienstleistungsbereich. Die massenhafte Auslagerung von kostenintensiven, dienstleistungsorientierten Arbeitsprozessen vom Westen nach Indien sorgte für völlig neue Arbeitsmöglichkeiten in BPO-Unternehmen (Business Process Outsourcing). Ein Teil der alten Mittelschicht profitierte von den erhöhten Löhnen im Privatsektor und entwickelte sich als eine konsumstarke Gesellschaftsschicht, die indische New Middle Class. Die Mitglieder dieser kleinen privilegierten Schicht – sie sind natürlich wie ca. 60 % der Gesamtbevölkerung alphabetisiert, verfügen wie weniger als 0,5 % der Inder über einen

Computer, sprechen wie nur ca. 2,5 % der Inder Englisch und sie leben wie ca. 25 % der indischen Bevölkerung in den Städten (Nandy 2006: 128) – verhandeln die Anbindung Indiens mit der globalen Wirtschaft sowohl auf der kulturellen als auch auf der ökonomischen Ebene (Fernandes 2000, 2006). Entwurzelt von ihrer heterogenen ethnischen und regionalen Identität entwickelt diese Schicht eine homogenisierte pan-indische Identität mit einer globalen Anschlussfähigkeit. Appadurai beschreibt, wie die Mitglieder der indischen Mittelschicht, fern von ihrer ethnischen dörflichen Herkunft, über die regionalen Grenzen hinweg und unterstützt durch den gesellschaftlichen Einfluss der Massenmedien sowie gefördert durch ein einheitliches Schulsystem eine mehr oder weniger homogenisierte kulturelle Identität entwickelten.

> „As more and more public organizations (such as the army, the railroads, and the civil service), as well as more and more business corporations, circulate their professional personnel across India, increasing number of middle class families find themselves in cities that harbour others like themselves, who are far from their native regions. This spatially mobile class of professionals, along with their more stable class peers in the cities and towns of India, creates a small but important class of consumers characterized by its multiethnic, multicaste, polyglot and westernised tastes" (Appadurai 1998: 6).

Es deutet sich so an, dass die Rekrutierung von indischen Flugbegleiter/innen durch die German Air sich nur auf diese relativ kleine und privilegierte New Middle Class beziehen kann: Die Mitglieder dieser Klasse verfügen über die erforderlichen Kompetenzen, sie haben eine globale, nach Westen gerichtete Orientierung, sie sind hochmobil, und sie haben sich von den Beschränkungen des Kastensystems weitgehend befreit. Damit heben sie sich vom Rest der indischen Bevölkerung signifikant ab. Bleibt zu klären, was sie in Anbetracht ihrer herausgehobenen sozialen Stellung veranlasst, bei der German Air als Flugbegleiter/in anzuheuern – ein Beruf, der im Westen selbst kein ganz so hohes Ansehen genießt.

Eine im Dezember 2011 eingestellte indische Flugbegleiterin antwortet sehr stolz und enthusiastisch auf die Frage, wie sie zu diesem Job bei der German Air gekommen ist: *„They had 14 000 applicants out of which 4 000 were short listed and 44 were picked up. So I was just telling my mother, probably I should have tried ‚Miss India' as well."* (Yasmin, Z. 101–102, S. 2) Interessant ist nicht nur die Tatsache, dass für sie der Einstieg in den Beruf mit dem Stolz verbunden ist, als eine von 14 000 Bewerbern ausgewählt worden zu sein. Auffällig ist auch, dass sie das Auswahlverfahren mit dem glamourösen indischen Schönheitswettbewerb „Miss India" vergleicht. Zwar hat der Job des/der Flugbegleiters/in mit der Ausweitung der indischen Flugindustrie an alten Glanz verloren. Dennoch ist der Job, für eine internationale Fluglinie als Flugbegleiter/in zu fliegen, weiterhin mit viel Prestige verbunden. Eine indische Flugbegleiterin erklärt, wie ihr Job in Indien wahrgenommen wird: „*[...]they are all proud of it, because they know how difficult it is, to get a job like this, and that too with an international airlines, and, luckily my parents my relatives they all very broad minded, in the beginning I remember my some of my friends, they had problems, with their husbands, or their relatives or parents, that you can't work as a, stewardess, you can't be a flight attendant, it it's a, it used to be against our culture[...]and now our society is changing over the years, even from small towns, girls are joining as flight attendants now in India, this I am talking 15 16 years back[...] I feel very proud, that I am working for German Air, when I go out and say it, like if I'm outside, they look at me with respect, not disrespect, with lot of respect, which is good.*" (Rima, Z. 656–685, S. 21)

Flugbegleiter/in in einer angesehenen westlichen Airline zu sein, geht mit einem hohen Ansehen in der indischen Gesellschaft einher. Auch in der Familie, für eine Inderin und einen Inder von besonderem Gewicht, ist diese berufliche Position mit viel Anerkennung verbunden. Nimmt man hinzu, dass die indischen Flugbegleiter/innen ohnehin schon ausschließlich der privilegierten indischen Mittelschicht, die innerhalb Indiens den hohen kulturellen Status einer englischsprachigen Schulausbildung genießt, entstammen und dass der Verdienst eines/einer indischen Flugbegleiters/in gemessen am indischen Einkommensniveau sehr hoch ist – indische Flugbegleiter/innen gehören allein schon als Angestellte der German Air ökonomisch zur gehobenen New Middle Class –, dann wird der exklusive soziale Status eines/einer Flugbegleiters/in der German Air in Indien klar.

Angedeutet ist so, dass die sozialstrukturelle Positionierung eines/einer indischen Flugbegleiters/in in der indischen Gesellschaft den Disziplinierungsbedürfnissen der German Air sehr entgegenkommt. Die German Air ist ein hochangesehener Arbeitgeber, mit dem man sich gern identifiziert und dem man mit seinen Leistungen genügen will. Aus dieser Beziehung heraus reklamiert man dann durchaus – wie in unserem Beispiel – Unstimmigkeiten im kulturnahen Service, lenkt aber auch schnell ein, wenn die für die Serviceprinzipien des Unternehmens stehende Vorgesetzte dies erwartet – zumal die Anstellung bei der German Air dazu verhilft, die ohnehin privilegierte Position in der indischen Gesellschaft symbolisch und materiell zu stützen und auszubauen.

7.3   Schlussfolgerungen – Anregungen

Unsere Untersuchung ist noch nicht zu ihrem Abschluss gekommen. Zuerst einmal konnten wir aber klären, warum weder die deutschen noch die indischen Flugbegleiter/innen nicht von tiefgreifenden ,interkulturellen' Aushandlungsprozessen berichteten. Eine transkulturelle Diskursbildung scheint mit Verweis auf die relativ stringenten Reglementarien zur Durchführung von Service- und Sicherheitshandlungen und einer davon stark ausgehenden, lokalen – hier allerdings organisational geformten – Diskursbildung gar nicht von Nöten zu sein. An anderer Stelle konnten wir auch klären, wie es der German Air über einer gegenüber den Flugbegleitern und Flugbegleiterinnen aufgebauten Kommunikationsmacht (Reichertz 2009) gelingt, einen organisationsspezifischen Habitus auszubilden, den die Mitarbeiter/innen internalisieren und darüber zur Verstetigung der lokalen Diskursbildung und einer davon abhängigen Organisationskultur beitragen (Bettmann/Schröer 2013). Nicht kommunikative Aushandlungen in Anbetracht spezifischer kultureller Hintergründe stehen hier im Vordergrund, sondern die von der Organisation regulierten Situationen an Bord, die kulturelle Unterschiede aufsaugen und im kommunikativen Handeln und Aushandeln gemäß den Prinzipien der Organisation überlagern.

Wir haben mit der organisationssoziologischen Untersuchung zum Service der German Air und mit der sozialstrukturellen Analyse zur Positionierung der indischen Flugbegleiter/innen in ihrer Primärgesellschaft und der damit einhergehenden Passung die Rahmenbedingungen geschaffen, um nun die zweite leitende Frage nach der fallspezifischen Bildung von transkultureller Identität wieder aufnehmen zu können. In der Analyse konzentrieren wir uns auf die indischen Flugbegleiter/innen, wir werden aber auch – etwas marginal – die deutschen Flugbegleiter/innen berücksichtigen. Auch wenn die Fallanalyse noch nicht zu ihrem Ende gekommen ist, lassen sich doch schon jetzt zumindest methodologisch-methodische Anregungen für die Durchführung entsprechender Analysen zur Kommunikation und Identitätsbildung unter Globalisierungsbedingungen formulieren:

Wichtig erscheint es uns für die Rekonstruktion von Kommunikation und Identitätsbildung unter Globalisierungsbedingungen, dass von vornherein die Analyse der spezifisch relevanten Rahmenbedingungen, in denen die Begegnungen und Verständigungen jeweils stattfinden und in denen es dann ggf. zu Identitätsmodifikationen kommt, einbezogen wird. Entscheidend ist nicht einfach, dass sich Menschen aus verschiedenen Gesellschaften in irgendwelchen Zusammenhängen begegnen, ausschlaggebend ist vielmehr in welchen Kontexten sich diese Menschen begegnen. Nur von diesen Kontexten her – der kulturelle ist nur einer, wenn auch ein zentraler – lassen sich die Anforderungen bestimmen, die dann ggf. zu typischen Ausprägungen von ‚transkultureller Identitätsbildung' führen.

Und da diese Anforderungen für verschiedene Handlungs- und Verständigungsfelder recht unterschiedlich ausfallen und nur schlecht auf einen Nenner zu bringen sind, sind gehaltvolle Generalisierungen im Moment wohl eher in mittlerer Reichweite zu haben. Solche Analysen führen dann zur Ausarbeitung von anforderungsspezifischen Typen transkultureller Identitätsbildung, zu Glokalisierungen.

Wir gehen davon aus, einen solchen Typ transkultureller Identitätsbildung für indische Flugbegleiter/innen bei der German Air nach Abschluss unserer Untersuchung präsentieren zu können. Die Suche nach einem empirisch begründbaren Typ transkultureller Identitätsarbeit in diesem Forschungsfeld wird für die nun anstehende Untersuchungsphase leitend sein.

Literatur

Abraham, Martin & Günter Büschgen. 2004. *Einführung in die Organisationssoziologie*. Wiesbaden: VS Verlag für Sozialwissenschaften.

Albrow, Martin. 1996. *The Global Age: State and Society beyond Modernity*. Cambridge: Polity Press.

Appadurai, Arjun. 1988. How to Make a National Cuisine: Cookbooks in Contemporary India. *Comparative Studies in Society and History* 30 (1): 3–24.

Appadurai, Arjun. 1996. *Modernity at Large. Cultural Dimensions of Globalization*. Minneapolis: University of Minnesota Press.

Appadurai, Arjun. 1998. Globale ethnische Räume. In *Perspektiven der Weltgesellschaft*, Ulrich Beck (Hrsg.), 11–40. Frankfurt a. M.: Suhrkamp.

Beck, Ulrich. 1997. *Was ist Globalisierung?* Frankfurt a. M.: Suhrkamp.

Becker, Jens. 2001. Sozialer Wandel im Globalisierungsprozess. In *Diffusion und Globalisierung*, Jens Becker, Dorothea M. Hartmann, Susanne Huth & Marion Möhle, 25–45. Wiesbaden: Westdeutscher Verlag.

Bettmann, Richard & Norbert Schröer. 2013. Organisationale Kommunikationsmacht. Die Einbeziehung indischer Flugbegleiter in eine globalisierte Airline – ein Zwischenbericht. In *Kommunikativer Konstruktivismus*, Hubert Knoblauch, Reiner Keller & Jo Reichertz (Hrsg.), 275–293. Wiesbaden: VS Verlag für Sozialwissenschaften.

Fernandes, Leela. 2000. Nationalising the ‚Global': media images, cultural politics and the middle class in India. *Media Culture and Society* 22 (5): 611–628.

Fernandes, Leela. 2006. *India's New Middle Class. Democratic Politics in an Era of Economic Reform*. Minneapolis & London: University of Minnesota Press.

Franzpötter, Reiner. 1997. *Organisationskultur – Begriffsverständnis und Analyse aus interpretativ-soziologischer Sicht*. Baden-Baden: Nomos Verlagsgesellschaft.

Giddens, Anthony. 1995. *Konsequenzen der Moderne*. Frankfurt a. M.: Suhrkamp.

Hitzler, Ronald, Jo Reichertz & Norbert Schröer (Hrsg.). 1999. *Hermeneutische Wissenssoziologie. Standpunkte zur Theorie der Interpretation*. Konstanz: UVK Universitätsverlag Konstanz.

Keupp, Heiner u. a. 1999. *Identitätskonstruktionen. Das Patchwork der Identitäten in der Spätmoderne*. Reinbek bei Hamburg: Rowohlt Taschenbuch Verlag.

Leifeld, Ulrich. 2002. *„But they don't know my view". Interkulturelle Kommunikationskonflikte thailändischer und deutscher Flugbegleiter am Arbeitsplatz*. Münster, Hamburg & London: Lit.

Leifeld, Ulrich & Norbert Schröer. 2006. Fremde Eigenheiten und eigene Fremdheiten: zu kommunikativen Aushandlungen gemischtkultureller Flugbegleitercrews. In *Transnationale Karrieren,* Florian Kreutzer & Silke Roth (Hrsg.), 158–173. Wiesbaden: VS Verlag für Sozialwissenschaften.

Malmendier, Marcel. 2003. *Kommunikations- und Verhaltenstraining in Organisationen: Zur Interventionspraxis in der Personalentwicklung.* Frankfurt a. M. & New York: Campus.

Moebius, Stephan. 2009. *Kultur.* Bielefeld: transcript.

Nandy, Ashis. 2006. *Talking India. Ashis Nandy in Conversation with Ramin Jahanbegloo.* New Delhi: Oxford University Press.

Ortmann, Günther. 2011. Die Kommunikations- und Exkommunikationsmacht in und von Organisationen. Unter besonderer Berücksichtigung der Macht zur Produktion von Identität. *Die Betriebswirtschaft* 71 (4): 355–378.

Pries, Ludger. 1996. Transnationale soziale Räume. Theoretisch-empirische Skizze am Beispiel der Arbeitswanderungen Mexico – USA. *Zeitschrift für Soziologie* 25 (6): 456–472.

Reichert, Jo. 2009. *Kommunikationsmacht. Was ist Kommunikation und was vermag sie? Und weshalb vermag sie das?* Wiesbaden: VS Verlag für Sozialwissenschaften.

Robertson, Roland. 1992. *Globalization. Social Theory and Global Culture.* London: SAGE Publications Ltd.

Robertson, Roland. 1998. Glokalisierung: Homogenität und Heterogenität in Raum und Zeit. In *Perspektiven der Weltgesellschaft,* Ulrich Beck (Hrsg.), 192–220. Frankfurt a. M.: Suhrkamp.

Schein, Edgar H. 2003. *Organisationskultur: the Ed Schein corporate culture survival guide.* Bergisch Gladbach: EHP.

Schröer, Norbert. 1997. Wissenssoziologische Hermeneutik. In *Sozialwissenschaftliche Hermeneutik,* Ronald Hitzler & Anne Honer (Hrsg.), 109–129. Opladen: Leske + Budrich.

Soeffner, Hans-Georg. 1989. *Auslegung des Alltags – Der Alltag der Auslegung.* Frankfurt a. M.: Suhrkamp.

Wallerstein, Immanuel. 1987. *The Politics of the World Economy: the State, the Movements and the Civilizations.* Cambridge: Cambridge University Press.

Weick, Karl E. 1998. *Der Prozeß des Organisierens.* Frankfurt a. M.: Suhrkamp.

Welsch, Wolfgang. 1999. Transculturality – the Puzzling Form of Cultures Today. In *Spaces of Culture: City, Nation, World,* Mike Featherstone & Scott Lash (Hrsg.), 194–213. London: SAGE Publications Ltd.

Deutsch-Türken und Spätaussiedler im Spiegel der Satire und Komik auf der Bühne

8

Aktueller Forschungsstand des DFG-Forschungsprojektes „Migration und Komik"

Halyna Leontiy

8.1 Einleitung

Welche Rolle spielt Komik in der Einwanderungsgesellschaft Deutschland? Welche Potentiale haben Kabarett und Comedy für die Selbstdarstellung von ethnischen Minderheiten und Zugewanderten, für die Verarbeitung ihrer Migrationsgeschichte sowie für die Stärkung ihrer Zugehörigkeit zur deutschen Gesellschaft? Welche Themen werden mit Hilfe welcher stilistischen Mittel des „komischen Genres" bearbeitet? Wie wird die Interaktion mit dem Publikum vollzogen? Und nicht zuletzt – wie unterscheidet sich die Bühnenkomik von der Komik im Alltag? Diesen und weiteren Fragen geht das im Oktober 2012 am Kulturwissenschaftlichen Institut Essen (KWI) gestartete DFG-Forschungsprojekt „Migration und Komik. Soziale Funktionen und konversationelle Potentiale von Komik und Satire in den ‚interethnischen' Beziehungen Deutschlands" nach. Den Ausgangspunkt des Forschungsprojektes bilden reichhaltige Potentiale der sozialwissenschaftlichen Theorien der Komik für die Gestaltung und Regulierung, aber auch für die Erforschung der zwischenmenschlichen Beziehungen. In Anbetracht dieser Potentiale sowie der Expansion deutsch-türkischer Bühnenkomik auf der einen Seite und der Unterrepräsentanz der Bühnenkomik der Spätaussiedler auf der anderen Seite werden im Projekt mithilfe qualitativer (v. a. videographischer) Methoden der Sozialforschung diese beiden statistisch größten Gruppen der Zugewanderten in Deutschland in den Blick genommen: Deutsch-Türken sowie Spätaussiedler aus der ehemaligen Sowjetunion[1]. Der vorliegende Beitrag gibt einen

---

1   Eine ausführliche Projektbeschreibung findet sich in Leontiy 2012, hervorgegangen aus der Pilot-Studie, die dem DFG-Projekt zugrunde liegt. Die Pilotstudie wurde vom Science Support Center der Universität Duisburg-Essen finanziert und zwischen Oktober 2010 und März 2011 am Kulturwissenschaftlichen Institut Essen durchgeführt.

Überblick über das Forschungsprojekt und stellt die ersten Thesen zum Vergleich der Bühnenkomik von Spätaussiedlern und Deutsch-Türken vor.[2]

8.2 Sozialwissenschaftliche Theorien und Funktionen der Komik

Die theoretische Grundlage des Forschungsprojektes bilden sozialwissenschaftliche Theorien der Komik, die sich auf zwei wesentliche Komponenten des Komischen beziehen: Komik als Limitation (durch Ver-Lachen jemanden in seinen Grenzen fixieren) und Komik als Transgression (im Lachen Grenzen überschreiten). Hervorgehoben werden referentielle Bedingungen des Lachens in Form von sogenannten Inkongruenz- oder Kontrasttheorien, die ich im Folgenden lediglich kurz benenne[3]. Komik als ein soziales, kultur- und kontextabhängiges, in den Alltag eingebettetes Phänomen eignet sich in besonderer Weise zur: 1) *emotionalen Spannungsentladung und Konfliktlösung,* wie Freud (1963) und Plessner (1941 (1970)) gezeigt haben, 2) *Diagnose des Sozialen:* mittels Komik kann die Doppelbödigkeit der Realität entlarvt werden (vgl. P. L. Berger 1998 und Zijderveld 1976), 3) *Perspektivenübernahme, Umkehr der Machtverhältnisse, Normen und Werte,* zur ,Transzendenzüberwindung' und somit auch zur *Wissensvermittlung,* womit Komik auf eine indirekte und subtile Art normierend wirkt (vgl. Goffman 1971; Bourdieu 2005; P. L. Berger 1998; Zijderveld 1971).

Sowohl die Komik als auch das Lachen fungieren *inkludierend* oder *exkludierend:* Das Lachen kann beschämen, stören, kritisieren oder ermuntern, einladen oder ablehnen, Spannungen erzeugen oder abbauen, soziale Beziehungen bestärken oder separieren. Die These von der Dichotomie des Lachens betont der belgische Soziologe Eugene Dupréel (1928), der Lachen als Ausdruck eines Gruppenverhaltens betrachtet: „La joie du rire est un sentiment conforme à nos instincts sociaux les plus fondamentaux; elle est la satisfaction d'être réunis, la communion dans le groupe. Mais nous savons qu'à côté de cette joie pure il y a la joie maligne et que le rire la manifeste non moins souvent [...] c'est le rire d'exclusion" (Dupréel 1928: 234). Nur wer gemeinsam lacht, ist innerlich miteinander verbunden. Wie P. L. Berger treffend formuliert, wird der Außenseiter „genau dadurch definiert, dass er nicht in der Lage ist, die Komikkultur der In-Group zu begreifen. Damit kommt der Komik, wie anderen Symbolsystemen auch, eine essentielle Funktion

---

2   Ich bedanke mich bei meinem Forschungsteam Michael Walter und Rana Aydin-Kandler für die gemeinsame Datenerhebung sowie die Dateninterpretation.

3   Ausführlicher zu Theorien der Komik siehe Leontiy (2012: 87 ff.) sowie Bachmaier (2006).

zu: Sie zieht die Grenze zwischen Eingeweihten und Außenseitern. Jede Komikkultur ist in- und exklusiv." (P. L. Berger 1998: 81)

Und nicht zuletzt: Komik erfüllt eine *kulturvermittelnde* Funktion. Zum Ko-
mikverhalten gehören v. a. nonverbale Signale, die eine komische Situation markieren oder einen Witz einleiten und die je nach sozialer Gruppe, Kultur und Ethnie variieren (ebd.: 80). Damit kann Komik als eine kulturspezifische, Zeit und
Gesellschaft prägende Kommunikationsform verstanden werden. Das, was als ko-
misch gilt, worüber gelacht wird, wer mit wem worüber lacht und lachen darf,
gibt Auskunft über eine Gesellschaft oder eine Gruppe. Signale des Komikverhal-
tens sind aber, laut Berger, auch gesamtgesellschaftlich institutionalisiert, wobei
sie „je nach Landschaft, Ethnie und Klasse ausdifferenziert" sind (ebd.: 80). Wenn
Menschen also Signale des Komik-Verhaltens gleich verstehen und dieses Verständnis teilen, so hat dies eine akkulturalisierende Wirkung. Daran wird dementsprechend auch die Abweichung gemessen: Wer hält sich an diese Ordnung nicht
und aus welchem Grund? Wer lacht und witzelt auch dann noch, wenn die abgesicherte komische Situation räumlich und zeitlich vorbei ist? Über welche Themen darf wo und wann in der Gesellschaft überhaupt gelacht werden?

Auf der Basis der oben genannten theoretischen Erkenntnisse und der daraus
entstehenden Fragen werden im Forschungsprojekt sowohl in den Kabarett- und
Comedy-Vorstellungen als auch in den Alltagskommunikationen 1) die Selbst-
repräsentationen der deutsch-türkischen sowie der Spätaussiedler-Bevölkerung
und 2) die Repräsentationen ihrer sozialen Beziehungen sowohl untereinander als
auch zur autochthonen deutschen Bevölkerung untersucht.

Aufgrund der Uneinigkeit bezüglich der begrifflichen Definitionen in der wissenschaftlichen Literatur wird der Begriff ‚Komik' als Überbegriff für alle komischen Ausprägungen (sowohl für inkludierende als auch für exkludierende) verwendet[4] und wird als ein pragmatisches Konzept betrachtet, das sowohl auf die
Kommunikationspartner als auch auf spezifische Kommunikationssituationen bezogen werden muss.

---

4   Der Begriff Komik schließt damit nicht nur auf die soziale Inklusion ausgerichtete Begriffe
    wie Humor und Scherzkommunikation ein, sondern auch auf Exklusion fokussierte aggres-
    sive Formen der Komik wie Auslachen, diskriminierende Komikäußerungen, Sarkasmus,
    Hohn u. a. Dabei erfolgt im Laufe der Forschung die begriffliche Präzisierung: Je nach ihrem
    Vorkommen im Datenmaterial wird zwischen Scherz, Witz, Anekdote, Parodie, Satire u. a.
    sowie zwischen den verschiedenen Formen des Lachens unterschieden, die eine Komik-
    Form begleiten können, aber nicht müssen.

8.3   Forschungsdesign des Projektes

Das Forschungsprojekt hat zum Ziel, aus der Perspektive der Kultursoziologie Wechselbeziehungen zwischen Einheimischen und Zugewanderten in Deutschland sowie die der Zugewanderten untereinander anhand der ausgewählten Untersuchungsfälle am Beispiel der Komik und Satire in der Gegenwart analytisch zu erforschen. Es handelt sich um die bisher nicht erforschte Verbindung zwischen der Komikpraxis einerseits und dem Selbstverständnis bzw. Gruppenverhalten andererseits. Die im Projekt gestellten Fragen und angestrebten Ziele werden im Sinne der hermeneutischen Wissenssoziologie, welche ein rekonstruktives Vorgehen bei der Erforschung sozialer Wirklichkeit ermöglicht[5], erforscht. Das Forschungsprojekt bedient sich hierfür einer Methodenkombination aus Videoanalyse, hermeneutischer Sequenzanalyse, Gesprächsanalyse und Ethnographie. Es werden keine starren Hypothesen formuliert, die durch das erhobene Datenmaterial belegt bzw. widerlegt werden, sondern die Leithypothesen werden während der Datenerhebung entwickelt und überprüft. Folgende mögliche Leitfragen stehen zur Auswahl: 1) Inwiefern dient Komik der Abgrenzung bzw. der Identifikation? (Effekt nach außen), und 2) inwiefern dient Komik der Überbrückung von Gegensätzen sowie der Verarbeitung der Migration und der Akkulturation der in Deutschland lebenden Migranten? (Effekt nach außen). Die Untersuchung verläuft auf zwei Ebenen, die im Folgenden dargestellt werden.

Ebene 1: Institutionalisierte Komik auf der Bühne
Insgesamt werden drei kontrastive Untersuchungsobjekte ausgewählt, wobei aussagekräftige Szenen aus dem Programm sowohl von männlichen als auch weiblichen Künstlern berücksichtigt werden: 1) *Deutsch-türkische Bühnenkomik:* Hier werden die Bühnenprogramme aus der Comedy- bzw. Kabarett-Szene (sowie der Mischformen) von Murat Topal, Aydin Isik, Fatih Cevikkollu, Meltem Kaptan, Senay Duzcu analysiert und mit den frühen Kabarettformen von Sinasi Dikmen und Muhsin Omurca der 1980er-Jahre kontrastiert. 2) *Aussiedler-Bühnenkomik:* Diese wird repräsentiert durch eine geringere Anzahl von Künstlern im Vergleich zu den Deutsch-Türken. Im Fokus der empirischen Analyse stehen Bühnenprogramme der Schauspielerin und Kabarettistin Lilia Tetslau[6], des Laien-Theaterkünstlers und Kabarettisten Peter Braun sowie der Laien-Künstlerin (Sängerin, Entertainerin und Kabarettistin) Katharina Fast. 3) *Deutsche Bühnenkomik mit migrantischen Bezügen:* Auch deutsche Kabarettisten wie Hagen Rether und Volker Pispers nehmen satirisch-kritisch und ironisierend Migranten-Themen in ihr Programm

---

5   Vgl. Soeffner (2008), Soeffner und Raab (2004), Hitzler et al. (1999).
6   Zur Analyse des Kabarett-Programms von Lilia Tetslau siehe Leontiy (2013).

auf: Islamphobie, Gastarbeiterstatus, Integrationsprobleme, weswegen Teile ihrer Bühnenprogramme als dritter Vergleichsfall hinzugenommen werden. Hagen Rether spottet pointiert: „Anatolische Bauern bringen uns nichts. Wer braucht schon Gemüse? Wir brauchen Ingenieure, die nebenbei noch einen Flugschein machen" usw.[7]

Folgende Fragen liegen der Untersuchung der Bühnenkomik zugrunde:

1) Wie werden das Eigene und das Fremde konstruiert? (Ereignisse, Motive, Zeithorizont, stilistische Mittel)

2) Werden in der Bühnenkomik Beziehungen zwischen der allochthonen und der autochthonen Bevölkerung gespiegelt bzw. hergestellt? Wenn ja – mit welchen Mitteln?

3) Welche Reaktionen ruft diese Komik im Publikum hervor? (Rezeptionsanalyse)

4) Gibt es (inter-)ethnische Komik, über die alle gemeinsam lachen können? Über welche Komik wird nicht gelacht? (In-/Exklusion)

Methodische Vorgehensweise bei der Analyse der Bühnenkomik. Ziel unserer Datenanalyse ist die Rekonstruktion eines objektivierten Typus des Handelns (vgl. Soeffner 2008: 173), basierend auf: *Deskription, Einzelfallanalysen* (Aussiedler-Komik wird getrennt von der deutsch-türkischen Komik analysiert), *Fallvergleiche, Rekonstruktion fallübergreifender Muster* sowie *Deskription und Rekonstruktion fallübergreifender und zugleich fallgenerierender Strukturen* (vgl. Soeffner 2008: 173).

Verbunden wird diese Vorgehensweise mit der Grounded Theory (Strauss 1994), die aus drei Prinzipien besteht: 1) Theoretical Sampling, 2) kontinuierlichem Vergleichen und 3) der Anwendung des Kodierparadigmas.

Bei der Untersuchung der Bühnenkomik ist die Methode der *Videographie* zentral. Das gesamte Methodendesign umfasst folgende Ebenen:

Ebene der Datenerhebung. 1) *Theoretical Sampling/*Auswahl der kontrasten Untersuchungsfälle; 2) *Vorbereitung der Kabarett-Begleitung* (Infos zum Veranstalter und zum Ort; ggf. Notizen zum Telefonat und Vorbereitung; Pressematerial

---

7   Siehe http://www.youtube.com/watch?v=TsWLyy8Uino&feature=player_embedded. (letzter Abruf am 26.06.2013). „Kabarett am Minarett" ist Neuland, das Jürgen Becker betritt, für den „Kabarett mehr ist als nur die Bespaßung Gleichgesinnter", vgl. http://www.juergen-becker-kabarettist.de/portfolio/kabarett-am-minarett (letzter Abruf am 26.06.2013). Der Kabarettist plant weitere Projekte, wie z. B. das Kabarett in der Moschee, und steht dem Forschungsprojekt unterstützend zur Seite.

zum Ort etc.); 3) *Videoaufnahmen* des Kabarett-Programms sowie ggf. des Publikums; 4) *Publikum-Kurzinterviews* in der Pause sowie nach der Veranstaltung; 5) *Nachgespräche mit Organisatoren/Veranstaltern;* 6) *Informationsmaterial zum Veranstaltungsort;* 7) Erstellen der *Feldnotizen* nach der Reise; 8) *Ergänzung durch Pressematerial* bzw. *empirische Studien/Literatur.*

Bei der Datenerhebung entstehen folgende Datensorten: Videographien mit einer bzw. zwei Kameraperspektive(n); Tonaufnahmen (Interviews, Gespräche); Bilddokumentation; ethnographische Feldnotizen; Pressematerial/Literatur.

Ebene der Dateninterpretation. Für die Aufbereitung der Daten wurde ein speziell an den Forschungsgegenstand „Videographie der Bühnenkomik" angepasstes Methodenkonzept entwickelt, im Rückgriff auf Knoblauch, Tuma und Schnettler (2010) und auf ein aktuelles, von Bernt Schnettler geleitetes Forschungsprojekt „Videoanalyse migrantischen Wissens"[8]. Von Videographie sprechen Knoblauch et al. dann, wenn die Videointeraktionsanalyse „zusätzliche Informationen aus einer begleitenden ethnographischen Erhebung des Kontextes mit einbezieht" (Knoblauch et al. 2010: 4). Während die Autoren die Ethnographie lediglich als orientierenden Rahmen für die audiovisuellen Aufzeichnungen betrachten und die Interaktion ins Zentrum der Untersuchung setzen (ebd.: 16), hat die Ethnographie im Forschungsprojekt „Migration und Komik" einen gleichwertigen Status zur Videoanalyse der Bühnenkomik. Unterschieden werden sechs *analytische Schritte:*

1) *Strukturprotokoll/Kodierung des Kabarett-Programms bzw. der gesamten Videographie:* Das Strukturprotokoll unterscheidet sowohl die formale als auch die inhaltliche Interpretation. Zur formalen Struktur gehören: a) *Eröffnung* (Wer? Wie?), b) *Programmteil* (Programmprotokoll, kommentierter Handlungsablauf), c) *Abschluss* (Wie? Zugabe? Interaktion mit dem Publikum?) und d) gegebenenfalls eine *Diskussion mit dem Publikum,* was v. a. für das Kabarett der Aussiedlerin Lilia Tetslau typisch ist.
    Für die Bestimmung der Struktur und der thematischen Episoden haben wir Grobtranskripte erstellt, die den Vergleich der einzelnen Auftritte sowie das Erfassen der Zuschauerreaktionen ermöglichen.
    Bei der Interpretation werden sowohl die *inhaltliche* Interpretation (das Gesagte) als auch die Interpretation des *Arrangements* (Einstieg, Gestik) be-

---

8   Projekt „Videoanalyse migrantischen Wissens – Fokussierte ethnografische Erhebung und videoanalytische Auswertung öffentlicher Veranstaltungen als Situationen performativer Vermittlung migrantischen Wissens" am Lehrstuhl Prof. Bernt Schnettler: http://www.soz. uni-bayreuth.de/de/research/ForMig/index.html (letzter Abruf am 26. 06. 2013).

rücksichtigt. Dazu gehören: 1) *Einsatz der Stilmittel:* Bezüge auf die deutsche Medienkultur (populäre Sendungen, Medienpersonen), Hyperbel, Kontraste, absurde Phantasien, Metaphorik, und 2) *Interaktion mit dem Publikum:* Der ganze Veranstaltungsraum wird als Interaktionsraum erfasst und interaktionsdichte Sequenzen werden kodiert. Besondere Relevanz haben die Sequenzen, in denen die Künstler eine *captatio benevolentiae*[9] praktizieren, d. h. die Anerkennung beim Publikum einfordern. Diese Sequenzen stellen oft Krisensituationen dar, die die Künstler bewältigen müssen. Stets unterschieden wird die Kodierung von zwei Handlungstypen: *Kamerahandlung* und *Handlung vor der Kamera* (vgl. Reichertz und Englert 2010: 36).

2) *Bestimmen von signifikanten Stellen/detaillierte Transkription/hermeneutische Sequenzanalyse:* Auf der Basis des Strukturprotokolls werden signifikante Episoden (reichhaltig an Pointen sowie an Publikumsreaktionen) ausgewählt, transkribiert und hermeneutisch analysiert. Gleiche thematische Sequenzen werden mit denen aus den anderen Auftritten verglichen.

3) *Reaktionen des Publikums bei den signifikanten Sequenzen:* Hierzu werden detaillierte Transkripte erstellt, wobei die Analyse sowohl anhand der Transkripte als auch der Videodaten erfolgt.

4) *Nachinterviews mit dem Publikum:* In der Theaterpause sowie nach der Vorstellung werden leitfadengestützte Kurzinterviews mit dem Publikum geführt sowie ergänzend bzw. zwecks größerer Erreichbarkeit Fragebögen verteilt.

5) *Interviews mit den KünstlerInnen:* Vor oder nach dem Bühnenprogramm werden ca. einstündige leitfadengestützte Interviews mit den Künstlern und Künstlerinnen geführt.

6) *Einbettung in den soziokulturellen/-politischen Rahmen:* Um das Interaktionsgeschehen am Veranstaltungsort soziokulturell und soziopolitisch zu kontextualisieren, werden ethnographische Feldnotizen zum Veranstaltungsort und der Gegend erstellt sowie nach Medienberichten zu den jeweiligen Migrantencommunities in diesen Orten recherchiert.

Analytische Dimensionen. Rückgreifend auf die von Fillmore (1994) entwickelten analytischen Dimensionen des Komischen (deduktive Kategorien) werden weitere Kategorien entwickelt. Zum einem ergeben sich diese aus der Fragestellung des Projektes und aus dem Untersuchungsgegenstand (die Bühnenkomik unterscheidet sich von der Gesprächskomik im Alltag), und zum anderen werden sie induktiv gemäß den Grundsätzen der Grounded Theory nach Strauss (1994) aus der Analyse des ersten Datenmaterials herausgearbeitet.

---

9 Ich bedanke mich für die Einbringung dieses Begriffs bei meinem früheren Kollegen Michael Walter.

1) *Charakteristik/Typologie der Darsteller:* Hierzu gehören: Herkunft, Ausbildung, Grad der Professionalisierung, Reichweite sowie Bekanntheitsgrad.

2) *Analyse des Programms:* Die Analyse des Bühnenkomik-Programms fokussiert folgende Ebenen: formale Struktur, thematischer Fokus, zeitliche Referenz (Vergangenheit/Gegenwart/Zukunft), interethnische Bezüge (wenn vorhanden bzw. den Deutschland-Bezug) sowie Komik-Gattungen und Stilmittel.

3) *Ebene des Publikums:* Diese Dimension umfasst die Bestimmung des Zielpublikums, die Interaktion der KünstlerInnen mit dem Publikum sowie die Publikumswirkung der Komik.

Ebene 2: Alltägliche konversationelle Praxis des Komischen

Die Untersuchung der alltäglichen konversationellen Praxis des Komischen soll am Beispiel ausgewählter Migranten-Gruppen in verschiedenen Stadtteilen von Duisburg erfolgen. Dafür werden ethnographische Studien durchgeführt, die Aufschluss über die Beziehungen und Kommunikationsvorgänge innerhalb der Gruppen selbst und in Bezug auf deutsche Nachbarn sowie andere ‚Ethnien' geben sollen. Fokussiert werden jeweils eine mehrgenerationelle Familie, ihr nachbarschaftliches Umfeld sowie eine Jugendgruppe im Stadtteil.

Ethnographisch rekonstruiert werden sollen die Entwicklung interethnischer Beziehungen sowie die Verarbeitung der eigenen Migrationssituation durch kulturspezifisch geprägte, pragmatisch im Alltag eingesetzte Formen der Komik. Dabei sollen alle ‚komischen' kommunikativen Manifestationen in den genannten Milieus auf Tonband bzw. Video aufgenommen und auch die komischen ‚Kreationen' der Migranten beschrieben werden. Von besonderer Bedeutung ist die Erhebung und Analyse von Sequenzen, in denen spezifische Migranten-Komik zum Vorschein kommt. Die leitenden Fragen sind: 1) Wie wird Komik im Alltag pragmatisch eingesetzt? (Wer lacht wann worüber bzw. über wen?) 2) Wie verarbeiten die Akteure ihre Migrationssituation? 3) Wie äußert sich in der Komik-Kommunikation das Verhältnis zu anderen Ethnien, zu Einheimischen, untereinander? (Rezeptionsanalyse im Alltag). Es sollen Memos der Feldbesuche, Foto- und Videodokumentationen erstellt sowie narrative Interviews und Aufnahmen der Live-Gespräche im Feld erhoben werden.

8.4   Vorläufige Ergebnisse des Vergleichs der Bühnenkomik von Spätaussiedlern sowie von Deutsch-Türken

Während sich das Forschungsteam Halyna Leontiy und Michael Walter in der ersten Projektstudie (Oktober 2012–März 2013) mit der Analyse der Bühnenkomik von SpätaussiedlerInnen beschäftigte, untersuchte das Forschungsteam Halyna Leontiy und Rana Aydin-Kandler in der darauf folgenden Forschungsphase (April–August 2013) die Bühnenkomik von deutsch-türkischen KünstlerInnen. Obwohl die Datenanalyse der beiden Untersuchungsfälle aufgrund ihrer Komplexität und Heterogenität sowie eines sehr umfangreichen Datenmaterials noch nicht abgeschlossen ist, möchte ich an dieser Stelle bereits erste Ergebnisse in Form von Thesen präsentieren.

8.4.1 Charakteristik/Typologie der DarstellerInnen

Im Unterschied zu den SpätaussiedlerInnen gehören die aktuellen Komik-KünstlerInnen deutsch-türkischer Herkunft der zweiten Generation der einstigen türkischen MigrantenInnen an. Sie sind alle in Deutschland geboren und zumeist auch sozialisiert. Auch ihre künstlerische (vorwiegend schauspielerische) Ausbildung haben sie in Deutschland auf dem ersten oder auf dem zweiten Bildungsweg abgeschlossen. Sie werden von Presse und Medien wahrgenommen, haben zumeist einen hohen Bekanntheitsgrad und ihr Erfolg wird nicht nur an den hohen Publikumszahlen, sondern auch an der Anzahl der ihnen verliehenen Preise gemessen. Die im Rahmen des Forschungsprojektes entdeckten Komik-KünstlerInnen aus den Spätaussiedler-Milieus sind dagegen alle Einwanderer erster Generation, die im Erwachsenenalter Ende der 1980er- bzw. zu Beginn der 1990er-Jahre nach Deutschland einreisten. Das bedeutet, dass sie als professionelle (wie Lilia Tetslau) bzw. als Laien-KünstlerInnen (wie Katharina Fast und Peter Braun) nicht in Deutschland, sondern in der damaligen Sowjetunion ausgebildet wurden. Dies beeinflusst nicht nur die Auswahl an Themen für die Bühnenprogramme, sondern auch die Stilistik und Performanz, welche einen enormen Einfluss auf die Rezeption der Komik aufweist.

8.4.2 Formale Struktur des Bühnenprogramms

Bis auf das türkische Programm von Fatih Cevikkollu, das eher interaktiv angelegt ist, weisen alle Komik-Programme eine feste Struktur auf, die lediglich einige kleine Abweichungen und Anspielungen auf die aktuellen soziopolitischen Ereignisse zulässt.

8.4.3 Thematischer Fokus und zeitliche Referenz

Folgende Themen finden sich in den Bühnenprogrammen von SpätaussiedlerIn-
nen: Thematisierung der Auswanderung und der Geschichte der Spätaussiedler,
Russland-Deutschland-Vergleiche und daraus resultierende Komik (aber auch Tra-
gik), sozialer und ökonomischer Abstieg nach der Übersiedlung nach Deutschland,
Selbstwahrnehmung, Identitätssuche, Identifikation, Sprachwitze und sprachliche
Missverständnisse als Objekt der Komik. Dagegen sind makrogesellschaftliche
Themen wie deutsche Politik, Migrations- und Integrationspolitik sowie die Darstellung der Spätaussiedler in den Medien explizit lediglich bei Lilia Tetslau und
eher implizit bei Katharina Fast und Peter Braun zu finden. Dazu gehört die Kritik
am individualistisch-kapitalistischen Gesellschaftssystem Deutschlands, das sich
durch folgende Merkmale charakterisieren lässt: Oberflächlichkeit in Umgangsformen (nach außen – lächeln, gedanklich – Ablehnung: das übertrieben freund-
liche Erscheinungsbild, das den freundschaftlichen Absichten nicht entspricht),
Leistungsdenken, Leben nach Zeitplan sowie Konsumorientierung. In Bezug auf
die Orientierung auf die Gesamtgesellschaft kann die Aussiedler-Komik somit als
eine vorwiegend in die eigene Aussiedler-Community eingebettete charakterisiert
werden. Außer Lilia Tetslau sind alle Künstler plattdeutsch-mennonitischer Herkunft, wobei sie den Glauben mehr oder weniger aktiv praktizieren und bezüglich
der Traditionspraxis große Unterschiede aufweisen (z. B. emanzipatorische Tendenzen bei Frauen wie Katharina Fast). Im Rahmen unserer ethnographischen
Reisen haben wir folgende Milieus entdeckt: 1) ein kommunikativ konstruiertes
Milieu der Kultur- und Sprach-Tradierung mit dem Verein der Plattdeutschen
Freunde e. V. als Akteur[10] sowie 2) evangelikal-religiöse Milieus in Ostwestfalen
(Dettmold/Lippe). Lilia Tetslau fällt dabei als einzige Künstlerin aus diesem Ty-
pus-Rahmen: Sie ist künstlerisch ausgebildet, Städterin, eine moderne, säkulari-
sierte, nicht religiöse Frau, auch kein Mitglied eines ‚Clans' (obwohl sie viele Ver-
wandte in Deutschland hat). Sie identifiziert sich vielmehr mit russischstämmigen
Intellektuellen und Künstlern. Bezeichnend für alle Komik-KünstlerInnen aus den
SpätaussiedlerInnen-Milieus sind fehlendes offensives Vertreten politischer Forderungen sowie fehlendes Hineintreten in den zivilgesellschaftlichen, politischen
Raum. Es ist lediglich ein individuelles, verinnerlichtes Auseinandersetzen mit der
eigenen problematischen Identität, mit dem Fremdsein sowie mit der eigenen Lebenswelt zu beobachten. Aussiedler sind ethnische Deutsche mit einer besonderen Geschichte, deren zentrale Bestandteile politische Verfolgung, Deportationen

---

10 Der Verein „Plautdietsch-Freunde e. V." ist 1999 in Oerlinghausen gegründet worden und
    „hat sich die *Dokumentation, Pflege und Förderung der plautdietschen Sprache* zum Ziel ge-
    setzt". Vgl. http://www.plautdietsch-freunde.de/der-verein (letzter Abruf am 01. 07. 2013).

und Diskriminierungen sowohl seitens des Sowjetregimes als auch des deutschen Nazi-Regimes sind. Auf der Suche nach ihrer Identität in Deutschland ist ihr Blick *rückwärtsgewandt,* zugleich in Richtung der Verarbeitung ihrer eigenen Familiengeschichte wie auch ihrer Kollektivgeschichte (siehe Landsmannschaft der Deutschen aus Russland). Dabei bleiben Aussiedler jedoch nicht in ihren traditionellen Gemeinschaften verhaftet. Vielmehr deuten Abspaltungen innerhalb und Mitglieder-Wechsel zwischen den kulturellen Vereinen und christlichen Gemeinden auf permanente Veränderungsprozesse sowohl der individuellen als auch kollektiver Identitäten der Migranten hin, was als Ergebnis des Akkulturationsprozesses in Deutschland betrachtet werden kann.

Im Vergleich zu den Spätaussiedlern finden sich bei den deutsch-türkischen Komik-KünstlerInnen kaum thematische Einschränkungen. Während der ehemalige Polizist Murat Topal seine Comedy-Themen aus dem polizeilichen Alltag schöpft und das non-konforme Verhalten der Polizei-KlientInnen auslacht, hat der Schauspieler und Kabarettist Fatih Cevikkollu in seinem aktuellen Programm „FATIH unser!" keinen thematischen Fokus. Vielmehr entspringt sein Programm entspringt dem Rollen- und Interessenprofil des Künstlers, was er im Interview expliziert: „Es geht ja von dem auch los, was mich bewegt und interessiert. Ich bin Familienvater, ich bin ein Steuerzahler, ich bin Autofahrer, ich bin Ehemann, ich bin äh Komiker, ich bin äh äh Türke in Deutschland. Ich bin äh […] Deutscher, ich bin äh Wähler, ich bin äh pfff alles Mögliche. [mhm] Ich bin ein Interviewgeber, […] ich bin begeisterter Camper, ich bin Reiter, ich hab ein Pferd, ich äh: [HL: wow!] Musiker, ich spiele Schlagzeug."[11] Zum Ausdruck kommt hier die pluralistische Rollenidentität des Protagonisten, die er im Modus der Reflexion und Kritik präsentiert. Ähnlich wie viele seiner Kollegen problematisiert er die konventionelle Zuschreibung auf die Subjektposition „Migrant" oder „Zugewanderter" und entwickelt auch in seinem Kabarettprogramm Distanz zum Migrations- und Integrationsdiskurs. Bezeichnend für die zweite Generation der türkischen Zuwanderer sind die Herausbildung eines starken Selbstbewusstseins sowie des Selbstverständnisses der Zugehörigkeit zur deutschen Gesellschaft und die zunehmende Distanz zum Migrations- und Intergrationsdiskurs.

---

11 Aus dem Interview mit Fatih Cevikkolu, durchgeführt von Halyna Leontiy, Rana Aydin-Kandler und Khrystyna Bey am 09.05.2013 vor seiner Kabarett-Vorstellung im Katakomben-Theater Essen.

8.4.4 Interethnische Bezüge

Während in der Bühnenkomik der Spätaussiedler jegliche Bezüge zu den anderen ethnischen Gruppen und Kulturen fehlen und der Fokus allein auf die Beziehung zwischen Spätaussiedlern und der autochthonen deutschen Bevölkerung gerichtet wird, zeichnen sich deutsch-türkische Programme durch einen weiteren Blickwinkel der Interethnizität aus. So verarbeitet Fatih Cevikkollu mit komischen Mitteln das angespannte Verhältnis zwischen Türken und Griechen. Murat Topal inszeniert unerschiedliche Komik enthaltende Episoden aus seinem polizeilichen Alltag, in denen verschiedene Kulturen und Ethnien wie Polen, Russen, Türken, Schwarzafrikaner u. a. auftreten. Aydin Isik integriert in sein Kabarett-Programm auch die Rolle eines pakistanischen Flüchtlings.

8.4.5 Komik-Gattungen und Stilmittel: Tradition und „Performanzfremdheit"

Die aktuelle Kultur- und Kunstpraxis der Spätaussiedler in Deutschland entspricht den in der damaligen Sowjetunion (in verschiedenen Regionen und Milieus) sozialisierten und tradierten Formen, die da sind: Gesang und Musik (Volkslieder, Romanzen, humoristische Lieder, russische Klassik, sowohl Solo als auch im Chor), musikalisch-literarische Veranstaltungen (ernste Literatur, aber auch Humoresken) sowie klassisches Theater (u. a. mit humoristischen Stücken). Komikformen wie Kabarett und Comedy gehörten nicht zum Repertoire der Aussiedler-KünstlerInnen, obwohl diese in der Sowjetunion spätestens ab Mitte der 1980er-Jahre durchaus verbreitet waren: Anführen lassen sich beispielsweise die Stand-Up-Komik auf der Bühne von Khazanov, Petrosyan oder Raykin sowie die sehr beliebte Bühnenwettbewerb-Show von studentischen „KWN"-Mannschaften („klub weselyh i nahodchiwyh" = Klub der Witzigen und Schlagfertigen[12]), die seit 1961 von Alexander Maslyakov moderiert wird[13]. Auffallend ist bei den von uns untersuchten Aussiedler-KünstlerInnen zunächst die vage Orientierung an der Gattung des Kabaretts, die sowohl die Satire auf aktuelle gesellschaftlich-politische Ereignisse als auch die oben genannten Kunstformen einschließt. Zu den künstlerischen Mitteln des Kabaretts gehören bekanntlich folgende: Parodie, Lyrik, Spott, Kritik, Ironie, pikante Pointen, erotisches Couplet; Verbindung von Lyrik, Musik und Tanz sowie künstlerische Kreativität. Das Kabarett erfüllt fol-

---

12 Auch in Deutschland scheint diese Gattung der Bühnenkomik praktiziert zu werden: http://www.events.germany.ru/1005621227/german. (Letzter Abruf am 25. 06. 2013).
13 Vgl. http://www.en.wikipedia.org/wiki/Alexander_Maslyakov. (Letzter Abruf am 25. 06. 2013).

gende soziale Funktionen: Es ist ein Ventil für politischen Unmut und auch Gruppentherapie. Mithilfe des Kabaretts protestieren KünstlerInnen gegen eine verlogene Doppelmoral. Es markiert das Spannungsfeld zwischen Anpassung und Kritik sowie als Möglichkeit der Sagbarkeit. Kabarett ist auch eine subversive Kraft menschlicher Einfalt, so dass die bestehende soziale Ordnung in Frage gestellt wird (vgl. McNally und Sprengel 2003: 7–11, Vorwort zur Ausgabe).

Jedoch inwiefern erfüllen Aussiedler-Künstler diese gattungsspezifischen Anforderungen? Obwohl sich alle Künstler an dem aufklärerischen wissensvermittelnden Anspruch des Kabaretts orientieren und mit dem Wissen des Publikums arbeiten, unterscheiden sich ihre Performanzstile von den in Deutschland gängigen und anerkannten erheblich, was ich mit dem Begriff „Performanzfremdheit" bezeichne. Diese äußert sich durch folgende Merkmale:

- *Aufgezwungener pädagogisch-didaktischer Rahmen:* Es wird (v. a. bei Tetslau) beabsichtigt, dem Publikum in amüsanter Weise das Wissen über die Aussiedler zu vermitteln. Allerdings ist der didaktische Rahmen zu starr und überdeckt die indirekten Mittel der Komik; das Publikum wird belehrt, kritisiert bis hin zur Äußerung von Vorwurfsaktivitäten gegenüber dem Publikum.
- *Auftragskabarett bzw. „betreutes Kabarett":* die Unterstützung des Kabaretts durch Integrationsprogramme (Tetslau und Braun) verpflichtet die Künstler und setzt ihnen eine Grenze ihrer künstlerischen Freiheit.
- *Exotisierung:* Dies betrifft v. a. Katharina Fast. Obwohl in ihrem Programm satirisch-komische Theaterstücke über zwischenmenschliche Beziehungen vorhanden sind, dominiert die Romanzen-Gattung, die von den Veranstaltern gefordert wird: So wurde bei ihrem Auftritt bei dem Pinneberger Frauennetzwerk e. V. im Rahmen des internationalen Frauentags am 8. März 2013 die Zugabe verlangt mit den Worten „Sie singen doch so schön". Diese ist die am positivsten konnotierte Gattungsfremdheit, denn melancholisch-romantische russische Lieder (die auch im Programm von Tetslau zu finden sind), auch wenn sie in Deutsch gesungen werden, sind beim deutschen Publikum durchaus beliebt.
- Das *Religiös-Pathetische:* Dieses Merkmal äußert sich stark im Programm von Peter Braun, das sich durch eine überkommene Theaterperformanz (die religiösen Elemente als eine Art Gottesdienst) auszeichnet.

Anders als bei Aussiedler-Komik finden sich in der deutsch-türkischen Komik mehr Gemeinsamkeiten mit der deutschen Komik-Bühnenkunst. So arbeiten Ozan & Tunc, die in der Türkei ausgebildet wurden, mit Slapstick als kulturübergreifender Komik-Art, mit der Komik des Scheiterns (Sketch „Terroristen") und mit viel (Selbst-)Ironie. Im Unterschied zu Aussiedlern, die in Russland nach der

Stanislawski-Methode[14] ausgebildet wurden, weisen türkische Künstler Distanz zur Rolle auf, verwenden Ironie und spielen gebrochene Rollen, was in den postmodernen westlichen Gesellschaften etabliert ist. Auch im deutsch-türkischen Kabarett finden sich didaktische Elemente, jedoch fallen sie dem Publikum als weitaus weniger fremd oder störend auf. Die Analyse der Komik-Performanz von deutsch-türkischen KünstlerInnen ist noch nicht abgeschlossen, so dass an dieser Stelle noch keine genaueren Aussagen getroffen werden können.

8.4.6 Zielpublikum

Mit Ausnahme der plattdeutschen Bühnenprogramme von Peter Braun und Katharina Fast spielen sowohl Spätaussiedler als auch deutsch-türkische Künstler vorwiegend vor einem autochthonen deutschen Publikum. Das Fehlen des türkischstämmigen Publikums erklärt Fatih Cevikkollu durch drei Faktoren: 1) Unkenntnis der Gattung „Kabarett", 2) sprachliche Unsicherheit und 3) Unwissenheit über die Existenz deutsch-türkischer Bühnenkomik, v. a. des Kabaretts. Diese Gründe gelten auch für die Spätaussiedler-Communities.

8.4.7 Soziale Funktionen der Komik und Schlusswort

Während bei den Spätaussiedlern zwei Ausrichtungen der Bühnenkomik dominieren – die wissensvermittelnde/didaktische sowie die kulturpflegende/entlastende – findet sich in der deutsch-türkischen Komik eine Bandbreite an Formaten. Vertreten sind sowohl unterhaltende Elemente als auch politische Inhalte, multimediale Formate sowie auch didaktische Elemente. Nicht selten wird eine Mischform aus Comedy und Kabarett gewählt, um die Einseitigkeit des jeweiligen Genres zu vermeiden. Rein definitorisch lassen sich die beiden Gattungen klar unterscheiden: Während die Kabarettisten „mit geschliffenen Wortspitzen, meist in philosophisch-sarkastischen Monologen und kreuz- und querdenkerisch gegen

---

14 Konstantin Stanislawsky (1863–1938) war ein russischer Regisseur und Theatertheoretiker, der eine besondere Methode der theatralischen Inszenierung etablierte. „Das Ziel der Erlebens-Kunst besteht darin", so Stanislawsky, „auf der Bühne ein lebendiges Leben des menschlichen Geistes zu schaffen und dieses Leben in der szenischen künstlerischen Form wiederzugeben". Eigene Übersetzung des russischen Zitats „Цель искусства переживания заключается в создании на сцене живой жизни человеческого духа и в отражении этой жизни в художественной сценической форме". In: Станиславский К. С. (1990): Моё гражданское служение России. Воспоминания. Статьи. Очерки. Речи. Беседы. Из записных книжек, М., „Правда", с. 440.

den Strich gebürstet, ihren Spott-Extrakt zum aktuellen politischen Geschehen" beisteuern, treiben es die Comedians mit den Mitteln „des geballten Unsinns und jeder Menge Situations-Komik [...] ganz bewusst, thematisch breit gefächert und völlig ohne Geschmackskorsett auf die Spitze – ohne ein gesellschaftsveränderndes Leitmotiv" (Wagner 1999: 7). Comedy-Kabarett bedeutet somit ein Bühnenprogramm, das sowohl die Polit- und Gesellschaftssatire als auch die Unsinn- bzw. Situationskomik ohne gesellschaftsverändernde Motive vereint.

Soziale Funktionen der Komik wie die Artikulation der Migrationssituation, Entlastungsfunktion, Vergemeinschaftung, Gesellschaftskritik, Umkehr der Machtverhältnisse, Wissensvermittlung, Kulturvermittlung und kognitive Funktion finden sich in der Bühnenkomik beider Untersuchungsfälle. Allerdings wird bei den Spätaussiedlern die eigene Migrationssituation artikuliert, während die deutsch-türkischen KünstlerInnen die Migration ihrer Eltern sowie ihre eigene Sozialisation in Deutschland reflektieren.

Da sich das Forschungsprojekt in der aktiven Datenerhebungs- und Auswertungsphase der Bühnenkomik befindet, ist es an dieser Stelle noch verfrüht, generelle empirisch abgesicherte Aussagen über den Beitrag der Bühnenkomik von Migranten sowie ihren Nachfolgegenerationen zu treffen. Die Bühnenkomik der SpätaussiedlerInnen fungiert als ein wichtiger Faktor der Wissensvermittlung über die – weitgehend verdeckt ablaufenden – Prozesse der Akkulturation in die deutsche Gesellschaft, während die Komikkunst der Deutsch-Türken aufzeigt, dass die Transformation und die Positionierung in die Gesamtgesellschaft v. a. bei der zweiten Generation längst stattgefunden hat. Was noch erreicht werden muss und wofür die KünstlerInnen auf der Bühne einstehen, ist die Akzeptanz der Deutsch-Türken bei der autochthonen Bevölkerung. Ob die Komikkunst diese Entwicklung fördert, wird die Zukunft zeigen.

Literatur

Bachmaier, Helmut. 2006. *Text zur Theorie der Komik*. Stuttgart: Reclam.

Berger, Peter L. 1998. *Erlösendes Lachen. Das Komische in der menschlichen Erfahrung*. Berlin & New York: de Gruyter.

Bourdieu, Pierre. 1990 (²2005). *Was heisst sprechen? Die Ökonomie des sprachlichen Tausches*. Aus dem Französischen von Hella Beister, 41–72. Wien: Braumüller.

Dupréel, Eugène. 1928. Le Problème sociologique du Rire. *Revue philosophique* 53 (7,8): 213–266.

Elias, Norbert & John L. Scotson. 1993. *Etablierte und Außenseiter*. Frankfurt a.M.: Suhrkamp.

Fillmore, Charles. 1994. Humor in Academic Discourse. In *What's Going on Here? Complementary Studies of Professional Talk*, Allen D. Grimshaw (Hrsg.), 271–310. Norwood, NJ: Ablex.

Freud, Sigmund. [8]2006. *Der Witz und seine Beziehung zum Unbewussten. Der Humor.* ingeleitet von Peter Gay. Frankfurt a. M. & Hamburg: Psychologie Fischer.

Goffman, Erving. 1971. Techniken der Imagepflege. In *Interaktionsrituale. Über Verhalten in direkter Kommunikation*, Erving Goffman, 10–53. Frankfurt a. M.: Suhrkamp.

Hitzler, Ronald, Jo Reichertz & Norbert Schröer (Hrsg.). 1999. *Hermeneutische Wissenssoziologie. Standpunkte zur Theorie der Interpretation.* Konstanz: UVK.

Leontiy, Halyna. 2013. Eine Reise durch ein Integrationslabyrinth – Potentiale des Ethnokabaretts bei der kulturellen Wissensvermittlung am Beispiel der Spätaussiedler in Deutschland. In *Autarke Kommunikation. Wissenstransfer in Zeiten von Fundamentalismen. Beiträge zum 8. Kolloquium Transferwissenschaften in Halle, 21.–23. September 2009*, Tilo Weber & Matthias Ballod (Hrsg.), Transferwissenschaften Bd. 9. Frankfurt a. M.: Lang.

Plessner, Helmuth. 1941 (1970). Lachen und Weinen. Eine Untersuchung nach den Grenzen menschlichen Verhaltens. In *Philosophische Anthropologie*, Helmuth Plessner; Günther Dux (Hrsg.), 11–171. Reihe: Conditio Humana. Ergebnisse aus den Wissenschaften vom Menschen. Frankfurt a. M.: Suhrkamp.

Reichertz, Jo & Carina Jasmin Englert. 2010. Kontrolleure in der Trambahn. Zur Methode und Methodologie einer hermeneutischen Fallanalyse. In *Videographie praktizieren*, Michael Corsten, Melanie Krug & Christine Moritz (Hrsg.). Wiesbaden: VS.

Schäfer, Susanne. 1996. *Komik in Kultur und Kontext.* München: iudicium.

Soeffner, Hans-Georg. 2008. Sozialwissenschaftliche Hermeneutik. In *Qualitative Forschung. Ein Handbuch*, Uwe Flick, Ernst von Kardorff & Ines Steinke (Hrsg.), 164–175. Reinbek: Rowohlt.

Soeffner, Hans-Georg & Jürgen Raab. 2004. Kultur und Auslegung der Kultur Kultursoziologie als sozialwissenschaftliche Hermeneutik. In *Handbuch der Kulturwissenschaften. Paradigmen und Disziplinen*, Friedrich Jaeger & Jürgen Straub (Hrsg.), 546–567, Bd. 2. Stuttgart & Weimar: Metzler Verlag.

Strauss, Anselm L. 1994. *Grundlagen qualitativer Sozialforschung.* München: Fink.

Wagner, Sonja-Ilonka. 1999. *Comedy-Lexikon. Das Nachschlagewerk zu Comedy, Kabarett, Komik, Kleinkunst, Slapstick & Satire.* Berlin: Lexikon Imprint Verlag.

Zijderveld, Anton C. 1976. *Humor und Gesellschaft. Eine Soziologie des Humors und des Lachens.* Graz, Wien & Köln: Styria.

Internetquellen

Becker, Jürgen. Kabarett am Minarett. http://www.juergen-becker-kabarettist.de/portfolio/kabarett-am-minarett. Zugegriffen: 26. Juni 2013.

Knoblauch, Hubert, René Tuma & Bernt Schnettler. 2010. Interpretative Videoanalysen in der Sozialforschung. In *Enzyklopädie Erziehungswissenschaft Online*, Sabine

Maschke & Ludwig Stecher (Hrsg.), 40 Seiten. Weinheim & München: Juventa. http://www.erzwissonline.de/fachgebiete/methoden_erziehungswissenschaftlicher_forschung/beitraege/07100074.htm. Zugegriffen: 02. September 2013.

KVN – Klub der Witzigen und der Schlagfertigen. http://www.events.germany.ru/10056 21227/german. Zugegriffen: 25. Juni 2013.

Leontiy, Halyna. Vorabdruck August 2012. Komik, Kultur und Migration. Institutionalisierte Komik und Alltagskomik in deutsch-türkischen und russlanddeutschen Kontexten. *LiTheS*, Heft 8. Beatrix Müller-Kampel & Helmut Kuzmics, Universität Graz (Hrsg.). http://www.lithes.uni-graz.at/lithes/13_08.html. Zugegriffen: 23. Juni 2013.

Maslyakov, Alexander. http://www.en.wikipedia.org/wiki/Alexander_Maslyakov. Zugegriffen: 25. Juni 2013.

Plautdietsch-Freunde e. V. http://www.plautdietsch-freunde.de/der-verein. Zugegriffen: 01. Juli 2013.

Rether, Hagen. 16. November 2011. Angst vor dem Islam. ZDF. http://www.youtube.com/watch?v=TsWLyy8Uino&feature=player_embedded. Zugegriffen: 26. Juni 2013.

Schnettler, Bernt. Projekt am Lehrstuhl. Videoanalyse migrantischen Wissens – Fokussierte ethnografische Erhebung und videoanalytische Auswertung öffentlicher Veranstaltungen als Situationen performativer Vermittlung migrantischen Wissens. http://www.soz.uni-bayreuth.de/de/research/ForMig/index.html. Zugegriffen: 26. Juni 2013.

StadtRaum – Interkultur – neue zivilisatorische Arrangements?

Zum Beispiel Mombasa

Helmuth Berking

9

Seit knapp drei Dezennien sind die Sozialwissenschaften in einem Diskurs verstrickt, der unter dem Signum ‚Globalisierung' die angeblich so vertraute Ordnung der Welt, in der wir leben, radikal durcheinander wirbelt. Globalisierung hat vor allem mit Raum und Räume haben mit veränderten Modi der Vergesellschaftung zu tun. Dies ist der Horizont, in dem sich mein Erkenntnisinteresse als Frage nach der sozialräumlichen Organisation sozialer Beziehungen situiert. Fasziniert von den neuen raumtheoretischen Perspektiven auf Vergesellschaftung und zugleich irritiert durch die maßlosen Übertreibungen, die der Globalisierungsdiskurs mit der konzeptionellen Fassung des ‚Globalen' als eines entterritorialisierten, ungebundenen „space of flows" hervorbrachte, dem gegenüber der „space of places" (Staaten, Städte, lokale Kulturen) gleichsam als historisches Auslaufmodell erschien (vgl. Castells 1996: 378), richtete sich die analytische Aufmerksamkeit auf die Frage nach den Modi der globalen Produktion von Lokalität (Berking 2006). Angesichts der schlichten Tatsache, dass „niemand in der Welt im Allgemeinen lebt" (Geertz 1996: 262), schien mir die Vernachlässigung des Lokalen wenig plausibel. Die globalen kulturellen Ströme sind eines und ihre Bedeutung für die Transformation von Wirklichkeitskonstruktionen ist nicht von der Hand zu weisen. Ihre soziale und kulturelle Anverwandlung aber ist etwas anderes, etwas, das auf die kontextgenerierende Kraft lokaler Wissensbestände verweist.

Hier kommen die Stadt und die Städte ins Spiel. Ihre paradoxe Verortung, zugleich territoriale Einheiten und Knotenpunkte im Raum der kulturellen Ströme zu sein, bietet ebenso vielfältige wie vielversprechende Möglichkeiten, nach den Produktionslogiken von Lokalität zu fahnden und so die vertrauten Klassifikationen und Relevanzen, die Begriffe, mit denen wir denken, ohne über sie nachzudenken, in Frage zu stellen. Obgleich Alterität, identitätspolitisch überdrehte Politiken des Raumes und Strategien der Ethnisierung fast immer thematisch blieben, ist mir der Zentralbegriff unseres Unternehmens: „Interkultur" forschungspraktisch nicht vertraut. Der Versuchung freilich, die von Hans-Georg Soeffner und Dariuš Zifonun (2008) vorgeschlagene räumliche Dimensionierung von „Interkultur" als Kontaktzone und Handlungsraum zur Bewältigung kultureller Ambivalenz beim Wort zu nehmen und mit einem raumtheoretisch instruierten Konzept von „Stadt" ins Verhältnis zu setzen, lässt sich nicht widerstehen. Die These, der ich nachgehen möchte, ist einfach: Die Stadt ist der ausgezeichnete Ort des Umgangs mit kultureller Ambivalenz; Städte sind, respektive stellen diese Kontaktzonen zwangsläufig bereit und mehr noch: sie erfordern die Routinisierung des Umgangs mit kultureller Ambivalenz und halten so die Differenz-Erfahrung alltagspraktisch lebendig. Extreme Kontaktintensität bei niedrigstem Verpflichtungscharakter, die Abkühlung der weltanschaulichen Leidenschaften auf ein irgendwie handhabbares Maß, innere Reserviertheit und die Habitualisierung von Indifferenz (vgl. Simmel) – das sind die zivilisatorischen Errungenschaften urbaner Kulturen.

Ich werde zunächst in groben Strichen einen Konzeptbegriff Stadt skizzieren (9.1), der diese als sozialräumliche Form der Vergesellschaftung zu fassen versucht und nebenbei ein bezeichnendes Licht auf eine systematische Leerstelle im Feld der Stadtforschung wirft. Anschließend möchte ich, wiederum in groben Umrissen, eine Stadt, eine städtische Kultur vorstellen, die unsere eingespielten Wahrnehmungs- und Deutungsschemata radikal in Frage zu stellen scheint: Mombasa, eines der ältesten urbanen Zentren in Sub-Sahara Afrika (9.2). Allein die geographische Verortung aber mobilisiert bereits Images und Imaginationen von Unterentwicklung, Armut, Korruption und Gewalt, die alle normativen Gewissheiten, die sich im westlichen Urbanitätsdiskurs festsetzen konnten, durchkreuzen. Einige Anmerkungen zu den Schwierigkeiten, anders und anderes wahrnehmen zu lernen, werden diesen Versuch, einen Ausgang ins Offene zu finden, abschließen (9.3).

9.1

Jedes Sprechen über ‚Stadt' impliziert notwendig eine Vorstellung von dem, was Stadt denn sei. Doch der Begriff scheint wie ein leerer Signifikant zu operieren. Es ist die Stadt im Unterschied zu …, es ist städtische Armut verglichen mit …, mittels dessen ganze Weltbildstrukturen evoziert und stabilisiert werden. Ein kurzer Blick auf die formative Phase der sozialwissenschaftlichen Stadtforschung zu Beginn des 20. Jahrhunderts zeigt, dass die moderne, euro-amerikanische Großstadt tatsächlich als eine neue revolutionäre Form der Vergesellschaftung wahrgenommen wurde (vgl. Berking 2008). Erinnert sei nur an die Typologie der okzidentalen Stadt Max Webers, an die heute als Gründungsdokumente der Stadtforschung gefeierten Arbeiten Georg Simmels oder an die Beobachtung Robert Parks that „it is because the city has a life quite its own that there is a limit to the arbitrary modifications which is possible to make (1) in its physical structure and (2) in its moral order" (Parks und Burgess 1925 (1967): 4). Die historische Konstellation freilich ist durch und durch paradox. In dem Augenblick, in dem sich die Großstadt als Erfahrungsraum aufdrängt, hat sie als Wissensobjekt bereits ausgespielt. Es ist die Stadt, die die moderne Gesellschaft repräsentiert, ohne ihrerseits ins grundbegriffliche Inventar der Wissenschaft von der modernen Gesellschaft aufgenommen zu werden; es ist die Stadt, die der Anschauung das empirische Material liefert, aus dem die Theorien der Gesellschaft sich speisen, ohne ihrerseits theoretisch bedacht worden zu sein, kurz, es ist die Stadt, die als Konzeptbegriff ausfällt. Die Diskursformation nahm einen anderen Weg. Die Stadt als Wissensobjekt der Soziologie wurde unter „Gesellschaft" als oberste Referenz subsumiert, die Erforschung der Städte bedeutete dann die Erforschung der Repräsentation der modernen Gesellschaft. Ein kurzer Blick auf die Theorieprogramme der Stadtforschung bestätigt diesen Befund. Auf der einen Seite findet sich die mit der Chicago-School beginnende Theorietradition, die Stadt als Laboratorium für Gesellschaftsprobleme jedweder Art zu betrachten. „Die Stadt ist nur der Ort, an dem die Gesellschaft in ihrer Struktur und ihren Konflikten erscheint" (Siebel 1987: 11). Auf der anderen Seite findet sich ein reichhaltiges ethnographisch angelegtes Œuvre, das seine analytische Aufmerksamkeit auf kleinräumliche Phänomene – in der Stadt – konzentriert. Es geht um Milieus, Lebensstile, Armutsquartiere, kurz, um soziale Gruppen *in* der Stadt. „Anthropologist and I am no exeption, have a special vocation for studying marginal phenomena. This holds certainly true for urban anthropology much of which consists of studies on ethnic, predominantly marginal, microcosms and subcultures in metropolitan societies" (Driessen 1991: 77). Oder wie Clifford Geertz dekretiert: „Anthropologists don't study villages (tribes, towns, neigborhoods); they study *in* villages" (Geertz 1973: 22). In beiden Fällen, in der Soziologie ebenso wie in der Ethnologie, trifft das empirische Phänomen, das wir gemeinhin als ,Stadt' bezeichnen, auf wenig Interesse. Das Zentrum der Stadtforschung bleibt leer. Und diese Leerstelle evoziert einen geographischen Blindfleck größeren Ausmaßes. Der ,schwarze Kontinent' bietet jener Semantik der modernen Gesellschaft keinerlei Halt. In strikter Analogie zur Rhetorik der „failing states" verfestigt sich die ,afrikanische Stadt' zum Typus „failing cities".

Stadtforschung ohne Stadt, das ist der Einsatz für die Frage nach der Eigenlogik der Städte (vgl. zum Folgenden Berking 2008; Berking und Schwenk 2011; Berking 2013). Diese Perspektive nimmt das in der Alltagswelt so selbstverständliche Wissen, dass New York nicht Wanne-Eickel, Essen nicht Liverpool ist, beim Wort und lässt sich von der starken Annahme leiten, dass jede Stadt in dem Zusammenspiel von kulturellen Traditionen, materialer Umwelt und räumlicher

Form, von kulturellen Dispositionen und ästhetischen Codierungen die ihr und nur ihr eigene symbolische Ordnung hervorbringt. Die konzeptionelle Idee, nicht länger und ausschließlich *in* den Städten gesellschaftliche Probleme zu erforschen, sondern die *Städte* selbst, diese im Unterschied zu jener Stadt zum Gegenstand der Analyse zu machen, zielt auf die Markierung eines Perspektivwechsels von einer Soziologie in der Stadt zu einer Soziologie der Stadt. Armut etwa spielt zweifellos eine gewichtige Rolle im Kontext der Stadt, ist aber kein exklusiv städtisches Phänomen. Die städtische Form im Allgemeinen und diese Stadt im Besonderen fügen eine alltagspraktisch relevante Bedeutung, einen lokalspezifischen, symbolischen Surplus hinzu.

Stadt als Wissensobjekt wird als besondere Vergesellschaftungsform gefasst, genauer, als raumstrukturelle Form der Organisation von Größe, Dichte und Heterogenität. Versteht man ‚Stadt' als räumliches Strukturprinzip, als Form mittels derer Verdichtung organisiert und Heterogenisierung evoziert werden, lässt sich von allen kontroversen inhaltlichen Bestimmungen zunächst absehen. Das ‚Was' und das ‚Wie' von Verdichtung und Heterogenisierung sind die berüchtigten, empirisch zu klärenden Fragen. Verdichtung verführt und stößt ab. Die räumliche Form produziert, metaphorisch gesprochen, einen bestimmten Hitzegrad, eine Temperatur, die alle Elemente reaktionsfähig macht, und sie zu den unwahrscheinlichsten Kombinationen veranlasst: zu Seuchen und Katastrophen ebenso wie zu technischen Innovationen und neuen zivilisatorischen Arrangements. Auch Kontaktzonen sind ein Effekt von Verdichtung und Heterogenisierung, die neue Wechselwirkungen durch Konzentration evozieren. Anselm Strauss hat mit der Unterscheidung von *locale,* als den Orten in der Stadt, an denen sich Menschen jenseits von Klasse, Stand, Geschlecht und Herkunft begegnen müssen und *location* als den jeweils hoch segregierten urbanen Lebenswelten eine diesbezügliche Minimalgeographie des städtischen Raumes bereits deutlich vor Augen.

Eigenlogik nun zielt auf die Beschreibung und Analyse der für diesen Fall, für diese empirische Einheit ‚Stadt', typischen *Inhalte* und *Modi* von Verdichtung und Heterogenisierung. Wenn Inhalte und Modalitäten von Verdichtung und Heterogenisierung variieren, müssen sich bezogen auf die Analyse-Einheit ‚Stadt' unterschiedliche und unterscheidbare ‚Wirklichkeiten' ergeben, muss sich diese im Unterschied zu jener Stadt in ihrer ‚individuellen Gestalt' zu erkennen geben. „Stadt" als sozialräumliche Form, der mit Verdichtung und Heterogenisierung zwei, und nur zwei, qualitative Merkmale zugeschrieben werden und analytisches Konzept: Eigenlogik als die modale Struktur, was wie verdichtet und heterogenisiert wird, implizieren einen methodologischen Holismus, der die empirische Forschung darauf verpflichtet, alle themen- und feldspezifischen Problematiken immer auf die Referenz: „das Ganze der Stadt" zu beziehen. Der analytische Blick auf „das Ganze der Stadt" soll dazu anleiten, das besondere Beziehungsgefüge zwischen

räumlicher Organisation, bebauter Umwelt und kulturellen Dispositionen offen-
zulegen. Und da nicht alles und überall „Stadt" ist, müssen sich Sinngrenzen in
den „Routinewirklichkeiten der Alltagswelt" (Berger und Luckmann 1969) beschreiben, muss sich die(se) Stadt auch als Sinneinheit rekonstruieren lassen.

Das Ganze der Stadt ist der empirischen Erfahrung nicht zugänglich, „un-
less", so Anselm Strauss, „it can be reduced and simplyfied". Seine innere Struktur ist metonymisch, pars pro toto-Repräsentationen jedweder Art: von Images,
Stadtplänen, Anthropomorphisierungen, Dispositionen, großen Erzählungen bis
zum lokalen Geschmack, die sich über Iteration wechselseitig verstärken und zu
ganz gemeinen Vorstellungen vom Ganzen verdichten. Für Anselm Strauss ist dies
städtische Imaginäre unverzichtbar. „When the city has been symbolized in some
way, personal action in the urban milieu becomes organized and relatively routin-
ized. To be comfortable in the city – in the widest sense of these words – requires
the formulation of one's relation with it." (1961: 17). Eine der einfachsten und zugleich ergiebigsten Repräsentationen des Ganzen aber ist der Name der Stadt und
die Geschichten, die in ihrem Namen erzählt werden können. In diesem äußerst
eingeschränkten Rahmen möchte ich einige Linien der Stadtgeschichte von Mombasa beschreiben, die auf die sukzessive Verfertigung eines städtischen Imaginären verweisen, das sich weniger um kulturelle Fremdheit als um jenes Dazwischen
organisiert, in dem andere unter Anderen ihren Alltag gestalten. Das schließt die
Mobilisierung kategorialer Identitäten und Konflikte nicht aus.

9.2

Was ist im Namen Mombasas erzählt worden, was lässt sich über Mombasa er-
zählen? Mombasa ist die zweitgrößte Stadt in Kenia, der wichtigste Seehafen in
Ost-Afrika und eine der ältesten Städte des Kontinents mit einer Bevölkerung von
ca. einer Million. Ihr präkolonialer Name, Mvita – Insel des Krieges –, denotiert
zugleich eine turbulente Vergangenheit und eine geographische Lage. Mombasa
ist eine durch zwei Flussarme vom Festland getrennte Insel. Zwei naturbedingte
Besonderheiten bestimmen die Geschichte des Ortes: ein natürlicher Hafen und
der Monsun. Obwohl selbst nach heutigen Maßstäben eher klein ist Mombasa allein aufgrund seiner geographischen Reichweite eine Weltstadt gewesen, lange bevor dieser Begriff in Umlauf gesetzt wurde. Seit eintausend Jahren nämlich spielt
die Hafenstadt eine gewichtige Rolle im dichten Netzwerk des Indischen Ozeans,
das die ostafrikanische Küste mit Indien, den indonesischen Archipelen und darüber hinaus verbindet. Die Stadt unter den Winden des Monsuns ist ein geokultu-
relles Ereignis, eine eigensinnige Komposition vielfältigster Synkretismen: Durch
den Islam aufs Engste mit der arabischen Halbinsel liiert, sind ökonomische fi-

nanzielle und kulturelle Einflüsse aus Süd-Asien ebenso bedeutsam wie alltäglich. Es gibt ein Mombasa, das sich durch die Portugiesen mit den zwei Amerikas im Westen und mit Macao im Osten ins Verhältnis setzt, ein Mombasa als integraler Bestandteil des britischen Empire sowie ein Mombasa als kultureller Bastard im unabhängigen Kenia. Und es ist genau diese außerordentliche geopolitische Position als ein Ort, an dem sich die verschiedensten kulturellen Ströme treffen, überlagern, übersetzen und verstetigen, die dafür verantwortlich ist, dass Kinder im heutigen Mombasa tagtäglich durch die verschiedensten symbolischen Universen wandern, in Swaheli ihren familialen Alltag gestalten, arabisch in den Moscheen und Madrassas hören, indische Filme schauen und das obligatorische Englisch in den Schulen erlernen (vgl. Masrui 1996: 163). Multikulturalismus in Großbuchstaben ist auf der Geburtsurkunde von Mvita-Mombasa vermerkt. Multikultur oder vielleicht doch Interkultur – was in den europäischen Städten in Dekaden gezählt wird und im Wesentlichen als Effekt der Dekolonisierung erscheint, erweist sich in Mombasa als eine seit Jahrhunderten gängige, ganz alltägliche Praxis.

Der Politikwissenschaftler Ali Masrui, ein Nachfahre jener berühmten Masrui-Familie, die Mombasa als unabhängigen Stadtstaat für mehr als ein Jahrhundert regierte und die auch heute noch eine zentrale Adresse im lokalen Elitengeflecht darstellt, erzählt die Geschichte der Stadt genau über diesen Modus des permanenten Wandels ihrer geopolitischen Positionierung in der Welt (Masrui 1996). Masrui unterscheidet drei Perioden: eine afro-orientale, eine afro-okzidentale und eine afro-globale Phase. Die afro-orientale Phase ist jene formative Periode, in der Traditionen aus West- und Süd-Asien mit den kulturellen Beständen Ost-Afrikas zusammentreffen, aus denen Mvita entsteht. Der Ort selbst befand sich in Reichweite der Handelsschiffe Asiens und begann unmittelbar mit dem Aufbau einer eigenen nautischen Tradition. Die Nähe zur arabischen Halbinsel machte die Stadt zu einem Brückenkopf des Islam in Ost-Afrika. Porzellan, Seide und Schmuck waren die typischen Importe, die mit Elfenbein, Kopra und Fellen bezahlt wurden. Sklavenhandel in begrenztem Ausmaß schien bereits damals der Fall zu sein. Die lokale Küche verschmolz indische und arabische Esskulturen mit der afrikanischen Tradition. Reis wurde zum Grundnahrungsmittel. Neue Gewürze erreichten die Insel und behielten ihre arabische Bezeichnung, während elaborierte Gerichte ihren indischen Namen bis heute bewahren. Die Musik-Szene Mvitas integrierte die kleine indische Trommel und die arabische Ud, ein klassisches Streichinstrument. Die Orientalisierung der lokalen Musik, so Ali Masrui, erreichte ihren Höhepunkt, als Swahelis damit begannen, indische und ägyptische Songs nur noch zu kopieren.

Der für die formative Periode der Stadt folgenreichste Wandel freilich betrifft Religion und Sprache. Der Islam erreicht Ost-Afrika noch zu Lebzeiten Mohammeds. Verfolgte Muslime finden Asyl zunächst in Abessinien, dann in Mombasa.

Kurz nach dem Tod des Propheten und lange bevor sie die Skyline des mittleren Ostens zu prägen beginnen, werden Moscheen in der Region errichtet. Der Islam in Mombasa ist älter als in Istanbul, Islamabad und ganz Pakistan, wahrscheinlich sogar als in Teilen der arabischen Welt selbst. Muslimische Heiratsregeln, Verwandtschaftsformen und Erbfolge, zunächst in harten Ausscheidungskämpfen mit indigenen Normen, gewinnen die Oberhand. Die Kleiderordnung und mit ihr die Referenz: „unbekleidet, nackt" ändern sich in dramatischer Weise. Der kanzu für Männer und der buibui für Frauen bestimmen von nun an das Bild. Architektur und bebaute Umwelt werden in Form gebracht: Minarett und Moschee, öffentliche Räume, aber auch der Hausbau, in der Regel zweistöckig, sind exklusiv auf das Konzept der islamischen Geschlechterordnung respektive -trennung ausgerichtet.

Mit der Landung Vasco Da Gamas im April 1498 beginnt die afro-okzidentale Phase der Stadt. Da Gama findet eine prosperierende lokale Gemeinde mit ca. 8 000–10 000 Einwohnern, die in vielem dem bekannten Typus der oberitalienischen Stadtstaaten und der Hansestädte zu gleichen scheint. Mit ihren nautischen Erfahrungen helfen die Einwohner den europäischen Abenteurern, endlich ihren Weg nach Indien zu finden. Deren Dank erscheint einige Jahre später in Gestalt portugiesischer Kriegsschiffe und der beginnenden Kolonisierung der ost-afrikanischen Küste. Die Portugiesen errichten Fort Jesus, bis heute eines der signature buildings von Mombasa, verändern die Gewaltmittel durch die Einführung von Gewehren und Kanonen und die Esskultur durch die Einführung von Kartoffeln und Mais. Abgesehen von diesen Importen und einigen Swaheli-Worten portugiesischen Ursprungs schreibt sich der erste koloniale Kulturkontakt nicht fort.

Interessanterweise wird die lange Zwischenzeit der arabischen, der Omaniund der Masrui-Herrschaft nicht mit dem Vokabular des Kolonialismus belegt. In diesem in-between etabliert sich Mombasa als ein Zentrum des Sklavenhandels in Gestalt eines unabhängigen Stadtstaates, der mit der Etablierung des Sultanats von Sansibar 1837 sein Ende findet. Der koloniale Diskurs beginnt in dem historischen Moment aufs Neue, in dem das Sultanat die kenianische Küste an die britische East Africa Company verpachtet. Die Stadt wird integraler Bestandteil des Britischen Empire, zunächst als Hauptstadt des britischen East Africa Protectorate, dann als Zentrum der Kronkolonie Kenia. Die neuen Kolonialherren etablieren ein umfassendes Schul- und Rechtssystem sowie die volks- und betriebswirtschaftlichen Standards des Empire. Englisch wird als verbindliche Landessprache durchgesetzt und das Erziehungssystem folgt den Regeln, die von der Universität Cambridge formuliert worden waren. Lehrer und Missionare überfluten die Stadt. Die ‚Verwestlichung' Mombasas setzt sich bis in die kleinsten Poren des Alltags fest. Tageszeitungen erscheinen, unter denen die von Briten publizierte „Mombasa Times" zunächst die bedeutendste blieb. Doch Journale und Publikationen in Swahili, Arabisch und den verschiedenen Sprachen Süd-Asiens folgen toute suite.

Die Gestalt der Stadt sowie ihre interne Komposition verändern sich dramatisch. ‚Old town' wird von kolonialer Architektur umzingelt – administrative und militärische Gebäude, die anglikanische Kathedrale und nicht zu vergessen, der Bahnhof als Ausgangspunkt jener berühmten, von indischen Kontraktarbeitern errichteten Uganda Railway, der im heutigen Mombasa eine Oase überraschender Ruhe bereitstellt. Das ökonomische Rückgrat der Stadt, der Hafen, wird nach Kilindini verlegt und der alte Stadthafen bleibt für den Küstenverkehr. Die Kronkolonie war nicht nur gut „for maximum extraction"; sie wurde auch als eine ‚white settler colony' ausgebaut. Und es ist diese forcierte Politik der Immigration englischer Siedler into the „white highlands", die dazu führte, dass Mombasa schließlich von einer unbedeutenden Zwischenstation auf der Eisenbahnlinie überrumpelt wurde, die sich in rasantem Tempo zur Metropole entwickelte, um schließlich zur Hauptstadt des unabhängigen Kenias zu werden. Was Mombasa vor dem tiefen Fall in die Bedeutungslosigkeit bewahrte, war wieder und wieder einmal die geostrategische Position als Hafenstadt.

In der postkolonialen Zeit verschob sich nicht nur das Epi-Zentrum des Westens von Großbritannien zu den USA, die nun ihrerseits sichtbaren Einfluss auf Dresscode, Lebensstile und Alltagskultur ausübten. Auch die Formierung der nationalstaatlichen Gesellschaft evozierte neue und irritierende Bezugsrahmen. Denn die afro-okzidentale Phase hinterlässt eine schwierige religiöse Erbschaft. Im religiösen Horizont der nationalen Gesellschaft, in der offiziell das Christentum dominiert, wird Mombasa als muslimische Stadt, als kultureller Außenseiter typisiert und auf vielfältige Weise diskriminiert. Aus der Sicht Mombasas wiederum repräsentierten jene ‚up-country people' beides zugleich: Ungläubige, zivilisationsferne ethnische Gruppen und neue Kolonialherren, die ihre politische Macht für Übergriffe in eine Stadt missbrauchen, die ihnen nicht gehört. Es gibt eine weitere Komplikation zwischen Stadt und Staat. Im kalten Krieg wurde Kenia ‚the Darling of the West', Mombasa aber blieb ein zentraler Hafen in der Geographie des Indischen Ozeans. Vor diesem Hintergrund ist es kaum verwunderlich, dass der Islam Mombasas in den 1990er-Jahren von den Radikalisierungsschüben nicht unberührt blieb und sich die Atmosphäre der Stadt wahrnehmbar änderte. Heute meiden Touristen Mombasa und konzentrieren sich fast vollständig auf die Küsten des Indischen Ozeans.

Selbstverständlich ist das bisher und zudem im Modus des ‚von außen' Erzählte nicht ansatzweise erschöpfend für das, was im Namen der Stadt gesagt worden ist. Lassen Sie mich ein zentrales Erzählmotiv hinzufügen. Mombasa ist nicht nur seit einem Millennium integraler Bestandteil des dichten Handelsnetzes des Indischen Ozeans, sondern ebenso integraler Bestandteil einer regionalen Kultur, die von Mogadischu über Sansibar bis an die Grenzen Mozambiques reicht und in der Selbstbeschreibung der Gruppe ebenso wie in den Repräsentationen der

Anthropologen als „Swahili society" (Middleton 1992) bezeichnet wird. Der Terminus markiert eine nicht-territorialisierte, sprachlich, religiös und kulturell dis-
tinkte Einheit lokaler Gemeinschaften und steht für die Genese der urbanen Kultur an der ost-afrikanischen Küste. Ihre zentrale räumliche Form ist ‚the town'.
Ihre wesentlichen Strukturmerkmale sind: 1) Religion, also Islam und 2) ihre besondere Rolle im Handelsnetzwerk des Indischen Ozeans als „middleman society".
Obwohl ursprünglich Bantus schließt die soziale Reproduktion die ‚Afrikaner',
also all jene aus dem ‚Hinterland' aus, die ge- und missbraucht, im Wesentlichen
aber als Sklaven verkauft werden. Ansonsten bleiben die über Glaube und Oppor-
tunitätsstruktur bestimmten Heiratsregeln flexibel. Favorisiert werden Bündnisse
mit den Bewohnern der arabischen Halbinsel. Die anglophone Welt in der zweiten Hälfte des 19. Jahrhunderts, für die der Sultan von Sansibar und mit ihm die
Kolonisierung der Ostküste Tagesgespräch wurde, erfand, ganz im Zeichen des
europäischen Rassismus, für diesen neuen Menschenschlag den Typus: „Mongrel
Arab" (Prestholdt 2008). Die Hoch-Zeit der Swahili society endet mit dem Ver-
bot des Sklavenhandels. Swahili freilich – die Menschen der Küste – ist bis heute
die gemeinsame Sprache der Küstenbewohner Ostafrikas, und ihr Klassifikations-
system bleibt bis auf Weiteres in Kraft. Was immer sonst noch der Fall sein mag,
Mombasa ist nicht nur eine islamische, sondern auch eine Swahili Stadt.

Was lässt sich mit einer solchen Erzählung ‚von außen nach innen' beginnen?
Es ist zweifellos nicht die Geschichte Mombasas, sondern eher die Geschichte einer sich wandelnden Position dieser Stadt in der Welt. Gleichwohl mag sie wichtige Hinweise auf jene Artfakte, Menschen und Einflüsse geben, die von irgendwo
kommend den lokalen Kontext verschieben. Ihre entscheidende Schwäche allerdings betrifft die Stadt selbst. Mombasa bleibt gleichsam auf der Empfängerseite
eine passive Einheit, in der alles, was wichtig erscheint, seinen Grund anderswo
findet. Die Einsicht jedoch, dass die lokale Konstruktion von Lokalität nicht auf
der sozialräumlichen Skala des Lokalen erschlossen werden kann, ist nicht von
der Hand zu weisen. Oder: to make a long story short: Mombasa ist weder Oman
noch Indien, aber ohne Oman und Indien wäre Mombasa nicht Mombasa.

9.3

Die notwendige, weil komplementäre Erzählweise, würde die Stadt in den Mittelpunkt rücken und eine Geschichte von innen nach außen (re-)konstruieren. Diese
Geschichte ist, zumindest für mich, bisher nicht verfügbar. Deshalb muss es zunächst bei einigen Beobachtungen, Eindrücken und vielen Fragezeichen bleiben.
Eine Stadt, so tief in Geschichte verstrickt, lebt nicht von und auf ihrer Oberfläche. Es ist vielmehr die kumulative Textur, es sind die Sedimentbildungen – Ar-

chitekturen schichten sich über Architekturen, Symbole über Symbole, Erzählungen über Erzählungen –, die das städtische Imaginäre und damit Relevanzmuster alltagspraktischen Handelns bestimmen. Mombasa ist ein ZeitRaum spezifischer Verdichtung: Ökonomisch war und ist es der Hafen mit den ihm eigenen nautischen und auf den Handel ausgerichteten Berufsstrukturen; politisch ist es der Weg von lokaler Autonomie zur vollständigen Abhängigkeit, und kulturell ist es der Islam, der die Grundmelodie vorgibt, ohne indes dominant zu sein, so wie eine Stadtbevölkerung, die Afrika, die arabische Welt und Südasien vereint. Die Stadt nahm und nimmt nicht einfach auf, was von außen kommt. Es geht vielmehr um Übersetzung, Anverwandlung, Einpassung, um Verdichtung und Verschiebung. Die räumliche Nähe von anglikanischer Kathedrale, eines ausgreifenden Shiva-Tempels und einer der Zentralmoscheen der Stadt, mag einen Eindruck von der außergewöhnlichen Konfiguration vermitteln, die sich baulich wie alltagspraktisch verfestigen konnte. Dass die Geschichte der Stadt durch den Hafen geprägt wurde, lässt den Typus der Hafenstadt als Zivilisationsereignis und ausgezeichnete Kontaktzone noch einmal scharf ins Relief treten. Hafenstädte sind Schleusen im Komplexitätsgefälle: zwischen Hinterland und Meer, zwischen Regionen und Kulturen. Mombasa ist nicht nur eine Schleuse im Komplexitätsgefälle, das sich zwischen dem ,afrikanischen Busch', dem Hadramaut und Batavia aufspannt; es ist eben auch eine middleman society, die die Extraktion aus und den Handel mit dem Hinterland organisiert. Diese besondere Grenze zwischen „zivilisiert und wild", „bekleidet und nackt", zwischen uns und denen, bleibt bis heute in Kraft. So nutzen ein Swaheli-Gelehrter ebenso wie ein in der 5. Generation in Mombasa ansässiger indischer Textilhändler diese Attributionen, um jenes imaginäre „Wir" herzustellen, das die Eliten der Stadt gegen das Hinterland vereint. Diejenigen, die sich selbst als die wahren Besitzer der Stadt wahrnehmen, die Swaheli, die im gegenwärtigen Mombasa ihrerseits längst eine Minderheit sind, verfügen so scheint es, nach wie vor über die Macht, ihre Klassifikationen von innen und außen zur Geltung zu bringen.

Wie für alle größeren Städte Sub-Sahara Afrikas gilt auch für Mombasa, dass die Mehrheit der Einwohner mindestens bilingual, in der Regel aber drei- bis mehrsprachig und ,code-switching' eine fraglose Routine des Alltagslebens ist. Das macht eine wissenssoziologisch instruierte Forschung nicht einfacher, stellt es doch zentrale Konzeptbegriffe radikal in Frage. Ein Beispiel aus der pop-culture Kenias, in diesem Fall aus der Musikszene Nairobis, mag das Problem verdeutlichen: „4 in 1", so der Titel des Rap von Ndarlin P, repräsentiert gleichsam das multilinguistische Kenia. Der Text wandert durch fünf Sprachen: Kishuaheli, das in drei lokalen Varianten auftritt, Englisch, Sheng, Kamba und Gikuyu, verhandelt vier Identitäten – einen Matutu-Fahrer, einen neugierigen Asiaten, einen reichen Rapper und Ndarlin P als leidenschaftlichen Freier (vgl. ausführlich Nyairo 2006: 76) und geht selbstverständlich davon aus, für alle Hörer zugänglich zu sein. Keine babylonische Sprachverwirrung, sondern erstaunliche verständigungsorientierte Erfindungen. Das Sheng z. B. ist eine neue urbane Sprache, die Vokabular und grammatikalische Strukturen aus dem Englischen, Swaheli und drei anderen ‚ethnischen' Sprachgruppen kombiniert. Welche Wirklichkeit der Alltagswelt lässt sich dann erwarten, welches Wissen, welche Relevanzen werden wie verstetigt?

Eine zweite, mit dem Multi-, fast könnte man sagen Interlingualismus verbundene Beobachtung betrifft jene merkwürdig hilflose Kategorie der informellen Ökonomie. Wer die Fähre von Mombasa nach Likoni nutzt, trifft auf Hunderte von Frauen und Männer, fliegende Händler, die alle das Gleiche anbieten. Auch die Preise scheinen identisch. Es wird gekauft und verkauft. Doch zwischen Käufer und Verkäufer vermittelt mehr als die Ware. Man kennt sich und zeigt sich erkenntlich. Es sind, so scheint es, soziale Gruppenzugehörigkeiten und nicht vorgängig ökonomische Motive, die darüber entscheiden, mit wem was getauscht wird. Die stehenden Redewendungen: man gehe dorthin, wo man sich sicher fühle, wo man gut behandelt werde, lassen ein sozialmoralisches Potenzial aufscheinen, das weniger mit Tausch als mit Reziprozitätserwartungen zu tun haben mag. Ob es sich hierbei um ethnische Zugehörigkeiten handelt, vermag ich (noch) nicht zu entscheiden.

Eine letzte irritierende Beobachtung hat mit der Forschungsidee zu tun, die Stadt als Ganzes zum Thema zu machen. Visuelle Repräsentationen von Mombasa waren schwer zu finden. Das Ganze der Stadt, in Europa seit dem 16. Jahrhundert in Veduten und Kupferstichen pop culture, entbarg sich nicht. „Mombasa is like Hamburg. The difference is what happens in the houses" oder: „Mombasa is similar to Hyderabad. I don't feel out of place neither here nor there". Selbstverständlich kennen die Einwohner Mombasas ihren Platz in der Stadt. Doch überraschenderweise bezieht sich dieses Wissen vor allem auf Abstammung und Genealogie und weniger auf den aktuellen Ort, an dem jemand lebt. Die Frage aber bleibt: Welche Erklärungen bieten sich für die scheinbare Abwesenheit jener kulturellen Repräsentationen an, die für das Ganze der Stadt stehen? Wie kommt es, dass eine Stadt, die über eintausend Jahre Zeit hatte, ihr Imaginäres zu konstruieren, noch immer nicht über eine eigene Erzählung verfügt? Es mag sie geben, und wir mögen taub und blind sein. Antworten auf diese Frage zu suchen, scheint jedenfalls eine der vielversprechendsten Unternehmungen zu sein, um der Eigenlogik Mombasas ein Stück weit auf die Spur zu kommen.

Literatur

Berger, Peter & Thomas Luckmann. 1969. *Die gesellschaftliche Konstruktion der Wirklichkeit. Eine Theorie der Wissenssoziologie*. Frankfurt a. M.: Fischer.

Berking, Helmuth (Hrsg.). 2006. *Die Macht des Lokalen in einer Welt ohne Grenzen*. Frankfurt a. M.: Campus.

Berking, Helmuth. 2008. ‚Städte lassen sich an ihrem Gang erkennen wie Menschen‘. In *Die Eigenlogik der Städte. Neue Wege für die Stadtforschung*, Helmuth Berking & Martina Löw (Hrsg.), 15–31. Frankfurt a. M.: Campus.

Berking, Helmuth. 2013. StadtWelten. *Leviathan* 41 (2): 224–237.

Berking Helmuth & Jochen Schwenk. 2011. *Hafenstädte. Bremerhaven und Rostock im Wandel*. Frankfurt a. M.: Campus.

Castells, Manuel. 1996. *The Rise of the Network Society*. Cambridge, MA: Blackwell.

Driessen, Henk. 1991. From Tribe to Ghetto: Marginal Muslims in a Spanish Enclave. In *Ethnologische Stadtforschung: eine Einführung*, Waltraud Kokot & Bettina Bommer (Hrsg.), 77–94. Berlin: Dietrich Reimer Verlag.

Geertz, Clifford. 1973. *The interpretation of cultures*. New York: Basic Books.

Geertz, Clifford. 1996. Afterword. In *Senses of Place*, Steven Feld & Keith H. Basso (Hrsg.), 259–281. Santa Fe, NM: School of American Research Press.

Masrui, Ali A. 1996. Mombasa: Three Stages towards Globalization. In *Re-Presenting the City. Ethnicity, Capital and Culture in the 21-st Century Metropolis*, Anthony King (Hrsg.), 158–176. New York: New York University Press.

Middleton, John. 1992. *The World of the Swahili. An African Mercantile Civilization*. New Haven, CT: Yale University Press.

Nyairo, Joyce. 2006. (Re)Configuring the City: The Mapping of Places and People in Contemporary Kenyan Popular Song Texts. In *Cities in Contemporary Africa*, Martin J. Murray & Garth A. Myers (Hrsg.), 71–94. New York: Palgrave Macmillan.

Parks, Robert E. & Ernest W. Burgess (Hrsg.). 1925 (1967). *The City*. Chicago, IL: University of Chicago Press.

Prestholdt, Jeremy. 2008. *Domesticating the World. African Consumerism and the Genealogies of Globalization*. Berkeley, CA: University of California Press.

Siebel, Walter. 1987. Vorwort zur deutschen Ausgabe. In *Soziologie der Stadt*, Peter Saunders (Hrsg.), 9–13. Frankfurt a. M.: Campus.

Simmel, Georg. 1903 (1957). Die Großstädte und das Geistesleben. In *Brücke und Tür. Essays des Philosophen zur Geschichte, Religion, Kunst und Gesellschaft*, Michael Landmann & Margarete Susmann (Hrsg.), 227–242. Stuttgart: K. F. Koehler.

Soeffner, Hans-Georg & Dariuš Zifonun. 2008. Integration – An Outline from the Perspective of the Sociology of Knowledge. *Qualitative Sociological Review* IV (2): 3–23.

Strauss, Anselm. 1961. *Images of the American City*. New York: Free Press.

Die interkulturelle Konstellation

Dariuš Zifonun

10

10.1 Einführung

Von Interkultur oder häufiger: interkultureller Kommunikation ist für gewöhnlich immer dann die Rede, wenn es um den Kontakt zwischen ‚ethnischen' Kulturen geht. Unter Kultur wird dabei der gemeinsame Bestand an Deutungs- und Handlungsmustern verstanden, den die Angehörigen einer sozialen Gruppe teilen und mit dem sie dann in die – wie auch immer geartete – Auseinandersetzung mit Angehörigen anderer Gruppen gehen. Im Gegensatz dazu zielt dieser Beitrag darauf ab: (1.) konzeptionell die ganze Vielfalt unterschiedlicher – eben nicht nur ‚ethnischer' – Gruppen in den Blick zu nehmen und deren Kontakt als interkulturell zu interpretieren. (2.) bricht er mit der Vorstellung, diese Gruppen gingen dem interkulturellen Kontakt voraus und Kontaktzonen träten an den Berührungspunkten von ansonsten separierten, insularen und selbstgenügsamen kulturellen Sphären auf. Bereits vor fast 20 Jahren hat Sarangi (1994) die interkulturelle Kommunikationsforschung dafür kritisiert, Kulturen als Gruppen zu definieren, die ihre Angehörigen mit Handlungs- und Deutungsvorgaben ausstatten, was im interkulturellen Kontakt dann zwangsläufig zu Missverständnissen führe (zum Primordialismus vgl. Cornell und Hartmann 2007). Auch aktuell werden interkulturelle Phänomene durch den Rekurs auf die Eigenheiten der aufeinander treffenden kulturellen Einheiten erklärt. So dient z. B. in eher praxisorientierten Kontexten die Kulturtypologie von Hofstede (1980) weiterhin als Referenzpunkt, oder es werden in migrationssoziologischen Studien Einwanderer unter der Hand zu kulturell Differenten erklärt, deren „migrationsbedingte Diversität" dann nicht als problematisch, sondern „als Ressource" (Yildiz 2012: 158) deklariert wird. Stattdessen soll im Folgenden Interkulturalität als eigenständiger, irreduzibler sozialer Tatbestand gefasst werden; auch soll gezeigt werden, dass die Interaktion in diesen Kontaktzonen den Movens dafür bildet, dass Grenzen gezo-

gen, Identitäten konstruiert, Ordnungen ausgehandelt und soziale Schließungen
vollzogen werden. (3.) argumentiert der Beitrag in zeitdiagnostischer Perspektive,
dass Gegenwartsgesellschaften eine interkulturelle Konstellation aufweisen. Damit ist gemeint, dass unter den Bedingungen der ‚zweiten Moderne' (Beck) weder die Ruhelage der Assimilation (Esser 2010) den Normalzustand bildet – also
Kontaktprozesse in Zustände der Angeglichenheit münden –, noch die konstante
kulturelle Bewegung der Hybridität (Hutnyk 2005) die Regel darstellt – sich also
fortlaufend neue kulturelle Mischungsverhältnisse ausprägen –, sondern interkulturelle Kontaktprozesse vorwiegen, in denen sich Akteure als Angehörige sozialer
Gruppen begegnen, die über institutionalisierte kulturelle Repertoires verfügen
und ihre Grenzen im und durch den Kontakt aufrechterhalten. Die Handelnden
sind sich des Fremdkontaktes bewusst und nehmen Fremdes als Fremdes wahr.
Interkultur meint dann die Muster, Regelmäßigkeiten und Strukturen, die der
Austausch ausprägt und mittels derer der Austausch verarbeitet wird. (4.) schließlich schlägt der Beitrag vor, in Erweiterung der ‚social worlds perspective' von
Anselm Strauss, die formal-analytischen sozialstrukturellen Begriffe ‚soziale Welten', ‚Milieu' und ‚Arena' heranzuziehen, wenn es um diese interkulturelle Konstellation geht, statt inhaltlich bestimmter oder rein kulturanalytischer Begriffe.
Zum einen hat Rogers Brubaker, was die Schwäche inhaltlich bestimmter Konzepte betrifft, im ethno-kulturellen Feld anhand des Diaspora-Begriffes gezeigt,
dass und wie mit derartigen Konzepten der ethnische Abstammungsglaube der
Alltagshandelnden in die analytische Sprache der Soziologie übernommen wird
(Brubaker 2010). Zum anderen ist die isolierte Beschäftigung mit Sinnsystemen
oder Produkten materieller Kultur soziologisch wenig aussagekräftig. Soziologische Analysen gewinnen gerade dann, wenn sie die Einheit von Sinn und Sozialstruktur in den Blick nehmen. Wie dies mit Hilfe der hermeneutischen Wissenssoziologie geleistet werden kann, soll im Folgenden gezeigt werden. Als
Diskussionsmaterial dienen dabei zwei empirische Fälle, der eine aus dem Feld
des Sports, der andere aus dem akademischen Feld. Der Fokus der Analyse liegt
dabei auf den Paradoxien und Ambivalenzen, die den interkulturellen Kontakt
kennzeichnen.

10.2   Szenen aus zwei sozialen Welten

Dass Manuel Neuer Sportler ist, genauer: Fußballspieler, der auf der Position des
Torwarts zu den Besten gezählt wird, die im Weltfußball dieser Tätigkeit professio-
nell nachgehen, gehört zum Sonderwissen der Fußballwelt. Für die Bewältigung
allgemeiner Problemlagen der Existenz in modernen Gesellschaften ist dieses
Wissen irrelevant. Weit verbreitet ist es dagegen unter denjenigen, die sich dieser

Handlungssphäre zuwenden. Die Verbreitung ist dabei nicht territorial beschränkt: Die soziale Welt des Fußballsports hat sich dank internationaler Vergleichswettbewerbe (Europa- und Weltmeisterschaften, internationale Vereinswettbewerbe wie die Champions League) und deren globaler medialer Verbreitung zu einem Weltsystem entwickelt (Werron 2010). Weniger bekannt ist auch in der Fußballwelt, dass Neuer, der bereits als Jugendspieler beim FC Schalke 04 spielte, Mitglied der Schalker Ultra-Gruppierung „Buerschenschaft" war. Ultra ist die Selbstbezeichnung eines spezifischen Typs von Fußballfans, die ihrem Verein nicht nur besonders intensiv anhängen, sondern spezielle Formen des Fantums pflegen, auf die in Abschnitt 4 zurückzukommen sein wird (Leistner 2008; Zifonun 2007). Skandalisiert wurde der Umstand von Neuers Schalker Ultra-Vergangenheit, als Neuer im Sommer 2011 vom FC Schalke zum FC Bayern wechselte. „Du kannst noch so viele Bälle parieren, wir werden dich nie in unserem Trikot akzeptieren!", hieß es mit großer lyrischer Gewalt auf einem Transparent, das bei einem der ersten Spiele Neuers für seinen neuen Verein zu sehen war. Die Angehörigen von Münchner Ultra-Gruppierungen lehnten den Wechsel Neuers wegen dessen Schalker Ultra-Vergangenheit zunächst vehement ab und konfrontierten den Spieler nach dessen Vereinswechsel in einem vom Verein anberaumten „Schlichtungsgespräch" mit den folgenden Forderungen:

Demnach darf Neuer...

1. ...nie mit dem Megafon die Fangesänge vorgeben,
2. ...sich nie vor die Mannschaft knien, um das „Humba"-Lied zu intonieren,
3. ...sich nicht der Südkurve (hier stehen die Bayern-Ultras) nähern,
4. ...nie sein Trikot in die Kurve werfen,
5. ...nie das Bayern-Wappen auf dem Trikot küssen.

Unterlassen sollte der Spieler also genau die symbolischen Aktivitäten, die im Fanmilieu der Ultras besonders hoch bewertet werden: „An unserer Meinung zu ihm hat sich nichts geändert. Wenn sich Manuel Neuer aber an die besprochenen Verhaltensregeln und eine respektvolle Distanz hält, wird es keine weiteren organisierten Proteste und Aktionen geben".

Unruhe herrscht seit dem Sommer 2011 auch an der Alice Salomon Hochschule Berlin. Dort wird von einer Gruppe von Studierenden hochschulöffentlich problematisiert, dass es an der ASH „Rassismus" gebe. So würden „türkeistämmige" Studierende von Dozenten immer wieder dazu gedrängt, sich mit dem Thema Integration zu befassen, Kommilitonen würden sich über sprachliche Fehler lustig machen, die gemeinsame Gruppenarbeit verweigern und sich außerhalb von Lehrveranstaltungen, in der Mensa, auf den Gängen und bei den unterschied-

lichsten Gelegenheiten unfreundlich und abweisend verhalten. Die Studenten-
gruppe produzierte gemeinsam mit einem Dozenten einen Dokumentarfilm, der
im Rahmen einer Veranstaltung im Audimax der Hochschule gezeigt wurde, zu
deren Gunsten die Lehre abgesagt wurde. Immer wieder verschafften sich die Studierenden in den unterschiedlichsten Lehrveranstaltungen Gehör, auch wenn
diese keinerlei thematischen Bezug zu Rassismus aufwiesen und auch diese Veranstaltungen nicht inkriminiert wurden. Entstanden ist so ein lokales Milieu von
Studierenden, die sich selbst als „Türkeistämmige" bezeichnen und einen kommunikativen Stil moralischer Anklage pflegen. Im Zentrum dieses Stils steht ein Set
kanonisierter und stereotypisierter Wissensbestände. Inhaltlich sind diese Wissensbestände durch Wissen über den ‚Rassismus' der ‚Mehrheitsgesellschaft' bestimmt, das „den Charakter einer Weltformel" (Bergmann 1987: 87) hat, mit deren Hilfe jede soziale Erfahrung ihren Sinn erhält. In formaler Hinsicht dominiert
„Entrüstungskommunikation" (Bergmann 2004: 38 f.). Diese Wissensbestände erlauben es den Milieuangehörigen, hochschulinterne Erfahrungen als Kränkungen
und Herabsetzungen zu interpretieren und zu deklarieren. Derartige Erfahrungen,
so die Studierenden, verschärfen die „Komplexe", die sie aufgrund vergleichbarer
Erfahrungen in der allgemeinen Gesellschaft bereits erworben hatten.

Die beiden Fälle sollen im Folgenden als Ausgangspunkt für die Diskussion
der Problematik der „Versionierung" von Wissensbeständen und der Umdeutung
von Handlungswelten zu sozialen Milieus dienen. Ich schlage vor, die Analyse solcher milieueigener Wissensbestände mit Hilfe der und angelehnt an die Überlegungen von Alfred Schütz und Thomas Luckmann zum Verhältnis von „Wissen und Gesellschaft" zu unternehmen. Auf diese Weise lassen sich nicht nur die
Strukturen der Wissensbestände ergründen, sondern auch Aussagen über das Be-
dingungsverhältnis zwischen diesen Wissensbeständen und ihren sozialstrukturellen Formen, den sozialen Welten und Milieus, machen, die über die Fälle hin-
ausweisen.

Im Kontrast zu anderen Milieu-Ansätzen fällt dabei in konzeptioneller Hinsicht erstens eine Entscheidung zugunsten des Begriffs der sozialen Welten, der
bei Anselm Strauss (1978) entlehnt und als übergeordneter analytischer Begriff
verwendet wird. Soziale Welten werden als die sozialstrukturellen Grundbausteine
moderner Gesellschaften gefasst (Zifonun 2012). In dieser Verwendungsweise bezeichnet der Begriff des Milieus, wie im folgenden Abschnitt detailliert zu zeigen sein wird, eine spezielle Form von sozialen Welten und Teilwelten. Zweitens
soll ohne die Existenz einer ‚Beziehungsstruktur' nicht von sozialen Welten und
Milieus die Rede sein. Beide Begriffe, soziale Welten wie Milieu, verweisen auf
Regelmäßigkeiten in sozialen Beziehungen und damit letztlich auf soziale Grup-
penphänomene. Das Vorliegen bestimmter sozialstruktureller Merkmale oder die
Prävalenz eines bestimmten Lebensstils in einer Personenkategorie bzw. einer so-

zialen ‚Verteilungsstruktur' wäre damit keine hinreichende Voraussetzung für die Verwendung des Milieubegriffes.[1]

10.3 Differenzierung und Ungleichheit: Wissensbestände und Sozialstruktur moderner Gesellschaften

10.3.1 Schütz und Luckmanns ‚Strukturen der Lebenswelt'

In den *Strukturen der Lebenswelt* diskutieren Schütz und Luckmann die Frage gesellschaftlicher Differenzierung vor dem Hintergrund der Unterscheidung zweier formaler Typen der sozialen Verteilung des Wissens. Im Falle einer einfachen sozialen Verteilung des Wissens liegt demnach das für jeden relevante und frei verfügbare Allgemeinwissen in einer von allen geteilten Form vor (Schütz und Luckmann 2003: 416 ff.). Unterschiede etwa in der Sprache oder der Art des Gehens sind individuelle Idiosynkrasien ohne sozialstrukturelle Verankerung und gesellschaftliche Relevanz. Das Allgemeinwissen, das allgemein ist, weil es für die Bewältigung allgemein relevanter Handlungsprobleme notwendig ist, weshalb jedermann über dieses Wissen verfügt, nimmt den überwiegenden Teil des gesellschaftlichen Wissens ein. Der Zugang zu Sonderwissensbeständen[2] ist in dieser Konstellation nicht durch institutionelle Schranken begrenzt. Im Falle komplexer sozialer Verteilung des Wissens kommt es dagegen zum einen zu einer Ausdehnung der Sonderwissensbereiche und zu einem Rückgang des Anteils des Allgemeinwissens am gesamten gesellschaftlichen Wissensvorrat (Schütz und Luckmann 2003: 419 ff.). Zum anderen tritt eine Differenzierung und Spezialisierung des Sonderwissens ein, das in immer vielfältigere Sonderwissensbereiche zerfällt, die in den Besitz von Experten geraten. Außerdem differenziert sich das Allgemeinwissen in unterschiedliche ‚Versionen' aus. Es entstehen Dialekte und Soziolekte, es differenzieren sich die Gehstile von Soldaten, Städtern usw. genauso wie das religiöse Wissen, beispielsweise der Katholizismus der Landbevölkerung im Gegensatz zu dem der Intellektuellen.

Interessanterweise wird im von Luckmann konzipierten vierten Kapitel einerseits die sozialstrukturelle Verfestigung der Differenzierung des Sonderwissens in

---

1 Soziale Beziehungsstruktur und soziale Verteilungsstruktur sind Begriffe aus der Sozialstrukturanalyse. Unter Beziehungsstruktur wird „die Gesamtheit dauerhaft angelegter Formen sozialer Beziehungen zwischen Mitgliedern der Gesellschaft" und unter Verteilungsstruktur „die Gliederung der Mitglieder der Gesellschaft nach sozial relevanten Merkmalen und Kombinationen solcher Merkmale" (Huinink und Schröder 2008: 19) verstanden.

2 Hier nennen Schütz und Luckmann (2003: 416) „Problemlösungen", die sich „nach den sozial definierten Typen von Personen", z. B. nach Männern und Frauen, unterscheiden.

der fortscheitenden Differenzierung von Berufsgruppen ausgemacht. Sonderwissen unterscheidet Laien von beruflichen Experten, wobei jeder irgendwo Experte ist. Die „fortschreitende Arbeitsteilung" führt dazu, dass sich Sonderwissen in einer „Vielfalt heterogener Bereiche" bündelt, „deren Sinnstrukturen nur lose, falls überhaupt, zusammenhängen" (Schütz und Luckmann 2003: 439). Andererseits verorten die Autoren die Institutionalisierung[3] des sich in Versionen zergliedernden Allgemeinwissens im gesellschaftlichen Schichtungssystem (Schütz und Luckmann 2003: 421). Verfestigte soziale Schichten prägen ihre jeweils eigenen „Auffassungsperspektiven" aus, also eine durch die jeweilige Klassenlage ideologisch gefärbte Sicht auf die Welt im Allgemeinen und auf Gesellschaft und die eigene Position in ihr im Speziellen. Zur geteilten Ideologie treten außerdem schichtspezifische „gemeinsame Relevanzstrukturen", also durch die Klassenlage bedingte Problemstellungen und Interessenslagen, die sich in geteilten Handlungsmustern und Lösungsstrategien niederschlagen.

Wir finden hier mithin ein differenzierungstheoretisches und ein ungleichheitstheoretisches Argument: Die Ausweitung von *Sonderwissensbeständen* führt zu gesellschaftlicher *Differenzierung* nach „arbeitsteiligen Institutionenbereichen" (Schütz und Luckmann 2003: 439), womit Differenzierung als funktionale Differenzierung verstanden wäre. Die „Versionierung" des *Allgemeinwissens* schlägt sich dagegen in einer *Ungleichheitsstruktur* sozialer Schichten nieder, die bis zum Zerfall der „Gesamtgesellschaft" (Schütz und Luckmann 2003: 427) führen kann. Von hier ausgehend ließe sich nun ein unmittelbarer Anschluss an gegenwärtige Theoriediskussionen in der Soziologie herstellen, die sich genau diesem Verhältnis von Differenzierung(-stheorie) und Ungleichheit(-stheorie) widmen und es ließe sich der Beitrag der Wissenssoziologie zu dieser Diskussion ausloten. Mit der Fokussierung auf Schicht und Beruf teilt das vierte Kapitel die makrosoziologische Ausrichtung der gegenwärtigen Theoriedebatte über Stratifikation und funktionale Differenzierung, in der es um die Frage geht, ob auf ‚gesamtgesellschaftlicher' Ebene Ungleichheit oder funktionale Differenzierung das dominante Strukturbildungsprinzip ausmacht (vgl. Schwinn 2007: 57).

Dass Schütz und Luckmann Fragen der Sozialstruktur, also von Ungleichheit und Differenzierung, so unmittelbar an gesellschaftliche Makrostrukturen anbinden, muss jedoch überraschen. Das Kapitel weicht damit von der eigentlichen Theorieanlage der *Strukturen* ab und nutzt nicht das eigentliche theoretische Potential, das die *Strukturen der Lebenswelt* bergen. Der theoretischen Grundanlage der *Strukturen der Lebenswelt* entspräche es viel eher, wenn sie den Zugang zur

---

3   Die Art und Weise der Institutionalisierung von Wissen haben Peter Berger und Thomas Luckmann (1980) in ihrer „Theorie der Wissenssoziologie" ausgeführt.

Sozialstruktur von der Lebenswelt aus, also vom subjektiven[4] Erleben her, entwickeln würden, anstatt von soziologischen Kategorien wie Arbeitsteilung und Schichtung auszugehen. Lebenswelttheoretisch ließen sich auch die analytisch getrennten Allgemein- und Sonderwissensbestände wieder zusammenführen, und es ließe sich argumentieren, dass diese im subjektiven Bewusstsein als Einheit erlebt werden. Eine solche lebenswelttheoretische Rückbindung soll im Folgenden – unter Zuhilfenahme des Konzepts sozialer Welten – versucht werden. Auf diese Weise kann es gelingen, (1.) die bei Schütz und Luckmann angelegte Differenzierungstheorie klarer zu fassen und (2.) mit der Frage nach Formen der Vergemeinschaftung in Beziehung zu setzen.

10.3.2 Soziale Welten

In der alltäglichen Lebenswelt erfahren wir Gesellschaft nicht in der Form von Schichten oder Berufen, sondern als Interaktionen mit anderen. Und diese Interaktionen sind in der Regel nicht singulär und zufällig, sondern erfolgen regelmäßig und geregelt. Diese Interaktionszusammenhänge, an denen wir regelmäßig partizipieren und die ihre eigenen Regeln aufweisen, lassen sich mit Anselm Strauss als ‚soziale Welten‘, als institutionalisierte Interaktionsräume, die sich um Kernaktivitäten bilden, konzeptualisieren (Strauss 1978; Soeffner 1991a: 6; Zifonun 2012). Anselm Strauss hat dieses Konzept entwickelt, um über ein Instrument zu verfügen, mit dem man soziale Prozesse analysieren kann, ohne eine „asserted or presumed dominance of social class, race, gender, and other social units" (Strauss 1993: 210) vorauszusetzen. Der analytische Begriff ‚soziale Welten‘ geht der Frage voraus, welche konkrete Form die Sozialstruktur im Einzelnen annimmt, und ist sensibel für den Umstand, dass die Sozialstruktur moderner Gesellschaften aus einer Vielzahl sich überlagernder Strukturen besteht. Auch wird er dem Umstand gerecht, dass in Gegenwartsgesellschaften zwar einerseits überkommene Verteilungsstrukturen weiter existieren, diese aber andererseits in der sozialen Lebenswelt nicht mehr unmittelbar erfahren werden, wie die nicht abreißende Diskussion um das „Jenseits von Stand und Klasse" zeigt, die Ulrich Beck vor 30 Jahren angestoßen hat (Beck 1983; Berger und Hitzler 2010). Auf der Ebene sozialer Welten lässt sich empirisch rekonstruieren, welche Rolle Verteilungsmuster in Beziehungsstrukturen spielen. Entscheidend ist für unsere Frage zum einen, dass es sich bei den sozialen Welten moderner Gesellschaften um Teilzeitwelten handelt,

---

4   ‚Subjektiv‘ meint im gesamten Text – ganz im Sinne von Weber und Schütz – ‚aus Perspektive der einzelnen Handelnden‘, setzt also vor der Unterscheidung von Biographie und Lebenslauf an, wie sie in anderen Forschungskontexten relevant ist.

deren Angehörige typischerweise Teilzeitzugehörigkeiten zu einer Vielzahl unterschiedlicher Welten pflegen. Zum anderen zerfallen soziale Welten in Subwelten, die sich um Teilverrichtungen bilden.

In der hermeneutischen Wissenssoziologie ist der Frage des subjektiven Umgangs mit dieser Strukturlage umfassende Aufmerksamkeit zuteilgeworden (beispielhaft Honer 2011). Die Entstehung von Bastelexistenzen oder die Collagenhaftigkeit von Lebensstilen können als Antworten darauf interpretiert werden, wie Menschen ihre mehrfachen Zugehörigkeiten und widersprüchlichen Wissensbestände subjektiv bewältigen (Hitzler und Honer 1994; Soeffner 2005). In diesen Analysen bleibt die Frage nach den kollektiven Wissensbeständen sozialer Welten, nach den Trägergruppen dieser Wissensbestände und der Art und Weise der sozialstrukturellen Stabilisierung des Wissens jedoch weitgehend unberührt. Mit anderen Worten: die Institutionalisierung subjektiver Handlungs- und Deutungsmuster in sozialen Lebenswelten wird nicht systematisch untersucht. Auf eine wichtige Ausnahme wird am Ende zurückzukommen sein.

Auf Schütz und Luckmann aufbauend ließe sich dazu zum einen sagen, dass es durch die Paarung von Sonderwissensbeständen mit speziellen Versionen des Allgemeinwissens zu einer jeweils eigenen sozialstrukturellen Verfestigung von Wissensbeständen in sozialen Welten kommt. Zum anderen vollzieht sich durch die Entstehung von Subwelten eine weitere Differenzierung dieser Wissensbestände. Während bei Schütz und Luckmann allein von einer Stratifizierung von Versionen des Allgemeinwissens die Rede ist, muss hier zusätzlich die „Versionierung" des Sonderwissens bedacht werden. Dieses differenziert sich in den unterschiedlichen sozialweltlichen Aktivitäten und durch die vielfältigen kulturellen Kontexte, in die die Praktiken in den Subwelten eingestellt sind. Damit sind soziale Welten sowohl mit Blick auf die Gesamtgesellschaft als auch hinsichtlich ihrer Binnenlage gleichermaßen Ungleichheits- wie Differenzierungsphänomene.[5] Sie bilden differenzierte Sonderwissensräume mit jeweils eigenen ungleichheitsrelevanten Versionen des Allgemeinwissens aus, die sich selbst wiederum in Teilwelten mit eigenen Versionen des Sonderwissens zergliedern.[6]

10.3.3 Von der Welt zum Milieu: Vergemeinschaftung und das Integrationsproblem moderner Gesellschaften

Soziale Welten sind jedoch nicht nur ‚rationale' Handlungssysteme zur Bewältigung spezifischer Handlungsprobleme, sondern werden von ihren Angehörigen

---

5 Empirische Beispiele finden sich in Soeffner und Zifonun (2006) und Zifonun (2008).
6 Zu den sozialweltlichen Prozessen, die dies bewirken, vgl. Strauss (1978); Zifonun (2012).

regelmäßig als Sphären der Zusammengehörigkeit – als Milieus – interpretiert und als solche in Anspruch genommen. Das Konglomerat an weltspezifischem Sonder- und Allgemeinwissen gibt dann nicht nur Antwort darauf, was wie zu tun ist, sondern auch darauf, was wie und warum moralisch richtig ist (Zifonun 2013). Um diese Steigerung verstehen zu können, ist es notwendig, den symbolischen Charakter von Wissensbeständen zu berücksichtigen.

Hans-Georg Soeffner unterscheidet in diesem Zusammenhang, mit Blick auf ihre soziale Funktion, zwischen zwei Stufen des Symbolismus (Soeffner 1990). Auf einer ersten Stufe wird Gesellschaft als kollektiver Handlungsrahmen objektiviert und erfahrbar gemacht. Symbole dienen der sozialen Integration, d. h. hier wird die Teilhabe des Einzelnen an der Gesellschaft, an ihren Normen und Werten gesichert, es werden soziale Gemeinsamkeiten und kollektiv verbindliche Wissensbestände konstruiert. Auf einer zweiten Stufe verweisen Symbole darauf, dass diese historisch konkrete Gruppe selbst eingebunden ist in den „Kosmos eines umfassenden Sinnzusammenhanges" (Soeffner 1990: 54), der im Mythos als zweite symbolische Stufe ausformuliert wird. Auf dieser Stufe „konstituieren Kollektivsymbole das Gefühl der Gemeinschaft ebenso wie sie deren (Kollektiv-)Bewußtsein und Fortbestehen zu sichern helfen" (Soeffner 1991b: 74). Umgekehrt „repräsentieren und stützen zentrale Kollektivsymbole konkrete historische Mythen" (Soeffner 1991b: 74) und machen diese für den einzelnen erfahrbar und zu einem Bestandteil seiner Wirklichkeit. Der Begriff des ‚Kollektivsymbols' bezeichnet also nicht allein, dass Symbole kollektiv geteilt werden, sondern dass über sie überhaupt erst ein Kollektiv gebildet wird. So ist das Bayern-Wappen ein Kollektivsymbol, das die Bayern-Ultras vor Manuel Neuers Küssen schützen wollen. Durch diese „Steigerungsform" gesellschaftlicher Beziehungen wird „Zugehörigkeit in Zusammengehörigkeit und Masse in ein solidarisch handelndes Kollektivsubjekt" (Assmann 1992: 134) transformiert und ‚das Gefühl der Gemeinschaft' mobilisiert, wo sonst – bei einer ‚einfachen' Identifikation mit der Gesellschaft (Berger und Luckmann 1980: 143) und ohne symbolische Überhöhung der Wir-Gruppe – lediglich die habituelle Übernahme sozialer Verhaltensnormen zu erwarten wäre. Aus durch einzelne Symbole repräsentierten Normen und Werten werden – mythisch überhöht – ‚unsere' Normen und ‚unsere' Werte.

Im Zuge ihrer mythischen Überhöhung werden soziale Welten mit dem Anspruch versehen, nicht nur kollektive Handlungswelten zu sein, sondern auch „Gruppen Gleichgesinnter" (Hradil 2006: 4). Das ‚versionierte' Wissen wird zur Grundlage eines Gemeinschaftsglaubens der Akteure in sozialen Welten. Eine solche Überhöhung zum Milieu konfrontiert ihre Angehörigen allerdings mit zahlreichen Paradoxien und Ambivalenzen, da es sich bei den Angehörigen sozialer Welten nur vermeintlich um Gleichgesinnte handelt. Faktisch zerfallen soziale Welten in divergierende Teilwelten, in denen sich eigenständige Milieus ausprä-

gen, die die gesamte soziale Welt mit ihren konkurrierenden Gemeinschafts-
ansprüchen belegen. Damit wäre das Integrationsproblem moderner Gesellschaften nicht allein mit der Versionierung des Allgemeinwissens begründet, die nach
Schütz und Luckmann tendenziell zur Unmöglichkeit innergesellschaftlicher
Kommunikation zwischen den sozialen Schichten führt (Schütz und Luckmann
2003: 427; Zifonun 2008: 173 ff.). Die Integrationsproblematik verschiebt sich vielmehr auf die Ebene ,innerweltlicher' Kommunikation, da auch in einer Welt nicht
dieselbe Sprache gesprochen und derselbe Stil gepflegt wird. Zur Überbrückung
dieser Differenzen prägen soziale Welten regelmäßig offene, universalistische Gemeinschaftsideologien aus. Diese Ordnungsrahmen sind so weit gespannt, dass
darunter prinzipiell jeder und alles Platz findet, unabhängig von den jeweiligen
Aktivitäten und Wertorientierungen. In diesem Sinne ist eine solche übergreifende Moral integrativ und offen für Vielfalt.

Diese Allerweltsphilosophien zielen darauf, möglichst jedem Angehörigen der
sozialen Welt die Teilhabe zu ermöglichen, und lassen entsprechend Raum für die
unterschiedlichsten Orientierungen und Präferenzen, solange diese keinen Anspruch auf alleinige Gültigkeit reklamieren (Soeffner und Zifonun 2006). Drän-
gen jedoch Teilmilieus auf die Durchsetzung ihrer speziellen Gemeinschaftsideale,
potenzieren sich weltinterne Kommunikationszusammenbrüche und eskalieren
Deutungs- und Machtkämpfe zwischen den Submilieus. Soziale Welten werden
so zu Kampfarenen konkurrierender Subwelten. Dabei gefährdet die Moralisierung der Aktivitäten, wie die empirischen Fälle zeigen, auch die Verrichtung der
Kernaktivität.

10.4 Die Fälle als Milieus

In der Fußballwelt ist der Vollzug der Kernaktivität des Fußballspielens in unterschiedliche Fußballstile differenziert. Auch das Bekunden von Wertschätzung
und Ablehnung, das Teil des Allgemeinwissens ist, liegt in der Fußballwelt in unterschiedlichen Versionen vor. Was es heißt, ein richtiger Fan zu sein, unterscheidet sich zwischen den ausdifferenzierten Subwelten und ist umstritten. Zum Ul-
tra-Wissen gehört ein Gehstil, dessen wichtiges Element das ,running opponents'
ist, also die Tribüne des Gegners zu erobern und diesen in die Flucht zu schlagen
(Zifonun 2007). Vokabeln wie ,Choreo', ,Pyro' oder ,Doppelhalter'[7] gehören zur
Sprache dieser Sonderwelt. Mit der Selbstbezeichnung als ,erlebnisorientiert' wird
ironisierend zum Ausdruck gebracht, dass für Ultras nicht nur das passive Erleben eines Fußballspiels als Zuschauer zum Sportereignis gehört. Entscheidend ist

---

7   Gemeint sind Banner, die an zwei Stangen befestigt in die Höhe gehalten werden.

für sie vielmehr die außerordentliche, eigene körperliche Erfahrung, wie sie etwa die kollektive Inszenierung einer aufwendigen Choreographie mit selbst hergestellten Transparenten vermittelt, die bisweilen einen ganzen Stadionblock abdecken, oder der Einsatz von Pyrotechnik in Form von (verbotenen) Rauchbomben und Feuerwerkskörpern, mit denen das Stadion in eine scheinbar unkontrollierte und unkontrollierbare Gegenwelt verwandelt werden soll. Zu den Teilhabe- und Inszenierungsformen zählen auch das Zeigen selbst gemachter Transparente, die an zwei Stangen in die Luft gehalten werden und das kollektive Singen und Rufen nach Anleitung eines ‚Einpeitschers‘, der mit einem Megaphon ausgestattet auf dem Absperrzaun positioniert ist. Mit Hilfe des Sets symbolischer Handlungen konstituieren sich die Ultras als soziales Milieu innerhalb der Fußballwelt.

Das Interessante am Milieu der Ultras ist, dass es ihnen mit Hilfe dieser Kulturtechniken gelungen ist, kulturelle Ausstrahlung und Anziehungskraft zu entwickeln, sich von einer marginalen, abweichenden Gruppe zu einer mit Macht und Positionen in der Fußballwelt zu entwickeln. Dies zeigt sich insbesondere darin, dass in der allgemeinen Wahrnehmung davon, was ‚authentische‘ Fußballkultur ist, heute die Ultra-Kultur dominiert und dass es den Ultras gelungen ist, in den Fußballstadien ihre Deutungen und Interessen durchzusetzen. Zur Institutionalisierung der Ultra-Kultur gehört es auch, dass den Gruppierungen von den Vereinen Vorrechte eingeräumt werden, wie die Nutzung von Räumen in den Stadien, Zugang zu den Spielern, die Durchführung ihrer ‚Choreographien‘ oder die Verwendung von Lautsprecheranlagen durch ihre Einpeitscher. Die Stehblöcke und Fankurven deutscher Stadien sind heute fest in der Hand der Ultra-Gruppierungen. Es ist in diesen Bereichen der Stadien nicht möglich, eine alternative Form der Faninszenierung zu pflegen. Selbst eine ‚innere Emigration‘ tolerieren Ultra-Einpeitscher nicht, wenn sie sich mit „alle mitmachen!" direkt an die Zuschauer wenden, die sich nicht an Sprechgesängen beteiligen, oder sich der Aufforderung, kollektiv die Arme zu bewegen oder sich zu setzen, widersetzen.

Von einem geschlossenen Fußballmilieu zu sprechen, ist dennoch nicht möglich. Zum einen, weil der Rest des Stadions ein weites Betätigungsfeld für andere Submilieus bietet, zum anderen, weil ein großer Teil der Zuschauer, die an der Fußballwelt teilnehmen, sich nicht als Teil einer Milieu-Gemeinschaft verstehen, sondern als Akteure in einem Handlungssystem, das bestimmten pragmatischen Zwängen unterliegt. Woran lässt sich die Unterscheidung zwischen diesen beiden Akteurstypen bzw. Formzuständen sozialer Welten festmachen? Im Gegensatz zu ‚gewöhnlichen‘ Zuschauern sind die Angehörigen von Teilmilieus bereit, zugunsten ihrer kulturellen, moralisch aufgeladenen Überzeugungen die erfolgreiche Durchführung der Kernaktivität zu gefährden. Dies zeigt sich etwa in einem von uns untersuchten Fall, als es den Ultras gelang, die für den sportlichen Erfolg ihres Vereins entscheidende Fusion mit einem verhassten Konkurrenzverein zu ver-

hindern – oder eben in den Reaktionen der Münchener Ultras auf die Verpflichtung von Manuel Neuer, der von ihnen zum Gegensymbol stilisiert wurde. Die
Aussage des Münchner Vereinspräsidenten „Wenn jemand heute noch sagt, dass
der Transfer von Manuel Neuer falsch war, der kann zu Hause bleiben" richtet sich
gegen dieses Milieu und meint, dass in der Fußballwelt der sportliche Erfolg und
nicht die Vergemeinschaftung an sich das Entscheidende ist.

Hinsichtlich des zweiten Falls lässt sich sagen, dass Hochschulen unter den
pragmatischen Handlungsimperativen des Forschens und Lehrens stehen. Gleichzeitig haben sich verschiedene Stile von Lehre und Forschung ausdifferenziert. Man
kann kooperativ lehren oder autoritär, man kann Grundlagenforschung betreiben
oder anwendungsorientiert, quantitativ oder qualitativ, theoretisch oder empirisch
arbeiten. Um die Kernaktivitäten in Forschung und Lehre haben sich administrative und soziale Unterstützungstätigkeiten gelagert und institutionalisiert, die für
die erfolgreiche Durchführung der Kernaktivität notwendig sind. Aber damit nicht
genug: Forschung und Lehre werden in Hochschulen mit zusätzlichem symboli-
schem Sinn umhüllt, der in sogenannten Leitbildern seine Form gefunden hat und
dazu dienen soll, die Besonderheiten der Hochschule zu akzentuieren. Nun gehören Leitbilder zum Allgemeinwissen gegenwärtiger Inszenierungsgesellschaften.
Wir finden sie in Unternehmen und öffentlichen Einrichtungen, in Kindertages-
stätten und eben auch in Hochschulen und sie figurieren, es verwundert kaum, in
unterschiedlichen Versionen. Sie dienen der symbolischen Darstellung und Legiti-
mation der Einrichtungen, deren Angehörige bei unterschiedlichen Gelegenheiten
auf sie eingeschworen werden. An der ASH geschieht dies etwa einmal im Semes-
ter am Hochschultag (zu dessen Gunsten an einem kompletten Unterrichtstag die
Lehre nicht stattfindet), bei Diskussionsveranstaltungen und in Gremiensitzungen.
Das Leitbild soll die *corporate identity* begründen und die Zweckgemeinschaft der
Hochschulangehörigen zum Milieu überhöhen. Leitbilder geben sich speziell, sind
aber faktisch hochgradig stereotyp und bestehen aus austauschbaren Textbaustei-
nen. Aber: wenn die zunächst legitimatorischen, nachträglichen und universalis-
tischen Gemeinschaftsideologien für bare Münze genommen, mit konkreten Inhalten gefüllt und auf ihrer Grundlage Handlungskonsequenzen erwartet werden,
entstehen Konflikte. Durch die Aneignung des allgemeinen Guten werden sie zur
Waffe fürs Spezielle. Der Absatz „Chancengerechte Hochschule: Gleichstellung und
Diversity" des Leitbildes der ASH zeigt dies. Dort heißt es:

> „Die ASH Berlin setzt sich für Fairness, Akzeptanz und Wertschätzung von personel-
> ler Vielfalt ein. In diesem Bewusstsein fördert sie Mitarbeitende und ihre persönlichen
> Talente. Wir engagieren uns im Sinne der Chancengleichheit. Gender Mainstreaming
> und Antidiskriminierungsarbeit sind wichtige Bestandteile des Hochschulalltags. Ein
> Diversity-Konzept, das der Förderung der gleichberechtigten und gleichgewichtigen

Teilhabe aller Hochschulangehörigen gerecht wird, ist selbstverständlich. Um der gesellschaftlichen Vielfalt gerecht zu werden, verfolgt und entwickelt die ASH Berlin differenzsensible Ansätze in Forschung, Lehre und Praxis und stärkt die Repräsentation und Partizipation ethnischer Minderheiten bei den Studierenden, Lehrenden, Mitarbeiterinnen und Mitarbeitern der Hochschule" (ASH Leitbild).

Wenn man dies ernst nimmt, hat es weitreichende Konsequenzen für den Hochschulalltag. So sind etwa hochschulinterne Förderanträge, die keine Aussagen zum Gender Mainstreaming enthalten, chancenlos, da Gender Mainstreaming – in Umsetzung des Leitbildes – als notwendiges Kriterium der Forschungsförderung festgeschrieben wurde. In der Konsequenz werden alle Anträge entsprechende, legitimatorische Passagen enthalten. Konsequenzen hat der Artikel auch im Kontext der diskutierten Skandalisierung von Rassismus durch Studierende. Der Artikel dient der Rechtfertigung einer ganzen Reihe von Diversity-Maßnahmen, etwa bei der Frage der „Bildungsgerechtigkeit" für „Nicht-Traditionelle Studierende"[8], für die spezielle Zugangsvoraussetzungen geschaffen werden, für die „Geschlechtergerechtigkeit" und eben auch für den Antirassismus.

Auf diese Weise geraten gesellschaftspolitische Handlungsziele wie die Behebung von Ungerechtigkeiten und Ungleichheiten beim Zugang zu Forschung und Lehre ins Zentrum hochschulinterner Handlungspraxis und überlagern die pragmatischen Handlungsziele der Hochschule. Das Leitbild wird zum Instrument für Submilieus, die mit Hilfe der Fairnessideologie Eigeninteressen vorantreiben und Positionen institutionell absichern können, die mit diesen Kernaktivitäten nichts zu tun haben. Wenn unter den Bedingungen überfüllter Seminare ein Seminarraum zum Gebetsraum umgewidmet werden soll oder ein Milieu über Benachteiligung klagt, zugleich aber keine hochschulpolitischen Entscheidungen gegen den Willen dieses Milieus möglich sind, wird „emanzipatorisches" Wissen zum „Herrschaftswissen", wird also aus dem Wissen um die eigene Ungleichbehandlung eine Ressource im Kampf um Machtanteile.

10.5 Schlussbemerkungen

In Milieus verdichten sich die Interaktions- und Kommunikationszusammenhänge sozialer Welten zu einem „common ground" (Gumperz 2002). Konstitutiv für diese *posttraditionalen* Gemeinschaften (Hitzler 1998) ist, wie für Webers „Sippe", ein „reales Gemeinschaftshandeln", was sie von abstrakten politischen Ge

8   Ein Neologismus, der die Bezeichnung „Studierende aus bildungsfernen Schichten" ersetzt hat. Letzte gilt als diskriminierend.

meinschaften wie der Nation oder von der ,ethnischen' Gruppe unterscheidet, die „nur (geglaubte) ,Gemeinsamkeit', nicht aber ,Gemeinschaft' ist" (Weber 1972: 237). Es handelt sich bei ihnen um ,Gruppen Gleichgesinnter', bei denen sich die Bindung ans Milieu vom issuezentrierten Handlungsinteresse zum emotional grundierten Selbstzweck transzendiert.

Bei den dargestellten Milieuszenen handelt es sich um Fälle des *„displacement of goals"* (Merton 1968: 253; Herv. i. O.), die sich aus der Kolonialisierung des Systems durch die Lebenswelt ergeben, um die Habermas'sche Formulierung umzukehren und auf das Verhältnis von sozialen Welten und Milieus zu beziehen. Soziale Milieus sind in der Lage, den Handlungskern sozialer Welten auf der Basis ihres kollektiven Wissens zu kompromittieren und an die Stelle sozialweltlicher Handlungsziele – der Sieg bei einem Fußballspiel, die Gewinnung wissenschaftlichen Fachwissens – eine Beschäftigung des Milieus mit sich selbst und sozialweltliche Dauerkonflikte zu setzen. Soziale Welten werden dann, in der Sprache Anselm Strauss' (1978), zu Arenen, also zu Austragungsorten von Konflikten zwischen sozialen (Teil-)Welten.

Konzeptionell wird mit der Präferenz für den Begriff soziale Welten keineswegs die Relevanz von schichtspezifischer Stratifikation oder von beruflicher Differenzierung infrage gestellt. Es kann so aber verhindert werden, dass die Dominanz (oder alleinige Gültigkeit) einer Ungleichheits- bzw. Differenzierungsform analytisch präjudiziert wird. Auch soll keineswegs einer ,Gruppensoziologie' das Wort geredet werden, selbst wenn man den Gruppenbegriff im hier verstandenen Sinne sozialer Welten weiterentwickelt. Nicht alle soziologischen Tatbestände und nicht alle sozialen Gebilde lassen sich auf Phänomene sozialer Gruppen und sozialer Welten oder die Beziehungsstruktur von Gesellschaften herunterbrechen. Der Begriff der sozialen Welten eignet sich aber hervorragend dazu, die Beziehungsstruktur moderner Gesellschaften konzeptionell zu fassen und die Einheit von Sozialstruktur und Wissen konzeptionell in den Griff zu bekommen. Thomas Luckmann hat immer wieder darauf hingewiesen, dass die Trennung von Wissen und Sozialstruktur nicht auf grundbegrifflicher Ebene vorgenommen werden kann (Luckmann 2007). Allerdings fehlt in der Wissenssoziologie ein Konzept, das diese Einheit zum Ausdruck bringen könnte. Durch das Einfügen des Konzepts sozialer Welten in die hermeneutische Wissenssoziologie lässt sich diese Lücke schließen. Der Gewinn für die Interkulturalitätsforschung besteht darin, dass sich Prozesse zwischen sozialen Welten und Milieus als interkulturelle Kontaktphänomene fassen lassen, ohne dabei einem „groupism" (Brubaker 2002)[9] zu ver-

---

9   Unter „groupism" versteht Brubaker (2002: 164) „the tendency to take discrete, sharply differentiated, internally homogenous and externally bounded groups as basic constituents of social life, chief protagonists of social conflicts, and fundamental units of social analysis".

fallen, der der interkulturellen Konstellation von Gegenwartsgesellschaften nicht gerecht wird.

Literatur

ASH Leitbild. Leitbild der Alice-Salomon-Hochschule Berlin. http://www.ash-berlin. eu/fileadmin/user_upload/pdfs/Leitbild_Alice_Salomon_Hochschule.pdf. Zugegriffen: 14. September 2012.

Assmann, Jan. 1992. *Das kulturelle Gedächtnis: Schrift, Erinnerung und politische Identität in frühen Hochkulturen.* München: Beck.

Beck, Ulrich. 1983. Jenseits von Klasse und Stand? In *Soziale Ungleichheiten,* Reinhard Kreckel (Hrsg.), 35–74, Soziale Welt, Sonderband 2. Göttingen: Schwartz.

Berger, Peter A. & Ronald Hitzler (Hrsg.). 2010. *Individualisierungen. Ein Vierteljahrhundert ,jenseits von Stand und Klasse'?* Wiesbaden: VS Verlag für Sozialwissenschaften.

Berger, Peter L. & Thomas Luckmann. 1980. *Die gesellschaftliche Konstruktion der Wirklichkeit. Eine Theorie der Wissenssoziologie.* Frankfurt a. M.: Fischer.

Bergmann, Jörg. 1987. *Klatsch. Zur Sozialform der diskreten Indiskretion.* New York, Berlin: de Gruyter.

Bergmann, Jörg. 2004. Moralisierung und Moralisierungsdistanz. Über einige Gefahren der moralischen Kommunikation in der modernen Gesellschaft. In *Moral als Gift oder Gabe? Zur Ambivalenz von Moral und Religion,* Brigitte Boothe & Philipp Stoellger (Hrsg.), 25–44. Würzburg: Könighausen und Neumann.

Brubaker, Rogers. 2002. Ethnicity Without Groups. *Archives Européennes de Sociologie* 43 (2): 163189.

Brubaker, Rogers. 2010. Die Diaspora des Diaspora-Konzepts. In *Ethnowissen: Soziologische Beiträge zu ethnischer Differenzierung und Migration,* Marion Müller & Dariuš Zifonun (Hrsg.), 289–309. Wiesbaden: VS Verlag für Sozialwissenschaften.

Cornell, Stephen & Douglas Hartmann. 2007. *Ethnicity and Race: Making Identities in a Changing World.* 2. Aufl. Thousand Oaks: Pine Forge Press.

Esser, Hartmut. 2010. Ethnische Ungleichheit, ethnische Differenzierung und moderne Gesellschaft. In *Ethnowissen: Soziologische Beiträge zu ethnischer Differenzierung und Migration,* Marion Müller & Dariuš Zifonun (Hrsg.), 371–397. Wiesbaden: VS Verlag für Sozialwissenschaften.

Gumperz, John J. 2002. Sharing Common Ground. In *Soziale Welten und kommunikative Stile. Festschrift für Werner Kallmeyer zum 60. Geburtstag,* Inken Keim & Wilfried Schütte (Hrsg.), 47–56. Tübingen: Narr.

Hitzler, Ronald. 1998. Posttraditionale Vergemeinschaftung. Über neue Formen der Sozialbindung. *Berliner Debatte INITIAL* 9 (1): 81–89.

Hitzler, Ronald & Anne Honer. 1994. Bastelexistenz. Über subjektive Konsequenzen der Individualisierung. In *Riskante Freiheiten,* Ulrich Beck & Elisabeth Beck-Gernsheim (Hrsg.), 307–315. Frankfurt a. M.: Suhrkamp.

Hofstede, Geert. 1980. *Culture's Consequences: International Differences in Work-Related Values*. Beverly Hills: Sage.

Honer, Anne. 2011. *Kleine Leiblichkeiten. Erkundungen in Lebenswelten*. Wiesbaden: VS Verlag für Sozialwissenschaften.

Hradil, Stefan. 2006. Soziale Milieus – eine praxisorientierte Forschungsperspektive. *APuZ* (44-45): 3–10.

Huinink, Johannes & Torsten Schröder. 2008. *Sozialstruktur Deutschlands*. Konstanz: UVK.

Hutnyk, John. 2005. Hybridity. *Ethnic and Racial Studies* 28 (1): 79–102.

Leistner, Alexander. 2008. Zwischen Entgrenzung und Inszenierung – Eine Fallstudie zu Formen fußballbezogener Zuschauergewalt. *Sport und Gesellschaft – Sport and Society* 5 (2): 111–133.

Luckmann, Thomas. 2007. Sinn in Sozialstruktur. In *Lebenswelt, Identität und Gesellschaft: Schriften zur Wissens- und Protosoziologie*, Thomas Luckmann, 138–150. Konstanz: UVK.

Merton, Robert K. 1968. Bureaucratic Structure and Personality. In *Social Theory and Social Structure*, Robert K. Merton, 249–260, 3., erweiterte Auflage. New York: Free Press.

Sarangi, Srikant. 1994. Intercultural or Not? Beyond Celebration of Cultural Differences in Miscommunication Analysis. *Pragmatics* 4 (3): 409–427.

Schütz, Alfred & Thomas Luckmann. 2003. *Strukturen der Lebenswelt*. Konstanz: UVK.

Schwinn, Thomas. 2007. *Soziale Ungleichheit*. Bielefeld: transcript.

Soeffner, Hans-Georg. 1990. Appräsentation und Repräsentation. Von der Wahrnehmung zur gesellschaftlichen Darstellung des Wahrzunehmenden. In *Höfische Repräsentation. Das Zeremoniell und die Zeichen*, Hedda Ragotzky & Horst Wenzel (Hrsg.), 43–63. Tübingen: Niemeyer.

Soeffner, Hans-Georg. 1991a. Trajectory – das geplante Fragment. Die Kritik der empirischen Vernunft bei Anselm Strauss. *BIOS* 4 (1): 1–12.

Soeffner, Hans-Georg. 1991b. Zur Soziologie des Symbols und des Rituals. In *Das Symbol – Brücke des Verstehens*, Jürgen Oelkers & Klaus Wegenast (Hrsg.), 63–81. Stuttgart u. a.: Kohlhammer.

Soeffner, Hans-Georg. 2005. Stile des Lebens – Ästhetische Gegenentwürfe zur Alltagspragmatik. In *Zeitbilder. Versuche über Glück, Lebensstil, Gewalt und Schuld*, Hans-Georg Soeffner, 17–48. Frankfurt a. M. & New York: Campus.

Soeffner, Hans-Georg & Dariuš Zifonun. 2006. Die soziale Welt des FC Hochstätt Türkspor. *Sociologia Internationalis* 44 (1): 21–55.

Strauss, Anselm. 1978. A Social World Perspective. *Studies in Symbolic Interaction* 1: 119–128.

Strauss, Anselm. 1993. *Continual Permutations of Action*. New York: Aldine de Gruyter.

Weber, Max. 1972. *Wirtschaft und Gesellschaft. Grundriss der verstehenden Soziologie*. Tübingen: Mohr.

Werron, Tobias. 2010. *Der Weltsport und sein Publikum. Zur Autonomie und Entstehung des modernen Sports*. Weilerswist: Velbrück.

Yildiz, Erol. 2012. Von der schulischen Selektion zu einer diversitätsbewussten Bildung. In *Das interkulturelle Lehrerzimmer*, Karim Fereidooni (Hrsg.), 153–160. Wiesbaden: Springer VS.

Zifonun, Dariuš. 2007. Zur Kulturbedeutung von Hooligandiskurs und Alltagsrassismus im Fußballsport. *Zeitschrift für Qualitative Forschung* 8 (1): 97–117.

Zifonun, Dariuš. 2008. Stereotype der Interkulturalität: Zur Ordnung ethnischer Ungleichheit im Fußballmilieu. In *Mittendrin im Abseits: Ethnische Gruppenbeziehungen im lokalen Kontext*, Sighard Neckel & Hans-Georg Soeffner (Hrsg.), 163–175. Wiesbaden: VS Verlag für Sozialwissenschaften.

Zifonun, Dariuš. 2012. Soziale Welten erkunden: Der methodologische Standpunkt der Soziologie sozialer Welten. In *Transnationale Vergesellschaftungen. Verhandlungen des 35. Kongresses der Deutschen Gesellschaft für Soziologie in Frankfurt am Main 2010*, Hans-Georg Soeffner (Hrsg.), 235–248. Wiesbaden: Springer VS.

Zifonun, Dariuš. 2013. Letzte Werte, höherer Sinn – Zur paradoxen Artikulation von Moral in modernen Gesellschaften. In *Kritik der Moralisierung*, Ruth Großmaß & Roland Anhorn (Hrsg.), 113–127. Wiesbaden: Springer VS.

Fragiler Pluralismus 11

Hans-Georg Soeffner

11.1 Die Ausgangssituation

Fast alle gegenwärtigen Gesellschaften sind pluralistisch strukturiert. Auch die
‚Weltgesellschaft‘, schon bei Ferdinand Tönnies ein sozialwissenschaftliches Kon-
strukt, ist durch religiösen, weltanschaulichen, nationalen, ‚ethnischen‘, politischen und ökonomischen Pluralismus gekennzeichnet. Allerdings fällt der Grad
der Pluralisierung sehr unterschiedlich aus. Einige asiatische Gesellschaften wie
Indonesien und Malaysia zeichnen sich durch ihre vergleichsweise hohe religiöse
Homogenität bei gleichzeitiger ‚ethnischer‘ Heterogenität aus. Bei anderen – wie
in Japan – ist das Gegenteil der Fall. Mitteleuropa, die USA und der – im Hinblick
auf Zuwanderung – ‚Extremfall‘ Singapore basieren im Prinzip auf dem gleichen
ökonomischen System, weisen aber in fast allen anderen Bereichen eine hohe Heterogenität auf. Und während einerseits Migrationsbewegungen, Zuwanderung
und Abwanderung, in fast allen Weltregionen die Heterogenität steigern, führen
andererseits zunehmende wirtschaftliche Verflechtungen zu einer ebenfalls wachsenden, überstaatlichen, ökonomischen Gleichschaltung. Auch die Medien- und
Informationssysteme basieren einerseits weltweit auf den gleichen technischen
Standards und vergleichbaren Formaten, andererseits bewahren, betonen oder
verstärken sie nationale, ‚ethnische‘ oder religiöse Unterschiede.

In allen diesen Gesellschaften aber ist, wenn auch wiederum in unterschied-
lichem Maße, zu beobachten, dass sich Weltanschauungen, Religionen, Wertvor-
stellungen, nationale oder ‚ethnische‘ Herkunft nicht nur innerhalb eines Gemeinwesens, sondern auch ‚innerhalb‘ eines Individuums verschränken[1] können und

---

1   Den Ausdruck ‚Verschränkung‘ übernehme ich von Klaus E. Müller, der ihn seinerseits der
    schrödingerschen Quantenphysik entliehen hat. Müller verwendet diesen Ausdruck jedoch
    eher im Zusammenhang mit den Begriffen ‚Korrespondenzverhalten‘, ‚Korrelation‘ und

dessen Interaktionen prägen – so etwa, wenn ein bayerischer Förster zum Zen-Buddhismus konvertiert und als Meditationslehrer in den USA Novizen ausbildet. Damit steht er – in pikant variierter – Nachfolge eines bis heute prominenten, zum Christentum konvertierten Juden, der als römischer Staatsbürger zum missionarischen Wandercharismatiker wurde und Gemeinden sowohl in Kleinasien als auch in Rom gründete: Schon die pluralistische Mosaikgesellschaft des Römischen Reiches war durch solche Verschränkungen mitgeprägt.

Die Christianisierung und das Heilige Römische Reich Deutscher Nation bereiten dieser religiösen Heterogenität – zumindest in Europa – ein Ende, bis zu Beginn des 15. Jahrhunderts mit der Eroberung von Ceuta (1415) und der Öffnung der Straße von Gibraltar ein Wettlauf europäischer Entdeckungsreisender einsetzt. Europa und seine Länder – Ausgangs-, Rückkehr-, Heimatort und zunächst unbefragtes Zentrum der Expeditionen, Feld- und Raubzüge, der Kolonisierung und Mission – entdecken, wie zuvor Marco Polo Ende des 13. Jahrhunderts, andere ‚alte' Zentren und gründen dabei, ohne es zu wollen, neue, die sich später unabhängig machen werden. So dezentriert Europa langsam und unabsichtlich, aber unaufhaltsam sich selbst und seine Sichtweise.

Im Verlauf dieser Entwicklung definieren sich – zumindest für die dominanten Entdeckernationen: Portugal, Spanien, England, die Niederlande und später auch Frankreich – die jeweiligen „Binnenlagen" der nationalen Gesellschaftssysteme zunehmend durch deren „Außenlagen".[2] Ohne es bewusst wahrzunehmen, stellen sich die Europäer damit zwangsläufig in jenen ‚praktischen Kulturvergleich', der allen Staaten und Gesellschaften, Händlern und Militärs, Missionaren, Entdeckungsreisenden und Auswanderern ‚von selbst' auferlegt wird, sobald sie sich in Austausch oder Auseinandersetzungen mit anderen begeben: in ein Feld von Wechselwirkungen, das vom Zwang zur Reziprozität der Perspektiven beherrscht wird. Nebenbei: Auch der forcierte Versuch der Reziprozitätsverweigerung ist Ausdruck dieses Zwangs. Allerdings verführt die zentrische Perspektive der europäischen Nationalstaaten, der Blick von ‚innen' nach ‚außen' – die Beobachtung der ‚Außenlage' durch die ‚Binnenlage' – dazu, dass die in den Nationalstaaten für die Selbstbeobachtung entwickelten Begriffe, einschließlich des Gesellschaftsbegriffes, auf die jeweils in den Blick genommene ‚Außenlage' übertragen werden (s. u.).[3]

‚Komplementarität'. Bezugspunkte sind bei ihm, anders als bei mir, Wechselwirkungen *innerhalb* relativ geschlossener ‚*archaischer Kulturen*' (vgl. Müller 2010).

2   Zur Unterscheidung von „Binnenanlagen" und „Außenlagen" vgl. Tenbruck (1992) und Soeffner (1995).

3   Eine – bedeutende – Gegenbewegung stellt die in der philosophischen Aufklärung entwickelte Idee des Kosmopolitismus dar, insbesondere bei Kant, vgl. seine Anthropologie, seine Schrift zum ‚ewigen Frieden', vor allem aber seine „Idee zu einer allgemeinen Geschichte in weltbürgerlicher Absicht" (Kant 1971).

Gleichzeitig setzt sich, so auch in den Sozialwissenschaften, die Einsicht durch, dass der Vergleich, das Vergleichen, immer schon zu den Basisoperationen nicht nur der alltäglichen Interaktion, sondern auch der Gesellschaftswissenschaften zählt. Sowohl für Emile Durkheim als auch für Max Weber steht außer Frage, dass nicht nur die Religionssoziologie, sondern auch jede andere Form von Soziologie, sei sie empirisch deskriptiv oder analytisch theoretisch, vergleichend arbeiten muss. Was jedoch das ‚tertium comparationis' im soziologischen Vergleich sein könnte, ist offen – zumal dann, wenn im Hinblick auf den ‚Kulturvergleich' die Frage nach einem ‚Zwischen' der Kulturen gestellt wird (vgl. Matthes 1992).

Für die historisch fundierten Geistes- und Sozialwissenschaften stellt der Bezug auf ein tertium comparationis – sei es entworfen, imaginiert oder analytisch konstruiert – von jeher ein Problem dar. Denn die Festlegung auf ein (mit-)gedachtes Drittes, in dem die zu vergleichenden ‚Einheiten', die als solche ebenfalls konstruiert sind, trotz ihrer Unterschiedlichkeit übereinstimmen, sieht sich mit Recht nicht nur dem Vorwurf der Perspektivenverengung, sondern auch einem Kontingenzverdacht ausgesetzt.

So denkt man beim Religionsvergleich – in der Regel – als Drittes einen ‚okzidental' geprägten Religionsbegriff mit. Dessen Definitionen wiederum bewegen sich zwischen Unschärfe und Beliebigkeit. Auch die Gewohnheit, den Monotheismus als Drittes beim Vergleich von Judentum, Islam und Christentum zu setzen, bereitet angesichts christlicher Trinitätsvorstellungen nicht nur Moslems und Juden Schwierigkeiten. Dem Vergleich von Gegenwart und Vergangenheit, traditionalen und modernen, vorindustriellen und industriellen, modernen und postmodernen Gesellschaften schließlich liegt eine fast immer nebelhaft bleibende Vorstellung von Entwicklung, Evolution oder Fortschritt zugrunde. Vor allem aber fehlt dem expliziten Entwurf oder den implizit mitgedachten Vorstellungen des Dritten die Reflexion auf ein ‚quatrum comparationis': auf den eigenen Standpunkt und seine soziohistorische ‚Seinsgebundenheit' (Karl Mannheim). Anders die Alltagspragmatik: In ihr sind die Handelnden immer schon gezwungen, den eigenen Standpunkt mitzudenken und die eigenen Interessen durchzusetzen.

Joachim Matthes' – vor mehr als 20 Jahren gestellte – Frage nach dem Ort ‚zwischen den Kulturen?' weist angesichts dieser Problemlage folgerichtig in drei Richtungen. Sie fragt (1) nach dem Standpunkt/Standort des Vergleichenden, problematisiert (2) die Grenzziehung *zwischen* Kulturen und richtet sich (3) gegen die Verdinglichung von Kulturen. Wegen der Diffusität des Ausdrucks ‚Kultur', der durch immer neue, kaum mehr zu überschauende Definitionsversuche jede Kontur zu verlieren droht, wählt Max Weber schon früh einen Ausweg aus dem Definitionsdilemma. Gegen die Reifikation *der* Kultur oder einzelner Kulturen setzt er die in der conditio humana angelegte Fähigkeit und Tendenz, *allen* ‚sinnhaften', menschlichen Tätigkeiten, Erzeugnissen und Entwürfen „Kulturbedeutung" zu-

zuschreiben.[4] Ob Kunst und Wissenschaft oder Ökonomie, Politik und Technik –
„der Dienst an der Erkenntnis der Kultur*bedeutung* [jedweder, H-GS] konkreter
historischer Zusammenhänge" (Weber 1976: 578) betrifft menschliches Handeln
und menschliche Sinngebung insgesamt.

   Die Frage, was denn ,im eigentlichen Sinne' Kultur sei, und wie man sie exakt
definieren könne, ist also zu ersetzen durch die Frage, mit welcher Einstellung
und Haltung wir menschlichem Handeln und dessen Erzeugnissen gegenübertre-
ten (vgl. Soeffner 2000: insb. 174 ff.). Da es die Bestimmung der menschlichen Natur ist, künstlich zu sein[5] und ,Kultur' Ausdruck dieser Künstlichkeit ist, sind wir
immer schon auch „Kulturmenschen […], begabt mit der Fähigkeit und dem Willen, bewusst zur Welt Stellung zu nehmen […], ihr einen Sinn zu verleihen" (Weber 1973: 223) und ihr sowohl in einer ökonomischen, politischen, religiösen oder
alltagspragmatischen als auch in einer kulturellen Einstellung gegenüberzutreten.
Diese Begabung verbindet alle Menschen. Sie liegt vor der Verfestigung von Kul-
turmustern, kennt kein ,Zwischen' und ist die Voraussetzung dafür, dass ,kultu-
relle' Stereotypen als solche erkannt und überwunden werden können.

11.2 Grundprobleme, ,existenzielle Hypothesen' und das Kambysessyndrom

Dass wir als ,Kulturmenschen' über die Fähigkeit und den Willen verfügen, bewusst zur Welt Stellung zu nehmen und ihr einen Sinn zu verleihen', ist ebenso
Teil der conditio humana wie die jedes soziale – auf andere bezogene – Handeln
fundierende Basisannahme, wir könnten den Standpunkt unseres Gegenübers
einnehmen: die – in der konkreten Umsetzung dieser Annahme allen empirisch
nachweisbaren Fehlschlägen zum Trotz – jedem sozialen Handeln *vorausgehende,
faktisch wirksame Unterstellung* ,der Reziprozität der Perspektiven' (s. o.) (vgl.
Mead 1973: 129). Ohne diesen ,universalen' (vgl. Mead 1973: 129), uns als animal
sociale auferlegten Zwang der Koorientierung mit Anderen gäbe es weder das Erkennen des eigenen Standpunktes noch ein Vergleichen und Differenz-Setzen.

   Insofern sind das Vergleichen und damit auch der ,Kulturvergleich' nicht nur
die „stets unvermeidliche und lebensnötige Praxis aller Gesellschaften gewesen"
(Tenbruck 1992: 14), sondern auch eine der elementaren Voraussetzungen für
jede Form von Vergesellschaftung. Dementsprechend liegt dem ,wissenschaftli-
chen Kulturvergleich' jene ,universale Praxis des wechselseitigen Kulturvergleichs'

---

4   Vgl. u. a. Weber (1904 (1973)): 146–214, insb. 214. Vgl. auch den „Kampf des ,Fachmenschen'
     gegen das alte ,Kulturmenschentum'", in Weber (1976): 578.
5   Vgl. Plessner (1975), darin: Das Gesetz der natürlichen Künstlichkeit, 309 ff.

(Tenbruck 1992: 14 f.) weit voraus, aus der die Geschichte der Menschheit ihre Dynamik gewann und noch gewinnt.

Damit verbunden ist eine – häufig übersehene – Konsequenz, die sich ebenfalls an der Unterstellung der prinzipiell möglichen Vertauschbarkeit der Standpunkte und Perspektiven ergibt: die in alltäglicher Kommunikation unverwüstliche Annahme, man könne die Sprache des Anderen ,selbstverständlich' verstehen – eine Annahme, aus der sich auch die Überzeugung speist, ,selbstverständlich' seien unterschiedliche Kultur- und Nationalsprachen ,prinzipiell' wechselseitig ineinander übersetzbar.

Bezeichnenderweise stellt sich Wilhelm von Humboldt gerade in einer der Hochzeiten interkultureller Übersetzungsarbeit gegen diese Alltagsüberzeugung. In der Sprache konkret: In jeder einzelnen Kultursprache und dem Umgang mit den durch sie repräsentierten, jeweiligen symbolischen Welten vollziehen sich, so Humboldt, die menschliche Einübung in und die Aneignung von durch die Sprache mitgeformten Weltsichten. Folglich, postulieren Sapir und Whorf später radikal, stehe jede der in unserer Welt gesprochenen mehr als 4 000 Sprachen für jeweils ein spezifisches Symbolsystem und die darin eingebettete Weltsicht (vgl. Whorf 1963). So repräsentiere jede Sprache tendenziell ihren eigenen Kosmos. Die gegenwärtig beobachtbare Tendenz, diese These auch auf Szene-, Milieu,- oder Fachsprachen zu übertragen, spitzt die Grundproblematik noch einmal zu und legt, wieder einmal, den Versuch nahe, daraus einen – im Hinblick auf die Vergleichbarkeit von Weltsichten – ,theoretisch begründbaren' Relativismus abzuleiten: die Position der Nicht-Positionierung in entschiedener Unentschiedenheit.

Wenn, so das zentrale Argument dieser ,Position', jede Weltsicht ihre eigene Wahrheit besitze, lasse sich daraus letztlich ableiten, dass es keine Wahrheit gebe. Unabhängig davon, dass offen bleibt, welchen Wahrheitsgehalt diese Ableitung für sich beansprucht und von welchem Standpunkt aus sie formuliert wird: Aus den genannten Sprachtheorien lässt sie sich nur durch Vergröberung begründen. Herders Wort, jedes Volk sei gleich nah zu Gott, und Humboldts Sprachtheorie behaupten gerade nicht, dass jedes einzelne Volk und seine Sprache im Vergleich zu anderen Völkern und Sprachen *absolut relativ* seien. Stattdessen ist es näherliegend, sie als *relativ absolut* zu sehen (vgl. Stagl 1992: 69).

Wie für die Sprachen und die in sie eingebetteten Weltsichten gilt auch für deren Vertreter, die in ihnen lebenden Menschen, dass sie sich, wenn sie sozial handeln wollen, ,übersetzbar' machen müssen, wollen sie (annähernd) verstanden werden. Insbesondere Ethnologen und Kulturanthropologen haben sich also jener Frage zu stellen, die der Deutsch-Japaner Shingo Shimada an seinen prominenten japanischen Kollegen Tamotsu Aoki richtet: Was bedeutet es, „ein japanischer Anthropologe zu sein? Ist er nicht selbst eine Übersetzung?" (Shimada 1992: 69). Und wie steht es mit all jenen, die im Alltag zu ,praktischen Übersetzungen' gezwungen werden, weil sie als Somali mit einer Schwedin, als Japaner mit einer Französin, als Afghanin mit einem Deutschen verheiratet sind?

Aus der doppeldeutigen Formulierung ‚Die Aufgabe des Übersetzers‘ hat Joachim Renn zwei – nun eindeutige – Fragen abgeleitet: (1) Was ist dem Übersetzer ‚aufgegeben‘? (2) Wann muss er wegen der unüberwindbaren Grenzen der Unübersetzbarkeit eines sprachlichen Ausdrucks und seiner übergreifenden, symbolischen Repräsentation ‚aufgeben‘? (vgl. Renn 2006). Vordergründig beziehen sich beide Fragen auf die wechselseitige Übersetzbarkeit unterschiedlicher Kollektivsprachen, grundsätzlich stellen sie sich jedoch bereits bei der Schwierigkeit, (1) individuelle Empfindungen, Wahrnehmungen und Erfahrungen in eine Kollektivsprache ‚einzukleiden‘ und (2) bei dem Versuch des Hörers/des Lesers, aus dieser Einkleidung das Individuelle – die spezifische Bedeutung – herauszuschälen, die der Sprecher/Schreiber seiner Sprachgebung, jenseits der kollektiven Semantik, ebenfalls mitteilen wollte.

Eben diese Differenz zwischen individueller Bedeutungszuschreibung und kollektiv verfasster Sprache, ist einer der Gründe dafür, dass wir gezwungen sind, miteinander zu kommunizieren: die Ungewissheit darüber, ob wir (1) in der erlernten Sprache adäquat ausdrücken können, was wir ‚wirklich‘ meinen und – damit verbunden – ob wir (2) ‚wirklich‘ verstanden werden. Georg Simmels Feststellung, dass wir eben *nicht* kommunizieren, weil wir uns verstehen, sondern weil wir um die potenzielle Gefahr wissen, dass wir einander missverstehen (vgl. Simmel 1958: 257), beschreibt exakt jene Hintergrundproblematik, die Helmuth Plessner im ‚anthropologischen Grundgesetz‘ der „vermittelten Unmittelbarkeit" (vgl. Plessner 1975: 321 ff.) herausarbeitet: den Zwang, das individuell unmittelbar Erfahrene ausdrücken zu müssen durch kollektiv verfasste Vermittlungsmedien.

Dieser Grundproblematik verdanken sich alle ‚Kommunikationsmaximen‘: die *Unterstellung* der Vertauschbarkeiten der Standpunkte (s. o.); die *Unterstellung*, man könne sich verstehen/verständigen; die *Unterstellung*, das Gegenüber drücke sich ‚prinzipiell‘ sinnhaft/vernünftig aus; die *Unterstellung*, wir sprächen doch alle eine gemeinsame Sprache und – falls nicht – so ließen sich zumindest die Sprachen prinzipiell ineinander übersetzen (s. o.).

All diese Unterstellungen haben den Charakter ‚existenzieller Hypothesen‘: Sie sind für unsere Vergesellschaftung lebensnotwendig.

Zugleich steht der unaufhebbar hypothetische Charakter dieser Kommunikationsmaximen für die *prinzipielle Fragilität* menschlicher Kommunikation und Kooperation. Zumal sich aus diesen ‚existenziellen Hypothesen‘ – im Hinblick auf zugeschriebene oder wahrgenommene ‚kulturelle Differenzen‘ – die weitere, für das menschliche Zusammenleben, ein Leben mit und in Differenzen, *grundlegende Unterstellung* ergibt, dass wir alle Kulturwesen seien. Aus ihr folgt: Auch was der Andere/die Anderen schaffen, woran sie glauben und wie sie leben, hat

Kulturbedeutung (s. o.). Es ist eine Unterstellung, die ständig herausgefordert wird durch die ‚Grundunterscheidung' zwischen einem ‚Wir' und den ‚Anderen'.

Ein frühes, exemplarisches Zeugnis für die Haltung, die sich aus dieser konfliktären Konstellation ergibt, findet sich bei Herodot, wenn er schreibt: „Mir ist ganz klar, dass [der persische Herrscher, H-GS] Kambyses wahnsinnig war." Denn dieser hatte die Götterbilder anderer Völker verhöhnt und verbrennen lassen. Wer „fremde Gottheiten und Gebräuche" verhöhnt, so Herodot weiter, muss wahnsinnig sein.

„Denn wenn man an alle Völker der Erde die Aufforderung ergehen ließe, sich unter all den verschiedenen Sitten die vorzüglichsten auszuwählen, so würde jedes, nachdem es alle geprüft, die seinigen allen anderen vorziehen. So sehr ist jedes Volk überzeugt, dass seine Lebensformen die besten sind. Wie kann daher ein Mensch mit gesunden Sinnen über solche Dinge spotten?" (Herodot 1955: 198).

Die Pointe dieser Textpassage besteht darin, dass Herodot zunächst die überall beobachtbare Ethnozentrizität – die ‚Grundunterscheidung' zwischen einem ‚Wir' und ‚den Anderen' – herausstellt, um sich dann in der abschließenden Frage die Kraft der ebenso grundlegenden Unterstellungen der ‚Reziprozität der Perspektiven' und der prinzipiellen ‚Sinnhaftigkeit' des Handelns Anderer nutzbar zu machen: Wahnsinnig ist, wer sich gegen diese existenziellen Hypothesen stellt.

Dies gilt auch und verstärkt für die pluralistisch verfassten Vergesellschaftungsformen der Gegenwart. In ihnen erfährt darüber hinaus die Sprachproblematik insofern eine neue Brisanz, als sich ein ‚Weltidiom' herausgebildet hat, das zwar als ‚Englisch' bezeichnet wird, das aber weder der englischen noch der US-amerikanischen Nationalsprache entspricht. Es ist gekennzeichnet durch unüberschaubare Varianten; je spezifisch eigenwillige, phonetische Eintönungen; bizarre Verformungen oder Anpassungen; variable ad-hoc-Regeln oder Semantiken und einen rapide wachsenden, sich aus Lehnwörtern vieler Sprachen bedienenden Wortschatz. Daneben strukturiert es sich durch pragmatisch gefundene, bereichsspezifische Einzelidiome für Wirtschaft, Mode, Politik, Popkultur, Informations- oder Computertechnologie etc.

Zusätzlichen Zündstoff bieten in dieser Entwicklung das Aussterben kleiner indigener Sprachvarietäten und die Überformung von Nationalsprachen durch ein Weltidiom insofern, als es durch die USA – als imperialer Macht *und* bedeutendem Standort für Wirtschaft, Kulturindustrie, IT und Wissenschaft – maßgeblich geprägt wird. Dies fördert – beinahe zwangsläufig – das Wiederaufleben der Ethnozentrismus-Debatte: nicht nur in den Cultural oder Postcolonial Studies, sondern auch – bis in den Alltag hinein – in den unterschiedlichen ‚Philosophien' der political correctness. Dabei werden die Standarddifferenzen – Ich/Du, Wir/

die Anderen – ergänzt um die Unterscheidung ‚Erste‘, ‚Zweite‘, ‚Dritte Welt‘ oder den Nord-Süd-Gegensatz.

Wie die früheren so repräsentieren auch die gegenwärtigen Ethnozentrismus-Debatten einen Herrschafts-, Interessen- und Weltanschauungsdiskurs im Zeichen des Kambysessyndroms – der Aussetzung und Nichtanerkennung der existenziellen Hypothesen: Die jeweiligen Diskursantagonisten deklarieren zwar entschieden ihren eigenen Standort, sind aber nicht bereit, ihn auszutauschen. In diesem seitenverkehrten Ethnozentrismus steht offen angeklagter gegen einen neuen, verdeckt eingenommenen und vertretenen Ethnozentrismus.[6]

Zudem suggeriert die gegenwärtige Auseinandersetzung, dass der Eurozentrismus – und ‚westlicher‘ Ethnozentrismus insgesamt – von den Opfern, den ehemals kolonisierten oder ‚nicht-westlichen‘ Völkern, aufgedeckt worden seien. Das Gegenteil ist der Fall. Ausgelöst wurde die seitdem anhaltende, überwiegend in Europa und dem ‚Westen‘ geführte Debatte, vor mehr als 460 Jahren am Spanischen Hof (1550). Ihr Urheber war der später als ‚Apostel der Indianer‘ gerühmte Mönch und Priester Las Casas. Als Missionar betreute er anstelle der ökonomischen die weltanschaulichen europäischen Exportgüter, darunter sowohl die im christlichen Glauben verankerte Einsicht, dass alle Menschen vor Gott gleich seien als auch den mit der Nächstenliebe verbundenen Schuld-, Sühne- und Verantwortungsbegriff (vgl. Soeffner 1995: 16).

Las Casas' berühmte, gut dokumentierte Disputation mit dem Humanisten J. G. de Sepúlveda vor Theologen und kaiserlichen Räten in Valladolid, vor allem aber sein „Bericht von der Verwüstung der Westindischen Länder" (1541/42), sind die ersten Schritte auf dem folgerichtigen, aber zunehmend verworreneren, langen Weg zur wissenschaftlichen Aufbereitung der Ethnozentrismusthese. Rousseaus Naturphilosophie leitet die nächste Etappe ein.

Anders als man vermuten könnte, stärken nun christliche Weltanschauung und ‚säkulare‘ Aufklärung einander. Rousseaus Konzeption vom ursprünglich guten, unverfälschten und erst durch die Zivilisation verdorbenen Naturzustand, in dem die ‚einfachen Völker‘ lebten, bevor Abgesandte der zivilisierten Völker sie aus diesem herausrissen, holt das verlorene und seitdem jenseitige christliche Paradies ins Diesseits. Die Zivilisation wird zum eigentlichen Sündenfall: Adam und Eva, die guten Wilden, gibt es noch. Sie leben in den innerweltlichen Paradie-

---

6   Auf theoretischer Ebene wird diese Debatte unter den Etikettierungen ‚Postmoderne‘ oder ‚Post-Fundamentalismus‘ geführt: Explizit wird entweder gefordert, auf die ‚Singularität eines Standpunktes‘ (Badiou 2010) bzw. auf die Ausformulierung des eigenen Standortes zu verzichten oder – in Anlehnung an Carl Schmitts Freund-Feind-Differenz – eine radikal entgegengesetzte, jenseits des ‚Feind-Kriteriums‘ unbestimmt bleibende Abgrenzungsposition zu entwerfen (Laclau und Mouffe 2006). Vgl. Badiou und Tarby (2010); Laclau und Mouffe (2006); zur Theoriediskussion: Moebius (2009); Moebius und Reckwitz (2008).

sen ferner Inseln und der ‚neuen Welten‘. Diese Paradiese und ihre unverdorbenen Bewohner gilt es zu retten. Sie zu bewundern und zum Zeugen gegen die perspektivische Beschränktheit und Verdrehtheit der europäischen, später ‚westlichen‘ Welt aufzurufen, wird – so etwa in Diderots „Nachtrag zu Bougainvilles Reisen" – Pflicht und Mode zugleich. Dazu parallel betreibt man allerdings Sklavenhandel und die Ausbeutung der Kolonien.

Bereits hier ist gut erkennbar, was später überdeutlich wird: Die Theorie vom Ethnozentrismus, seine Verdammung, insbesondere in Gestalt des kolonialen Eurozentrismus sind nicht etwa Produkte der kolonisierten Opfer, sondern – wie Völker- und Volkskunde, systematische Ethnologie und systematisch vergleichende Kulturwissenschaft – ‚westliche‘ Erzeugnisse: christlich-aufklärerisch geprägte Interpretationen des Fremden im Auftrag der aufgeklärten Selbstinterpretation, aber auch der Versuch der Schuldbewältigung und Entlastung durch Selbstbezichtigung, Beichte und tätige Reue: Die Dezentrierung der wissenschaftlichen Perspektive ist also kein ‚zufälliges‘ Ergebnis der Selbstinterpretation. Darüber hinaus enthüllt der Prozess der Dezentrierung auch das durch den christlichen Glauben geprägte, vorwissenschaftliche Motiv der perspektivischen Wende, sich mildernde Umstände durch anhaltende Selbstanklage und demonstrativ-schuldbewusste Einsicht zubilligen zu können[7]. Heute leben ‚moral entrepreneurs‘ und profitable nonprofit Aktivitäten eines weltweit agierenden ‚Faculty Clubs‘ – die Davos-Culture – von diesem Motiv.[8]

Ob die in dieser Haltung intendierte, neue Annäherung an andere Kulturen tatsächlich eine vollständig neue Sichtweise gegenüber dem Fremden hervorbringt oder eher neue Einsichten in das Eigene vermittelt, lässt sich kaum entscheiden. Sicher ist, dass sich die Kulturwissenschaften mit der reflexiven Verschränkung von Selbst- und Fremdverstehen, Fremd- und Selbstbeobachtung rückhaltlos an die Reziprozitätsnorm gebunden haben. Und eben diese Norm sorgt nicht nur für eine Relativierung der eigenen Perspektive. Sie verweist ebenso auf den universellen Anspruch der Kommunikationsmaximen und ‚existenziellen Hypothesen‘.

Dieser Anspruch legitimiert jedoch trotz der durch ihn entstehenden Perspektivenvielfalt beileibe keinen radikalen Relativismus. Denn er lässt gerade nicht alles in gleicher Weise gelten, sondern er zielt damit, dass der/das Andere *intersubjektiv nachvollziehbar* verstanden und dadurch verallgemeinerbar gemacht werden soll, auch darauf ab, etwas begründet anerkennen oder verwerfen zu können.

---

7   Vgl. hierzu insb. Sumner (1907). Im Sinne dieser Wiedergutmachungsbemühungen deklariert Sumner den immer schon in interkulturellen Austauschprozessen stattfindenden, ‚praktischen Kulturvergleich‘ als ‚Pseudo Science‘ (Sumner 1907, § 28).
8   Vgl. Berger (2002).

Unverwüstlichkeit und anhaltende Attraktivität der Ethnozentrismusdebatte erklären sich vor allem aus den mit ihr verbundenen moralischen Motiven. So ehrenwert diese auch sein mögen, ihr analytischer Wert ist zweifelhaft. Denn nach wie vor orientiert sich diese Diskursdomäne an größeren Einheiten – Ethnos, Kultur, Religion etc. Angesichts der Beobachtung, dass pluralistisch verfasste Vergesellschaftungsformen grundsätzlich durch die „Generalisierung der Fremdheit" (Hahn 1994: 162) charakterisiert sind, werden sowohl die Rückständigkeit als auch das kulturalistische Aufblasen des basalen Fremdheitsphänomens innerhalb dieses Diskussionshorizontes offenkundig. Darüber hinaus wird durch ihn der Blick auf jene historisch durchaus auffindbaren Versuche ausgeblendet, Fremdheit nicht lediglich als Auslöser der Exklusion, sondern auch als Triebfeder zur Inklusion zu begreifen.

11.3 Einige Versuche der Differenzüberwindung durch Differenzinklusion

Das Europa der Aufklärung und der daran anschließenden Zeit sozialer, politischer und ökonomischer (industrieller) Umwälzungen, die „Sattelzeit" (Koselleck 1979: XV) revolutionärer Erfahrungen und revolutionierter kollektiver Selbstdeutungen, sah sich – exemplarisch Frankreich – mit einer Entwicklung konfrontiert, in der sich die ständischen, religiösen und auch ‚ethnischen‘, landsmannschaftlichen Unterschiede zu verselbständigen und damit den Staat als politische und territoriale Einheit zu zerstören drohten. Die Idee des Nationalstaates ist die Antwort auf diese Bedrohung.

Abbé Sieyès formuliert diese Antwort vor der französischen Nationalversammlung (1789) ebenso prägnant wie weitreichend: „Was ist der Dritte Stand? Er war bis jetzt nichts und muss alles sein. Der Dritte Stand – das ist die Nation." Eine Nation gleichberechtigter Bürger – jenseits von Stand oder Herkunft und Glauben – sollte die bestehenden sozialen Grenzen ‚aufheben‘ und (verfassungs-) rechtlich absichern durch nationale Zugehörigkeit. Alle Abgrenzungs- und Exklusionsmechanismen sollten durch Inklusion aller Bürger in einer höheren Einheit überwunden werden.

Der Territorialstaat übernimmt damit – andere Staaten zwar ausschließend, aber nach innen rechtlich entdifferenzierend – ein Modell, das in der Philosophie der Aufklärung für den Weltbürger eines Weltstaates bereits entworfen war und – angesichts der Krise des Nationalstaates – in aktuellen Diskussionen von Jürgen Habermas, abgewandelt, wieder aufgenommen wird: Kants „Idee zu einer allgemeinen Geschichte in weltbürgerlicher Absicht" (vgl. Kant 1971).

Solchen ‚innerweltlich‘ verfassten Entwürfen geht jene Entdifferenzierungsidee voraus, aus der sich eine universal gedachte, aber ‚außerweltlich‘ gestützte Gleichheitsvorstellung speist: die Idee von der ‚Gotteskindschaft' aller Menschen, seien sie Sklaven oder Herren, Männer, Frauen oder Kinder; Juden, Römer, Griechen oder ‚Barbaren'. Das sich vom ‚christlichen' zum ‚aufgeklärten' Abendland entwickelnde Europa verlagert diese Idee ins Diesseits, setzt an die Stelle des göttlichen Souveräns Staat und Recht, stützt sich aber weiterhin auf die Kraft eines Leitbildes, das beansprucht, sich von dem Einfluss ‚der Konstruktion erster Ordnung' – der primordialen Differenzsetzung von Ich vs. Du, Wir vs. die Anderen – in einer ‚höheren Konstruktion zweiter Ordnung' befreien zu können: in einem spezifisch abendländischen Subjektverständnis. Als Hintergrundideen wirken beide, die außerweltlich gestützte und die innerweltlich verfasste Inklusionsidee, auch in anderen Selbstbeobachtungen der Denker und Schriftsteller des 19. Jahrhunderts weiter.

Grundlegend für dieses Subjektverständnis ist wiederum die Philosophie der Neuzeit (beispielhaft: Descartes und Spinoza) und der Aufklärung (beispielhaft: Kant). Sie findet in der kleinsten sozialen Einheit, dem Individuum, das allen Menschen Gemeinsame und sie Verbindende: die Bestimmung, unhintergehbarer Ort primären Erkennens und Handelns zu sein. Dieses *Subjekt* rückt nun – angesichts zunehmend pluraler Vergesellschaftungsformen – auch reflexiv immer mehr in die Position, die Verschränkung von Selbst- und Fremdbeobachtung leisten zu müssen.

Sind es im 18. und 19. Jahrhundert augenfällig vor allem das ‚selbstverständlich' Eigene und das ‚offenkundig' Fremde, Exotische, die durch den Vergleich von Binnen- und Außenlage (s. o.) zum Gegenstand werden, so wird später im ‚realistischen Roman' des späten 19. und beginnenden 20. Jahrhunderts (etwa bei Joseph Conrad und Rudyard Kipling) das ‚Eigene' am ‚Fremden' gespiegelt und in sich selbst gebrochen. Parallel zu diesen – durch das Fremde der Außenlage – geleiteten Reisen des beobachtenden und erlebenden Subjekts in das eigene Ich findet sich in der Beobachtung der Binnenlage schon früh eine ähnliche Entwicklung: die Wahrnehmung der Fremden im eigenen Land – die Entdeckung der ‚Landstörzer' (Grimmelshausen 1670), der Bettler (bei John Gay/J. C. Pepusch: „beggar's opera" 1728; im 19. Jahrhundert in den Romanen von Charles Dickens), der Verbrecher, Außenseiter und sozial ‚Unsichtbaren' (bei Eugène Sue, „die Geheimnisse von Paris" 1842–1843; ebenso in den Romanen von Honoré de Balzac oder Émile Zola). Auch hier richtet sich die – manchmal aufgeschreckte oder erschreckte – Aufmerksamkeit auf diejenigen, die ‚wir' nicht sind, aber – durch ein ungnädiges Schicksal – sein oder werden könnten.

Von der Spiegelung und Brechung des Eigenen durch ein äußeres Anderes, das zum Bestandteil des eigenen Selbst werden kann, ist es nicht weit bis zur Entdeckung eines inneren Fremden, Anderen, fast Unzugänglichen, das von je her Teil des eigenen Ichs ist. So spürt die ‚schwarze Romantik' – im Vorgriff auf die Psychoanalyse – den ‚Nachtseiten' des menschlichen Lebens nach und stößt dabei auf eine terra incognita, die notwendig zum Ich gehört und ihm dennoch fremd und unheimlich ist.

Dass ein Ich auf sich selbst zurückgeworfen wird, in sich selbst keinen Halt findet und sich lediglich als Echo seiner eigenen Hilferufe erfährt wie in den anonym verfassten Nachtwachen des Bonaventura (1805 (1970)), dass es sich ‚aufspaltet‘, seine Mitte und sich selbst zu verlieren droht wie in E. T. A. Hoffmanns „Elixieren des Teufels“ (1815/16 (1967)), wird Teil einer grundlegend neuen Erfahrung nicht nur der Literatur, sondern auch – daran anschließend – der Philosophie Sören Kierkegaards.

Später, im 20. Jahrhundert schreibt Helmuth Plessner dem ‚Mitte-losen‘ menschlichen Wesen eine „exzentrische Positionalität“ zu (vgl. Plessner 1975). Aber schon Kierkegaard findet für dieses Verhältniswesen die ebenso knappe wie präzise Formel, dass der Mensch ein Verhältnis sei, das sich zu sich selbst verhalte und dass er, sofern er sich an einem gesellschaftlichen ‚Außen‘ orientiere, „sich selbst außer sich selbst in sich selbst habe“ (Kierkegaard 1956: 56 f.; vgl. auch Soeffner 2010: 173). Unverkennbar erhält hier die zuvor erkenntnistheoretisch (Hume) und strukturtheoretisch-dialektisch (Hegel) geführte Identitätsdiskussion eine existenzielle Verschärfung, die bis in die Gegenwart anhält.

David Hume kommt in dieser Debatte das Verdienst zu, die Auffassung, dass „Identität oder Selbigkeit“ eine Substanz sei, schon früh und gründlich irritiert und den Täuschungen ‚unseres gewöhnlichen Denkens‘ zugeschrieben zu haben: „So erdichten wir die dauernde Existenz [der Gegenstände, H-GS] unserer Sinneswahrnehmungen, um die Unterbrechung [dieser Sinneswahrnehmungen, H-GS] zu beseitigen. [In gleicher Weise, H-GS] lassen wir uns zu dem Begriff einer *Seele,* eines *Ich,* einer [geistigen, H-GS] *Substanz* verführen, um die Veränderung [*in uns,* H-GS] zu verdecken“ (Hume 1739/40 (1989): 328 f.).

Dass sich bis heute die Vorstellung hält, ‚Identität‘ sei ein substanzielles Etwas, das man gewinnen, festhalten oder verlieren (und irgendwo wieder abholen?) könne, ist tief in jenem ‚gewöhnlichen Denken‘ verankert. Es setzt auf eine (riskante) Sicherheitspolitik: auf die ‚Fiktion‘ und ‚unseren Hang‘ (Hume 1739/40 (1989): 329), in einer sich unentwegt fortbewegenden Selbst- und Außenwahrnehmung einen Halt zu postulieren – einen existenziell-archimedischen Standort, von dem aus sich zwar nicht die Welt aus den Angeln heben, aber es sich zumindest verlässlich handeln lässt. – Zur gleichen Sicherheitspolitik zählt der Versuch, das Substanzdenken von der individuellen auf die ‚kollektive Identität‘ zu übertragen, also das, was Max Weber als ‚geglaubte Gemeinschaft‘ und nach ihm Benedikt Anderson als ‚imagined community‘ gekennzeichnet haben, als einen Kollektivbesitz zu deklarieren, der Sicherheit suggeriert.

Bezeichnenderweise erfährt die Betonung sowohl der individuellen als auch der kollektiven Identität als einer Art sozialer Substanz immer dann eine Konjunktur, wenn es in relativ traditionellen Gesellschaften zu einer spürbaren Veränderung von Vergesellschaftungsformen kommt: Die Suche nach innerem und äußerem Halt erzeugt hier immer wieder nahezu reflexhaft Substanzfiktionen. Diese erhalten jedoch dadurch, dass sie für wirklich gehalten werden, insofern einen verhängnisvollen Realitätsakzent, als sich sowohl politische Rhetoren und Akteure als auch Teile der ‚öffentlichen Meinung‘ real an ihnen orientieren – mit entsprechend dysfunktionalen Folgen.

Demgegenüber ist es charakteristisch, dass in einem ‚klassischen‘ Einwanderungsland, in den USA, statt eines substanzbasierten ein interaktionstheoretisches Identitätsmodell entworfen wird: Indem George Herbert Mead (vgl. Mead 1973) exemplarisch mithilfe der bekannten, dynamisch relationierten Dreier-Konstellation von „I“, „Me“ und „Self“ die Identitätsformation als strukturell offenen, interaktiven Prozess beschreibt, arbeitet er analytisch jene pluralistisch verfassten, großstädtischen Vergesellschaftungsformen auf, in denen die für ein Individuum ‚signifikanten Anderen‘ ständig wechseln können und die Orientierung an einen verallgemeinerbaren ‚generalisierten Anderen‘ immer neu angepasst werden muss (vgl. hierzu insb. Strauss 1968).

In einer durch Wechselwirkungen (Simmel) und Koorientierung erzeugten, beweglichen sozialen Welt steht dementsprechend das menschliche Subjekt für ein Verhältnis, das sich zu sich selbst und seiner Welt verhält, indem es sich zu anderen verhält und in der Interaktion mit ihnen dieses Verhältnis auf sich selbst zurückspiegelt (vgl. Soeffner 2010: 173 f.).

Für mich als Individuum bedeutet dies: Mein strukturell dynamisch verfasstes, normatives Orientierungssystem, der ‚generalisierte Andere‘, wird zur variablen Summe der von mir widergespiegelten ‚signifikanten Anderen‘, die wiederum durch mich geprägt werden. Je mehr Andere ich kennen lerne und je intensiver ich mit ihnen interagiere, desto ‚signifikanter‘ werden sie für mich und desto stärker wächst mein gesellschaftliches Wahrnehmungs- und Handlungspotenzial. Damit ‚formieren‘ sich sowohl meine ‚persönliche‘ als auch meine ‚soziale‘ Identität[9] zu dem Paradox einer sich – tendenziell – permanent transformierenden, komplexen Einheit: der beweglichen Einheit meines Ichs, die sich in der Interaktion dieses Ichs mit internen, internalisierten und externen Anderen fortschreibt.

Strukturell analog zu dieser entsubstanzialisierten Identitätskonzeption lässt sich ein interaktionstheoretisch gefasstes Konzept ‚kollektiver Identität‘ entwickeln. Auch hier gilt: Je größer die Differenzen innerhalb einer Gesellschaft/eines Gemeinwesens sind, desto höhere Koorientierungsleistungen und Kooperationsanstrengungen müssen erbracht werden. Damit wächst zum einen das Potenzial an

---

9   Zur Unterscheidung von ‚persönlicher‘ und ‚sozialer‘ Identität vgl. Luckmann (1979).

Wahrnehmungs- und Handlungsoptionen, zum anderen steigern sich für die Akteure sowohl der Grad an Handlungsunsicherheit als auch das Konfliktpotenzial.

Hier geht es also einerseits ebenfalls um die praktisch zu leistende und zu sichernde Konstruktion einer sich permanent transformierenden ‚Einheit' mit offenen Grenzen. Andererseits vollzieht sich in dieser Einheit ein Transformationsprozess, innerhalb dessen der wechselseitige Fremdheitsgrad aller Akteure zueinander den Verbund sozialer Wechselwirkungen nicht auf der Basis imaginierter oder intendierter *Gemeinsamkeit* konstituiert, sondern auf dem Wissen um die prinzipielle *Andersartigkeit* der einzelnen Akteure oder Gruppen: Die Vergrößerung des Wachstums- und Handlungspotenzials solcher Vergesellschaftungsformen wird also erkauft mit einem hohen Maß an Fragilität des Zusammenhaltes. Die Spannung zwischen einer Zunahme von Optionen und einer sich steigernden Fragilität ist das Kennzeichen moderner, pluralistischer Gesellschaften.

11.4 Die „offene Gesellschaft"[10] und ihre Bürger

Gelebtes Bürgertum auf der einen und Fundamentalismus auf der anderen Seite sind die beiden Extreme, die auf die fragile Struktur solcher offenen Gesellschaften antworten. Der weltweit beobachtbare Fundamentalismus und die für ihn charakteristische Suche nach Heimat und fester Bindung an einen ‚absoluten' Glauben und/oder eine umfassende Gemeinschaft stehen also nicht für einen Rückfall in vormoderne Gesellschaftsformen – einen Rückfall, der wegen des ökonomisch, medial und politisch verflochtenen Relationsgefüges unserer Welt ohnehin nicht möglich wäre – sondern gerade wegen seiner Sehnsucht nach ‚Rückkehr' für ein modernes Phänomen.

In dem pathetischen, heroischen oder fanatischen Glauben an eine umfassende Gemeinschaft artikulieren sich vielmehr Reflex und Ressentiment gegen den mit den wachsenden Wahrnehmungs- und Handlungsoptionen verbundenen Zwang, immer wieder in relativ unüberschaubaren Situationen riskante Entscheidungen treffen zu müssen. Absoluter Glaube und die feste Bindung an eine Gemeinschaftsnorm minimieren diese Unsicherheit und vermitteln gegenüber einer drohenden „Generalisierung der Fremdheit" (s. o.) das Gefühl der Zugehörigkeit zu einem Bund gleich Denkender und synchron Fühlender, die ihrerseits glauben, in radikal homogenisierender Arbeit an der Gemeinschaftsüberzeugung und – damit verbunden – an gemeinschaftlich geteilten Feindbildern ihr Gegengift gegen ‚die Anonymität der modernen Gesellschaft' finden zu können.

---

10   Vgl. Popper (1975).

Dass in Deutschland ein Teil der politischen Eliten und der mit ihnen sym-
pathisierenden Intellektuellen sich immer wieder auf die Suche nach einer ‚deutschen Leitkultur' begeben, basiert auf einem ähnlichen Reflex. In ihm tritt an die
Stelle der Verteidigung rechtlicher Gleichheit – im Rahmen des durch eine Verfassung gesicherten Gesellschaftsvertrages – der Wunsch nach einer sichtbar gemeinsamen Gesinnung:[11] An die Stelle der Rechtskultur tritt eine Gesinnungsleit-
kultur. Dieser Reflex repräsentiert die – illusionäre – Antwort auf eine historische
Entwicklung, die nach 1945 einsetzte und Deutschland zu dem in Europa am
stärksten ‚durchmischten' Land machte.

Flüchtlingsbewegungen, Aus- und Rückwanderung, Armuts- und Arbeits-
migration, politische Asylsuche und gezielte Anwerbung von Fachkräften führten dazu, dass sich – bezogen auf die letzten vier Generationen – fast in jeder
dritten deutschen Familie Zuwanderer finden. Heute ist jeder achte Einwohner
Deutschlands im Ausland geboren und innerhalb der letzten sechzig Jahre als Einwanderer nach Deutschland gekommen. Im vergangenen Jahr lebten 10,7 Millionen Einwanderer aus 194 Ländern in Deutschland (vgl. Statistisches Bundesamt
in Wiesbaden 2013). Kurz: Deutschland ist – wie nie zuvor – geprägt durch ethnischen, religiösen und kulturellen Pluralismus.

Steht einerseits die Suche nach der Leitkultur für eine populistisch und feuil-
letonistisch verbrämte, leicht abgemildert national-fundamentalistische Heimat-
suche, so lässt sich andererseits beobachten, wie Deutschland – als *konstitutiv*
‚offene Gesellschaft' – strukturell auf seine pluralistische Verfasstheit reagiert: Au-
ßenpolitisch steigert es seine Pluralität durch die Integration in die europäische
Gemeinschaft, ökonomisch und medial durch zunehmende internationale Verflechtung, innenpolitisch durch die Schaffung von ‚Arenen'[12] – öffentlichen Räumen oder medialen Plattformen, in denen die Differenzen und Interessengegen-
sätze sich artikulieren können und ausgetragen werden.

Als Bürger ‚offener Gesellschaften' und ihrer Rechtssysteme ist dementsprechend derjenige erfolgreich, der (1) imstande ist, Differenzen zu erkennen und
zu artikulieren. Dies betrifft sowohl die Differenzen zwischen einem Individuum
und anderen Individuen als auch zwischen Gruppen, Überzeugungen, Lebensstilen, Weltanschauungen. (2) Muss er dazu fähig sein, Differenz übergreifende
Strukturen wie etwa Kooperationszusammenhänge wahrzunehmen und zu nutzen. Dazu gehört (3), dass er die Repertoires der Sprach- und Rollenspiele seiner
sozialen Welt kennt, beherrscht und variieren kann.

---

11 Vgl. Böckenförde (1978): insb. 24 ff. und Soeffner (2011): 146.
12 Zum Arenen-Konzept vgl. Strauss (1993): 225 ff.; Soeffner (1991); Soeffner und Zifonun
    (2008): insb. 125 f.

222   Hans-Georg Soeffner

Damit schließt sich der Kreis meiner Argumentation. Denn die genannten Fähigkeiten dienen der praktischen Umsetzung der zuvor (vgl. III) genannten ‚Kommunikationsmaximen' und ‚existenziellen Hypothesen'. Sie erfordern genau jene praktische und *lernbare* soziale Begabung, mit deren Hilfe der prinzipiellen Fragilität menschlicher Kommunikation und Kooperation begegnet werden kann. Während Einheitsfiktionen darauf gerichtet sind – jenseits der Wir/die Anderen und der Freund-Feind-Unterscheidung – Differenzenindifferenz zu erzeugen, kann es der differenzbasierten, sozialen Begabung gelingen, die Reziprozität einer Vielfalt von Perspektiven für die Sprach- und Rollenspiele in Koorientierung und Kooperation zu nutzen.

Eine Analyse der Funktionsweisen und Wirkungen von praktischen ‚Kommunikationsmaximen' und ‚existenziellen Hypothesen' in konkreten Koorientierungs- und Kooperationszusammenhängen schließt sich der Erkenntnis Simmels an, dass „Gesellschaft [...] immer schon da vorhanden [ist, H-GS], wo mehrere Individuen in Wechselwirkung treten", weshalb, so Simmel weiter, „die Soziologie als Einzelwissenschaft [...] die Untersuchung der Kräfte, Formen und Entwicklungen der Vergesellschaftung: des Mit-, Für- und Nebeneinanderseins" (Simmel 2008: 35) zum Gegenstand habe. In plural verfassten Vergesellschaftungsformen ist dieser Simmelschen Charakterisierung das ‚Gegeneinandersein' hinzuzufügen.

Simmels Hoffnung war, dass durch das uns aufgezwungene, spannungsreiche und komplexe „Zusammenwirken vieler [...] etwas entstehen [könne, H-GS], was jenseits des Individuums steht und doch nichts Transzendentes",[13] Außerweltliches ist – in der Linie meiner bisherigen Argumentation: Vergesellschaftung als pluralistisch gestalteter Prozess. Für die gegenwärtige Soziologie als ‚Wirklichkeitswissenschaft' (Max Weber) besteht also die Aufgabe darin, solche Vergesellschaftungsprozesse empirisch nachzuzeichnen und strukturanalytisch aufzuarbeiten.

Literatur

Badiou, Alain & Fabien Tarby. 2010. *Die Philosophie und das Ereignis*. Wien: Turia + Kant.
Berger, Peter L. 2002. Introduction. The Cultural Dynamics of Globalization. In *Many Globalizations. Cultural Diversity in the Contemporary World*, Peter L. Berger & Samuel P. Huntington (Hrsg.), 1–16. Oxford: Oxford University Press.
Böckenförde, Ernst-Wolfgang. 1978. *Der Staat als sittlicher Staat*. Berlin: Duncker & Humblot.
Bonaventura. 1805 (1970). *Nachtwachen*. Wolfgang Paulsen (Hrsg.). Stuttgart: Reclam.

---

13 Simmel (2008), darin: Das Objekt der Soziologie, S. 116.

Hahn, Alois. 1994. Die soziale Konstruktion des Fremden. In *Die Objektivität der Ordnungen und ihre kommunikative Konstruktion. Für Thomas Luckmann*, Walter Sprondel (Hrsg.), 140–163. Frankfurt a. M.: Suhrkamp.

Herodot. 1955. *Historien*. Deutsche Gesamtausgabe, übersetzt von A. Horneffer. Stuttgart: Alfred Kröner Verlag.

Hoffmann, E. T. A. 1815/16 (1967). Die Elixiere des Teufels. In *Werke*, E. T. A. Hoffmann, Bd. 1, 279–561. Frankfurt a. M.: Insel Verlag.

Hume, David. 1739/40 (1989). *Ein Traktat über die menschliche Natur*, Buch 1b, Über den Verstand. Hamburg: Meiner.

Kant, Immanuel. 1971. Idee zu einer allgemeinen Geschichte in weltbürgerlicher Absicht. In *Werke in zehn Bänden*, Wilhelm Weischedel (Hrsg.), 30–50, Bd. 9. Darmstadt: Wissenschaftliche Buchgesellschaft.

Kierkegaard, Sören. 1956. Die Papiere des B. In *Entweder/Oder. Ein Lebensfragment. Herausgegeben von Viktor Eremita*, (1843 Kopenhagen), 44–63. In *Kierkegaard. Ausgewählt und eingeleitet von Hermann Diem*. Frankfurt a. M.: Fischer Bücherei.

Koselleck, Reinhart. 1979. Einleitung. In *Geschichtliche Grundbegriffe*, Otto Brunner, Werner Conze & Reinhart Koselleck (Hrsg.), XIII–XXVII, Bd. 1. Stuttgart: Klett-Cotta.

Laclau, Ernesto & Chantal Mouffe. 2006. *Hegemonie und radikale Demokratie. Zur Dekonstruktion des Marxismus*. Wien: Passagen-Verlag.

Luckmann, Thomas. 1979. Soziale Rolle und Rollendistanz. In *Identität*, Odo Marquardt & Karlheinz Stierle (Hrsg.), 293–313, Bd. 8 von Poetik und Hermeneutik. München: Fink.

Matthes, Joachim. 1992. The Operation called „Vergleichen". In *Zwischen den Kulturen? Die Sozialwissenschaften vor dem Problem des Kulturvergleichs*, Joachim Matthes (Hrsg.), 75–102, Soziale Welt, Sonderband 8. Göttingen: Schwartz.

Mead, George Herbert. 1934 (1973). *Geist, Identität und Gesellschaft aus der Sicht des Sozialbehaviorismus*. Frankfurt a. M.: Suhrkamp.

Moebius, Stephan. 2009. Strukturalismus/Poststrukturalismus. In *Handbuch Soziologische Theorien*, Georg Kneer & Markus Schroer (Hrsg.), 419–444. Wiesbaden: VS Verlag für Sozialwissenschaften.

Moebius, Stephan & Andreas Reckwitz (Hrsg.). 2008. *Poststrukturalistische Sozialwissenschaften*. Frankfurt a. M.: Suhrkamp.

Müller, Klaus E. 2010. *Die Siedlungsgemeinschaft*. Göttingen: V & R Unipress.

Plessner, Helmuth. 1929 (1975). *Die Stufen des Organischen und der Mensch*. Berlin & New York: de Gruyter.

Popper, Karl. 1957 (1975). *Die offene Gesellschaft und ihre Feinde*, Bd. 2. München: Francke.

Renn, Joachim. 2006. *Übersetzungsverhältnisse – Perspektiven einer pragmatischen Gesellschaftstheorie*. Weilerswist: Velbrück.

Shimada, Shingo. 1992. Kommentar des Übersetzers zu „Übersetzbarkeit" von Kultur. In *Zwischen den Kulturen? Die Sozialwissenschaften vor dem Problem des Kulturvergleichs*, Joachim Matthes (Hrsg.), 69–74, Soziale Welt, Sonderband 8. Göttingen: Schwartz.

Simmel, Georg. ⁴1958. *Soziologie. Untersuchungen über Formen der Vergesellschaftung.* Berlin: Duncker & Humblot.

Simmel, Georg. 2008. *Individualismus der modernen Zeit und andere soziologische Abhandlungen.* Frankfurt a. M.: Suhrkamp.

Soeffner, Hans-Georg. 1991. Trajectory – das geplante Fragment. Die Kritik der empirischen Vernunft bei Anselm Strauss. *BIOS* 4 (1): 1–12.

Soeffner, Hans-Georg. 1995. Kultursoziologie zwischen Kulturwelten und Weltkultur. Zu Joachim Matthes (Hrsg.), Zwischen den Kulturen? Die Sozialwissenschaften vor dem Problem des Kulturvergleichs. *Soziologische Revue* 18: 10–19.

Soeffner, Hans-Georg. 2000. Kulturmythos und kulturelle Realitäten. In *Gesellschaft ohne Baldachin,* Hans-Georg Soeffner, 153–179. Weilerswist: Velbrück Wissenschaft.

Soeffner, Hans-Georg. 2010. *Symbolische Formung. Eine Soziologie des Symbols und des Rituals.* Weilerswist: Velbrück Wissenschaft.

Soeffner, Hans-Georg. 2011. Die Zukunft der Soziologie. *Soziologie* 40 (2): 137–150.

Soeffner, Hans-Georg & Dariuš Zifonun. 2008. Integration und soziale Welten. In *Mittendrin im Abseits. Ethnische Gruppenbeziehungen im lokalen Kontext,* Sighard Neckel & Hans-Georg Soeffner (Hrsg.), 115–131. Wiesbaden: VS Verlag für Sozialwissenschaften.

Stagl, Justin. 1992. Eine Widerlegung des kulturellen Relativismus. In *Zwischen den Kulturen, Die Sozialwissenschaften vor dem Problem des Kulturvergleichs,* Joachim Matthes (Hrsg.), 145–166, Soziale Welt, Sonderband 8. Göttingen: Schwartz.

Statistisches Bundesamt in Wiesbaden 2013.

Strauss, Anselm. 1968. *Spiegel und Masken. Die Suche nach Identität.* Frankfurt a. M.: Suhrkamp.

Strauss, Anselm. 1993. *Continual Permutations of Action.* New York: Aldine/de Gruyter.

Sumner, William Graham. 1907. *Folkways.* New York: Ginn and Company.

Tenbruck, Friedrich H. (1992): Was war der Kulturvergleich, ehe es den Kulturvergleich gab? In *Zwischen den Kulturen? Die Sozialwissenschaften vor dem Problem des Kulturvergleichs,* Joachim Matthes (Hrsg.), 13–36, Soziale Welt, Sonderband 8. Göttingen: Schwartz.

Weber, Max. 1904 (⁴1973). Die „Objektivität" sozialwissenschaftlicher und sozialpolitischer Erkenntnis. In *Gesammelte Aufsätze zur Wissenschaftslehre,* Max Weber; Johannes Winkelmann (Hrsg.), 146–214. Tübingen: Mohr.

Weber, Max. ⁵1976. *Wirtschaft und Gesellschaft, Grundriss der verstehenden Soziologie,* Johannes Winkelmann (Hrsg.). Tübingen: Mohr (Siebeck).

Whorf, Benjamin Lee. 1963. *Sprache – Denken – Wirklichkeit, Beiträge zur Metalinguistik und Sprachphilosophie.* Reinbek bei Hamburg: Rowohlt.

Autorinnen und Autoren

Helmuth Berking, Prof. Dr. phil., ist Professor für Soziologie an der Technischen Universität Darmstadt. E-Mail: berking@ifs.tu-darmstadt.de

Richard Bettmann ist als Wissenschaftlicher Mitarbeiter im Fachbereich Kommunikationswissenschaft an der Universität Duisburg-Essen sowie an der Hochschule Fulda im Rahmen des Bund-Länder-Programms zur Verbesserung der Qualität in Studium und Lehre, Teilprojekt ,Förderung der lokalen Interkultur' tätig. E-Mail: richard.bettmann@sk.hs-fulda.de

Thea D. Boldt, Dr. disc. pol., ist Vertretungsprofessorin (W3) für das Fachgebiet „Sozialwissenschaftliche Grundlegungen von Fallanalysen" an der Universität Kassel. E-Mail: thea.boldt@kwi-nrw.de

Kamal El Guennouni ist wissenschaftlicher Mitarbeiter an der Universität Duisburg-Essen und Doktorand an der Graduate School of Sociology (GRASS), Institut für Soziologie, Universität Münster. E-Mail: kamal.guennouni@uni-muenster.de

Saliha Kubilay ist Konzepterin und redaktionelle Mitarbeiterin beim ersten deutsch-türkischen Kreativmagazin renk. E-Mail: saliha@renk-magazin.de.

Ronald Kurt, Prof. Dr. rer. soc., ist Professor für Soziologie an der Evangelischen Fachhochschule Rheinland-Westalen-Lippe in Bochum sowie Senior Fellow am Kulturwissenschaftlichen Institut Essen (KWI). E-Mail: kurt@efh-bochum.de

Claus Leggewie, Prof. Dr., ist Professor für Politikwissenschaft und Direktor des Kulturwissenschaftlichen Instituts Essen (KWI). E-Mail: Claus.Leggewie@kwi-nrw.de

Halyna Leontiy, Dr. rer. soc., leitet derzeit das eigene dreijährige DFG-Forschungsprojekt zum Thema „Migration und Komik. Soziale Funktionen und konversationelle Potentiale von Komik und Satire in den interethnischen Beziehungen Deutschlands". E-Mail: Halyna.Leontiy@kwi-nrw.de

Klaus E. Müller, Prof. em. Dr. phil., ist Professor für Ethnologie an der Universität Frankfurt. E-Mail: mueller.klaus.e@t-online.de

Jo Reichertz, Prof. Dr. phil. habil., ist Professor für Kommunikationswissenschaft an der Universität Duisburg-Essen. E-Mail: Jo.Reichertz@uni-due.de

Norbert Schröer, Prof. Dr. phil., ist Professor für Qualitative Methoden der empirischen Sozialforschung mit dem Schwerpunkt interkulturelle Kommunikationsforschung am Fachbereich Sozial- und Kulturwissenschaften der Hochschule Fulda. E-Mail: norbert.schroer@sk.hs-fulda.de

Anandita Sharma ist Doktorandin am Lehrstuhl für allgemeine und vergleichende Literaturwissenschaft der Ruhr-Universität Bochum. E-Mail: Anandita.Sharma@kwi-nrw.de

Hans-Georg Soeffner, Prof. em. Dr. phil., ist Professor für Allgemeine Soziologie an der Universität Konstanz, Mitglied des Vorstandes und Permanent Fellow am Kulturwissenschaftlichen Institut Essen (KWI) sowie Senior Fellow am DFG 212 Exzellenzcluster „Religion und Politik in den Kulturen der Vormoderne und der Moderne". E-Mail: Hans-Georg.Soeffner@kwi-nrw.de

Dariuš Zifonun, Prof. Dr. rer. soc., ist Professor für Soziologie an der Alice Salomon Hochschule Berlin und Associate Research Fellow am Kulturwissenschaftlichen Institut Essen (KWI). E-Mail: zifonun@ash-berlin.eu